POLARIS

W0177519

# NICOLAS DIERKS

# LUFT NACH OBEN

Philosophische
Strategien
für ein
besseres
Leben

ROWOHLT
POLARIS

**Für Mattis und Jonas**

Originalausgabe
Veröffentlicht im Rowohlt Taschenbuch Verlag,
Reinbek bei Hamburg, Juni 2017
Copyright © 2017 by Rowohlt Verlag GmbH,
Reinbek bei Hamburg
Umschlaggestaltung ZERO Media GmbH, München
Umschlagabbildungen FinePic®, München
Satz Thesis Antiqua PostScript, InDesign
Gesamtherstellung CPI books GmbH, Leck, Germany
ISBN 978 3 499 63174 0

# INHALT

VORWORT 7

KAPITEL I

KONKRETER GEHT ES NICHT: WAS HEISST ES,
IM HIER UND JETZT ZU LEBEN? 13

KAPITEL II

PRAKTISCHE SELBSTERKENNTNIS:
WAS SIE WISSEN MÜSSEN 37

KAPITEL III

ETWAS MEHR SINN, BITTE!
WIE SIE IHN FINDEN 61

KAPITEL IV

SCHICKSAL, FREIHEIT UND DIE FÄHIGKEITEN
FÜR EIN GUTES LEBEN 85

KAPITEL V

FRAGEN ÜBER FRAGEN:
FÜR MEHR PRAKTISCHE VERNUNFT
UND KLUGHEIT IM LEBEN 105

KAPITEL VI

WARUM GESUNDHEIT AUCH FÜR
PHILOSOPHEN ZÄHLT 135

KAPITEL VII

**KLARER FÜHLEN UND MIT GEFÜHLEN
GUT UMGEHEN 163**

KAPITEL VIII

**MITEINANDER LEBEN: WIE SIE FREUNDSCHAFTEN
AUFBAUEN UND BEZIEHUNGEN PFLEGEN 185**

KAPITEL IX

**VIER STRATEGIEN, UM NEUE
GEWOHNHEITEN ZU VERANKERN 211**

KAPITEL X

**DER KAMPF MIT DEM DRACHEN:
RÜCKFALLMANAGEMENT 227**

**SCHLUSSWORT 251**

**ANREGUNGEN ZUM WEITERLESEN 253**

**DANKSAGUNG 255**

# Vorwort

«Starte irgendwo und werde von
dort aus immer besser.»
DOUGLAS ADAMS

Thomas wirft sein Smartphone aufs Ledersofa. Gerade hat er den Familienurlaub abgesagt. Seit Jahren hat er hart an seiner Karriere als Manager gearbeitet, hat alles gegeben. Mit seinem Aufstieg hob sich der Lebensstandard, eigenes Haus, größere Autos für sich und seine Frau, teures Spielzeug für die Kinder. Er merkte gar nicht, wie er sein Familienleben aus den Augen verlor.

Nur Arbeit hatte er im Sinn, nur das nächste Projekt, größer, erfolgreicher sollte es sein als die vorangegangenen. Geschäftsreisen, Nobelhotels und intensives Netzwerken mit wichtigen Leuten prägten seinen Alltag. Irgendein Geschenk eines Kollegen lag noch eingepackt auf dem Sofatisch. Er hatte immer noch mehr gewollt, höhere Boni, ein größeres Haus, diesmal eine richtige Luxusvilla – großer Garten, Wellnessbereich, Weinkeller. Er war zu beschäftigt, sich darum selbst zu kümmern. Als der Bau fertig war, reichte seine Frau die Scheidung ein. Und jetzt sitzt er in diesem riesigen, leeren Haus – allein.

Er hätte nie gedacht, dass Erfolg so unglücklich machen kann. Seufzend greift er nach dem Geschenk und reißt das Papier auf – ein Buch. Irgendwas mit Philosophie. «Im Ernst?», denkt er. Zögernd schlägt er es auf.

Warum ist Thomas so skeptisch? Vermutlich, weil er meint, Philosophie sei abstrakt, schwierig und habe mit dem wirklichen Leben nichts zu tun. Was sollte es ihm bringen, sich damit zu beschäftigen?

Viele Menschen denken immer noch wie Thomas. Dabei kann ihn das Buch, das er in Händen hält, genau zu dem anregen, was er braucht: sich auf das zu besinnen, was ihm im Leben wirklich wichtig ist. Und es kann ihn ermutigen, seine Fähigkeiten zu entwickeln und für ein besseres Leben zu nutzen.

Fast jeder Ratgeber zu Erfolg, Finanzen oder Fitness ruft dazu auf, man solle *sein Denken ändern*. Das sei die wichtigste Voraussetzung, um die empfohlenen Programme umzusetzen. Allerdings wird selten erklärt, wie man das macht. Und *hier* kommt die Philosophie ins Spiel, denn das Denken zu ändern, das Leben neu zu sehen, ist eine ihrer Stärken. «Vieles von dem, was wir tun», schrieb Ludwig Wittgenstein, «ist eine Frage der Änderung des Denkstils.»

Ist Philosophie also abstrakt? Sie kann das Gegenteil sein, nämlich uns dazu bringen, weniger abstrakt zu denken: Viel zu häufig denken und handeln wir im Alltag nach simplen Einteilungen – etwa wenn wir die Welt schwarzweiß sehen oder meinen, es gäbe entweder Erfolg *oder* Scheitern. *Das* ist zu abstrakt, weil die komplexe Lebenswirklichkeit zu stark reduziert wird, um sie angemessen zu verstehen. Es ist, als ob wir eine Stadt mit einer Landkarte finden wollen, auf der nur die Autobahnen eingezeichnet sind. Und auf dieser Grundlage handeln wir, wenn es um Lebensentscheidungen geht!

An dieser Stelle können wir durch Philosophie feine, aber bedeutsame Unterschiede erkennen und so gewissermaßen unsere Auflösung erhöhen, also die großen und kleinen Städte, die Nebenstrecken, Staus und Alternativrouten sichtbar machen – und das bringt uns dichter an die konkrete Lebenswirklichkeit heran.

Dieses Buch wählt einen gnadenlos praktischen Ansatz. Philosophisch ausgedrückt: Es gewährt der praktischen Vernunft den Vorrang vor der theoretischen Vernunft. Sein Fokus liegt auf dem, was wir tun – und was wir tun sollten. Somit erscheinen Fragen wie

«Wer bin ich?» oder «Was ist der Sinn des Lebens?» in einem völlig neuen Licht.

Einsichten von u. a. Aristoteles über Kant und Wittgenstein bis zu modernen Denkern wie dem Nobelpreisträger Amartya Sen werden weitergedacht und einem Praxistest unterzogen, um zentrale Fähigkeiten zu durchleuchten, die wir für ein gutes Leben brauchen. Es geht um Fragen persönlicher Lebensweise, Mut im Umgang mit dem Schicksal und der nachhaltigen Veränderung des eigenen Lebens. Am Schluss steht ein Arsenal an Strategien zur persönlichen Entwicklung.

Warum wird diese praktische Seite der Philosophie so leicht vergessen? Warum ist das Bedürfnis nach Coaching, Therapien oder östlichen Weisheitslehren so gewaltig, während über unsere eigene Tradition weitgehend Unkenntnis herrscht?

Die Philosophie ist daran nicht ganz unschuldig, denn sie ist zu einer Fachdisziplin geworden – mit Institutionen, eigener Fachsprache, Zugangsschwellen und sparsamen Bezügen nach außen. Darin ist sie anderen Fachdisziplinen ähnlich. Aber Philosophie war von jeher mehr als das. Es ist ihr Metier, die eigenen Gedanken zu klären, dabei schädliche Annahmen aufzudecken, sie bestenfalls im Vorfeld zu vermeiden und sich auf das Wesentliche im Leben zu besinnen – und das ist für jeden von uns von großem Wert.

In vielen Gesprächen, bei Vorträgen und auch beim Schreiben dieses Buches habe ich eingesehen, wie viel klarer mir selbst manches wird, wenn ich philosophische Einsichten nicht in Fachsprache, sondern mit einer menschlichen Stimme ausdrücke. Beim Schreiben geht es immer auch darum, im Text wie im Leben seine Stimme erst zu *entwickeln*. Im Verlauf dessen ist dieses Buch für mich persönlich viel bedeutender geworden, als ich vorher absehen konnte.

Die Philosophie besteht aus zwei sich ergänzenden Bewegungen: erstens einem Innehalten und Hinterfragen, zweitens einem

Klären und Handeln. Die erste Bewegung, von der Alltagspraxis zum Aufreißen neuer Perspektiven und Möglichkeiten, vollzieht mein Buch *Was tue ich hier eigentlich?* Die zweite Bewegung, durch einen Prozess der Klärung wieder hin zum Handeln, vollzieht nun dieses Buch. Es beginnt im Hier und Jetzt, nimmt dann Ausgang von unseren tiefsten Überzeugungen, nähert sich unseren verschiedenen Fähigkeiten im Leben an und reicht schließlich bis zu dem, was wir konkret als Nächstes tun.

Mein zentrales Anliegen ist es, Menschen dabei zu helfen, sich zu *transformieren* – Durchbrüche zu schaffen, den Mut nicht zu verlieren, persönlich zu wachsen und dadurch ihrer Vorstellung eines guten Lebens näherzukommen.

Aber manchmal fühlen wir uns überfordert, weil die Komplexität des Lebens heute unermesslich scheint. Tatsächlich sind die heutigen Lebensumstände manchmal unüberschaubar für uns. Aber betrachten Sie einmal, wie Sie Ihre Tage, Ihre Wochen verbringen. Es sind zu einem großen Teil die immer gleichen oder doch recht ähnlichen Tätigkeiten, die unseren Tagesablauf ausmachen. Dieser Teil unseres Lebens ist *nicht* unüberschaubar komplex – und diese Einsicht führt das Buch weiter. Ihre Gewohnheiten zu verstehen und zu verändern, ist eine machtvolle Fähigkeit auf dem Weg zu einem guten Leben, so wie Sie es sich vorstellen.

Vielleicht gehören Sie zu denen, die – wie Manager Thomas – bisher zu beschäftigt waren, um sich einmal zu sammeln und auf das Wesentliche zu besinnen. Dann möchte ich Ihnen zeigen, wie pragmatisch und produktiv man philosophieren kann, wenn man den richtigen Denkstil entwickelt.

Oder gehören Sie zu denen, die sich bereits lange auf das gute Leben vorbereiten, nachdenken, lesen, planen – aber bisher in diesem Labyrinth keinen Ausgang zur Umsetzung gefunden haben? Dann würde ich Ihnen gerne zeigen, wie Sie selbst einen Faden knüpfen, der Sie zum Ausgang leitet.

Vielleicht erleben Sie auch gerade einen tiefen Umbruch in Ihrem Leben und stehen deshalb vor großen Herausforderungen. Dann möchte ich Sie auf eine Reise zu größerer Klarheit einladen, um herauszufinden, welche Lebensweise unter den neuen Umständen Sie wollen und wie Sie diese umsetzen können.

Mancher hat schon weniger gute Erfahrungen mit Philosophie, Erfolgsrezepten und Lebenshilfe-Ratgebern gemacht und denkt zynisch: «Das funktioniert ja sowieso alles nicht.» Innerlich verschränkt er die Arme vor der Brust und meint vielleicht, ein Buch müsse erst mal *beweisen*, dass es anders als die anderen ist, bevor er irgendetwas davon glaubt oder ausprobiert. Wir kennen die Strategie: Niedrige Erwartungen schützen vor Enttäuschung. Aber diese Einstellung kann zum Hemmnis werden, wenn dadurch überhaupt nichts mehr ernsthaft erprobt wird.

Skepsis und Widerstand gegen Dogmen brauchen viel Mut. Aber pauschale Skepsis ist das Gegenteil von Mut – und ein bequemer Weg ohne weitere Aussichten. Heute brauchen wir Mut, uns auf etwas einzulassen, unsere Komfortzone zu verlassen und etwas in unserem Leben zu ändern.

Aber kann das ein Buch überhaupt – das Leben verändern? Nein, kann es nicht. Was ein Buch bewirkt, liegt beim Leser. Der eine liest es unaufmerksam oder nicht zu Ende und ist dann enttäuscht darüber, dass es ihm nicht viel gebracht hat. Ein anderer vertieft sich in die Lektüre, markiert wichtige Stellen, denkt darüber nach, macht sich Notizen, spricht mit anderen über seine Gedanken und fasst Pläne, sein Leben zu verändern. Vielleicht ist er überzeugt, *das Buch* habe sein Leben verändert – dabei war er es selbst.

*Wie* Sie es am besten lesen, liegt bei Ihnen. Sie können es in wenigen Tagen durchlesen, oder Sie lassen sich nach einzelnen Kapiteln etwas Zeit, um die Einsichten in Ihr Leben zu tragen. Sie können es von vorne durchlesen oder es nach Themen als Arbeitsbuch benutzen

Das Buch ist das Kondensat vieler Erfahrungen, Ideen, Gespräche, Lektüren und Überlegungen – und hat mehr davon angestoßen. Weitere Informationen und Texte finden Sie auf meinem Blog: www.nicolas-dierks.de

Letztlich haben der Manager Thomas und ich eines gemeinsam: Wir beide – er ohne viel Erfahrung mit Philosophie, ich nach über 20 Jahren davon – wollen resümieren, was Philosophie für unser Leben bringt. Vielleicht fragen Sie sich das auch? Einen Teil der Antwort will ich hier schon mal vorwegnehmen: Philosophie bringt für Ihr Leben genau so viel, wie Sie selbst es zulassen.

# KAPITEL I

# KONKRETER GEHT ES NICHT: WAS HEISST ES, IM HIER UND JETZT ZU LEBEN?

## Wie ich frustriert an die Elbe fahre und mit Heraklit neue Hoffnung schöpfe

Ich bin richtig geladen. Ich bin mit dem Auto auf dem Weg in die Werkstatt, später muss ich noch die Kinder abholen, die Steuererklärung abschicken, die Rundmail für die Gartengruppe vom Kindergarten schreiben, und zu Hause liegt meine Frau krank im Bett. Und mein Seminar an der Universität muss ich ebenfalls vorbereiten. Dabei brauche ich meine Ruhe, um mein Buch zu schreiben! Und nun auch noch: Stau.

Am liebsten würde ich irgendetwas durch die Gegend schmeißen! In mein Arbeitszimmer rennen, den Schreibtisch leerfegen, die Regale umkippen, alles auf einen großen Haufen, hinter mir die Tür zuknallen und nie wieder reingehen! Wütend haue ich aufs Lenkrad.

Mann, ist das zum ...! Eine Aufgabe jagt die nächste, der Alltag lässt mir keine Luft zum Atmen. Ich bin launisch, mein Rücken ist verspannt, ich habe viel zu lange keinen Sport mehr gemacht, schlafe schlecht und ernähre mich noch schlechter. Ich bin nicht zum ersten Mal an diesem Punkt. Ich *will* mein Leben ja ändern, aber meine Versuche bleiben wirkungslos. Als wenn ich eine steile, glatte Fläche hochklettere und immer wieder hinunterrutsche.

Regentropfen rinnen die Windschutzscheibe hinab.

Neustart. Ich rufe bei der Werkstatt an und sage den Termin ab. Nun habe ich Zeit. Ich verlasse den Stau in Richtung Elbberg und halte am Waldrand an. Der Regen hat aufgehört. Ich steige aus und stapfe durchs Wäldchen, bis ich unten die Elbe sehe.

Sie fließt still dahin.

Hier war ich als Kind oft, als «das Wünschen noch geholfen hat». Vielleicht bin ich deshalb wieder hier. Vom Elbberg, der Endmoräne aus der Eiszeit, schaue ich über die schmale Elbinsel bis ins Alte Land, das sich weit südlich im Dunst verliert. Wie ein dunkelgrüner Teppich. Auf ihm ziehen Wolkenschatten. Ich gehe hinunter zum Strand.

Als ich jenseits der Weidenbüsche den Sand erreiche, ziehe ich die Schuhe aus. Der Sand ist glatt, aber gibt unter den Füßen nach. Rechts ragt der Leuchtturm Wittenbergen rot-weiß in den Himmel. Hier habe ich vor Urzeiten am Lagerfeuer die Wirkung von Apfelkorn unterschätzt.

Ich gehe ein Stück stromaufwärts, in Richtung Hafen. Der dunkle Rumpf eines Frachters zieht vorbei, flussabwärts zur Nordsee. Gleich kommen die nachträglichen Wellen. Etwa eine Minute später schwappen sie über meine Füße, wie übermütige kleine Ungeheuer. Meine Hosenbeine werden nass. «Elbwasser macht keine Flecken», sagte man früher, «sondern Löcher.»

Immer noch gehe ich – aber wohin eigentlich? Ich bleibe stehen. Ich atme tief durch, das erste Mal heute. Etwas besser. Und nun? Weshalb bin ich überhaupt hergekommen? Um Antworten zu finden? Welche Antwort könnte ich am Fluss finden … außer dass, wie Heraklit sagte, alles fließt?

Heraklit lebte vor etwa 2500 Jahren in Ephesos – einer anderen Hafenstadt, heute versandet. *Panta rhei* ist der altgriechische Ausdruck, der von Platon und anderen überliefert wurde. Er meint: Alles ist vergänglich, alles wandelt sich. Deshalb heißt es bei Heraklit auch, man könne «nicht zweimal in denselben Fluss steigen». Den Satz fand ich immer seltsam. Stimmt das überhaupt – und wenn ja, in welchem Sinne?

Wenn ich zweimal in die Elbe steige, an der ich jetzt stehe – bin ich dann nicht zweimal in denselben Fluss gestiegen? Bin ich nicht an den Fluss meiner Kindheit zurückgekehrt? Doch – und Heraklit hätte das nicht abgestritten. Das Wasser ist nicht mehr dasselbe wie damals. Aber seine Bewegung macht den Fluss erst aus.

*Was heißt es, im Hier und Jetzt zu leben?*

Manche meinen, der Satz solle besagen, es gebe *nur* Wandel ohne Ordnung. Aber Heraklit glaubte an eine ewige, feste Ordnung des Kosmos. Also nicht: «Das einzig Beständige ist der Wandel», sondern abgesehen vom Wandel gibt es feste Regeln. Nicht nur fließt das Wasser beständig, sondern es wird vom Flussbett gelenkt.

Uns entgleitet nicht jeder feste Boden, sondern wir sehen vielmehr ein, dass Erstarrung Illusion ist. Das könnte ich jetzt brauchen und denke an meine lange To-do-Liste.

Ich schlendere weiter zur Brücke, die hinaus auf den Anleger führt. Die Flut von der Nordsee drückt das Wasser stromaufwärts. Ich gehe bis auf den Anleger, die schwimmende Plattform, zwischen dunklen Pfeilern eingekeilt, wo die Elbdampfer halten. Es ist kein Betrieb. Das Wasser strömt träge.

Am Rand betrachte ich die Strömung und schließe die Augen, lausche dem Glucksen und Blubbern. Ist es der Fluss oder mein Blut, das ich höre? Tief im Rauschen – höre ich da etwas? Der Augenblick dehnt sich.

«So ist das Leben», scheint mir die Elbe zuzuflüstern, «alles fließt.» Ja, denke ich, nichts im Leben währt ewig, Gutes nicht und Schlechtes nicht. Und gerade das macht Hoffnung in der Not und das Gute, solange es dauert, wertvoll. «Tja, liebe Elbe», antworte ich in Gedanken, «vielleicht scheint es dir ja so, als ob alles andere fließen würde, und was in Wahrheit fließt, bist du.»

Ich öffne die Augen und bin überrascht, wie hell es noch ist. Erfrischt blicke ich zurück ans Ufer. Vom Anleger sieht es irgendwie fremd aus. Wenige Minuten sind vergangen, und mein Zustand ist ein anderer.

Eins habe ich eingesehen: Ob der Fluss nun ein Bild ist für das Leben oder für den Strom meines Erlebens – das ist nicht wichtig. Wichtig ist, dass mir klargeworden ist: Meine Situation ist nicht statisch, ich bin nicht in ihr gefangen, sondern sie entspricht eher einem Fließen in Kreisläufen, vielleicht einer Art Spirale. Ich muss nur dieses Fließen verstehen, dann kann ich es auch umleiten – und verändern.

Jetzt muss ich aber die Kinder abholen.

Ich denke auf dem Weg weiter darüber nach. Ich hatte mich verfangen in einem Netz aus Erwartungen, Ansprüchen an mich selbst, Ängsten und Hoffnungen – und dieses Netz hatte mir die Luft abgeschnürt. Es hatte sich verselbständigt, mich zum Statisten degradiert. Ich muss mich aus diesem Netz befreien und neu anfangen – wo ich bin, hier und jetzt.

Kennen Sie das? Wenn Sie aufgesogen werden von dem *ganzen Stress*? Und dann kommen Sie unversehens wieder in der Gegenwart an – und Sie merken: Moment mal, warum rege ich mich so auf? Ich bin nicht in Gefahr. Vielleicht kann ich einige unwichtige Punkte von meiner Liste streichen? Vielleicht kann ich die zeitliche Enge auch als sportliche Herausforderung oder als Übung in innerer Ruhe sehen?

Es ist heilsam, bisweilen den gegenwärtigen Moment genau wahrzunehmen. Achten Sie einmal ganz bewusst darauf – wie Sie sitzen oder liegen, wie Sie das Buch halten, wie Ihr Blick über die Buchstaben gleitet, wie mit den Buchstaben innerlich die Laute in Ihrem Kopf entstehen.

Ist diese Gegenwart nicht das Konkreteste überhaupt? Und wird das «Hier und Jetzt» nicht häufig als Schlüssel für eine gute Lebensführung verkündet? Wenn ich Philosophie auf das konkrete Leben beziehen will – wohin führt es mich, wenn ich diese Erfahrung näher untersuche? Was bedeutet es genau, «im Hier und Jetzt zu leben»?

## Ein älterer Herr zeigt mir die Gefahren
## des Hier und Jetzt

Auf der Straße steht ein älterer Herr und winkt. Auffällig bequeme Kleidung, sauber, aber unordentlich, das Haar etwas strubbelig. Ich halte das Auto an und lasse das Fenster auf der Beifahrerseite herunter. Sofort streckt er die Hand ins Auto und hält mir mit einem Lächeln etwas hin: eine leere Packung Kaugummi und einige Eichenblätter. Ich bin verwirrt.

«Ja, das ist alles egal», sagt er, «hier, das ist es ja.»

«Ja ...», versuche ich mich zu sortieren, «wollen Sie irgendwohin?»

Er runzelt die Stirn und blickt etwas überrascht, als sei es ihm gerade entfallen.

Ich frage: «Wohnen Sie hier in der Nähe?»

Er bewegt leicht die Lippen auf der Suche nach einem Wort. Dann schüttelt er den Kopf und schaut mich entschuldigend an.

Plötzlich ist es, als sei ich in einem wohlbekannten Raum, wie damals mit meinem Großvater, als dessen Demenz bereits schlimm war. Ich streife meine geschäftigen Gedankenketten ab, die ich gerade wieder geschmiedet habe, und wende mich dem Mann zu, der in mein Autofenster schaut und nicht weiß, wohin er will oder wo er wohnt.

Beschwichtigend sage ich: «Warten Sie einen Moment.» Ich parke den Wagen und steige aus.

Wenn Sie bereits mit dementen Menschen zu tun gehabt haben, wissen Sie um deren allgemeinen geistigen Leistungsabfall und die zunehmende Unselbständigkeit. Ihr Verhalten wirkt auf uns oft skurril. Dabei sind es Menschen wie Sie und ich, die ein ganzes Leben hinter sich haben. Mit Höhen und Tiefen, mit Freude und

Trauer, mit Erfolgen und Enttäuschungen – und eines Tages erkennen sie ihre eigenen Kinder nicht mehr. Sie sind nicht mehr in der Lage, Neues dauerhaft zu erinnern, sich an Verabredungen zu halten oder Pläne zu verfolgen. Sie leben in einem verengten Zeithorizont, gewissermaßen im «Hier und Jetzt». Ist das nicht diese konkreteste aller Erfahrungen, an der ich neu ansetzen wollte? Wird das nicht ständig als Rezept eines glücklichen, sorgenfreien Lebens gepriesen? «Lebe im Hier und Jetzt!»

Menschen mit fortgeschrittener Demenz können dem nicht entrinnen. Ihr auf Lebenserfahrung gewachsenes Weltbild verkümmert, und sie verlieren die Fähigkeit, ihr Leben zu gestalten.

Zeigt das Verhalten von Menschen mit Demenz, wie unser Leben wäre, wenn wir *wirklich* ganz im Hier und Jetzt leben würden? Soll das etwa ein glückliches Leben sein? Menschen mit schwerer Demenz sind für viele Freuden nicht mehr empfänglich: Sie können keinen Film genießen oder die Spannung eines guten Buchs. Sie verstehen die Dramatik eines Fußballspiels ebenso wenig wie den Verlauf einer guten Diskussion. Sie *können* angenehme Empfindungen haben – bei friedlichem Zusammensein, bei taktilen Erfahrungen oder wenn unversehens eine schöne Erinnerung auftaucht. Aber wenn die Erinnerungen verloren gehen, was bleibt von einem Leben übrig? Die Betroffenen sind zu einem Leben im «Hier und Jetzt» verdammt – und nicht darum zu beneiden. Sie brauchen Hilfe.

Ich stelle mich freundlich neben den älteren Herrn und versuche, etwas über ihn zu erfahren. Er kann mir nicht sinnvoll antworten. Das scheint ihn selbst zu stören und macht ihn unsicher. Er schaut mir ins Gesicht, und als ich ihn freundlich anlächele, lächelt er auch. Die Fragerei ist vergessen. Wortlos stehen wir auf der Straße, inmitten des Wohngebiets, und lächeln.

Dann kommen Autos. Ich will ihn zum Bürgersteig lotsen. Aber er versteht meine Aufforderung nicht. Einfach schieben will ich

*Was heißt es, im Hier und Jetzt zu leben?*

ihn nicht – zumindest noch nicht. Die Autos kommen langsam näher. In Ermangelung besserer Ideen gehe ich zu der gestutzten Eibenhecke beim nächsten Grundstück. Ich locke den Mann wie ein Reiseführer: «Hier, schauen Sie mal!»

Interessiert kommt er heran, blickt auf die regennasse Hecke und steckt seine Hände hinein. Er wühlt nachdenklich darin herum und sagt: «Es gibt so viele verschiedene Arten Gras!»

«Ja, da haben Sie recht», sage ich und nicke.

«Hier», sagt er, zieht seine Hände heraus, zeigt mir einen seiner Handrücken und schiebt mit dem Zeigefinger die altersfleckige Haut hin und her. «Diese Farbe hatte das.»

«Ah, ja», antworte ich, «wissen Sie, wir warten hier einfach und ich rufe jemanden an.»

Ich hole mein Handy hervor und wähle 110.

In der Leitung erklingt eine Computerstimme: «Dies ist der Notruf der Polizei B.... Ihr Anruf wird sofort bearbeitet.»

Der ältere Herr bückt sich gerade nach einem Wasserleitungs-Deckel und zieht prüfend an der Metallschelle. «Nee», meint er, «die ist fest.» Er schaut umher.

«Polizeidienststelle B...?», meldet sich ein Beamter am Handy. Ich erzähle, was los ist.

«Aha – können Sie noch etwas warten? Dann schicke ich Ihnen einen Streifenwagen vorbei.»

Ich bejahe und lege auf. «So», sage ich, «es kommt gleich jemand und bringt Sie nach Hause».

«Hm», sagt er, «ich gehe jetzt los.» Und er geht los.

Wenn im Hier und Jetzt zu leben tatsächlich die gepriesene Art wäre – nämlich wirklich nur in einem eingeschränkten Zeithorizont zu leben, und der Mann so eine Art spiritueller Heiliger wäre, dann würde ich kein Heiliger sein wollen. Und Sie? Ja, sicherlich kann der ältere Herr noch angenehme Augenblicke erleben. Und viele von uns denken daran zuerst, wenn sie vom Glück reden – an

Glücksmomente. Als hieße glücklich zu sein einfach nur, Glücksmomente zu haben. Doch das ist, wie ich ihn jetzt so anschaue, eine sehr eingeschränkte Art, glücklich zu sein. Er kann nicht mehr glücklich darüber sein, wie seine Kinder oder Enkel sich entwickeln oder dass er für einen guten Zweck etwas erreicht hat. Er kann nicht mehr im Einklang mit sich leben.

Jetzt mag jemand einwenden, das sei ja nur unsere Art, die Dinge zu beurteilen – vielleicht sei der ältere Herr genauso glücklich wie wir. Wer wisse das schon? Richtig ist, dass Menschen mit einer schweren Demenz den Unterschied zwischen einzelnen Glücksmomenten und einem im Ganzen glücklichen Leben nicht mehr erkennen. Aber würden Sie nicht ein Leben ohne Demenz bevorzugen? Betroffene und deren Angehörige würden die Erkrankung in jedem Fall aufhalten, wenn sie könnten.

Ich schaue ihm einen Moment nach, wie er den Fußweg entlanggeht. Wie weit wird er gehen? Und schon bleibt er stehen und schaut sich um. Er sieht mich und kommt zurück.

Ich sage: «Gleich kommt jemand, wir warten hier einfach.» Wir lächeln und warten.

Schließlich kommt der Streifenwagen und hält fünf Meter entfernt. Ich sage mit gewollt fröhlichem Ton, um ihn zu beruhigen: «Da sind ja unsere Freunde!»

Zwei Polizistinnen steigen aus und kümmern sich routiniert um den Herrn. Er weiß seinen Namen nicht. Die eine Beamtin findet den Namen innen in den Kragen seines Pullovers eingenäht. Ich halte dem Herrn zum Abschied die Hand hin. Ratlos schüttelt er sie.

*Was heißt es, im Hier und Jetzt zu leben?*

## Wie ich mich von einer Verwirrung über das «Leben im Hier und Jetzt» heile

Wir wollen nicht wie demenzkrank im Hier und Jetzt leben. Wer vom Leben im Hier und Jetzt redet, der beschreibt keine planlose Lebensweise, vergesslich, mit rapiden Stimmungsschwankungen und dem Verlust des Zeitgefühls wie bei schwerer Demenz. Das bringt eine Einschränkung unseres Zeithorizonts aber mit sich. Also geht es vielleicht gar nicht um die Einschränkung unseres zeitlichen Horizonts? Aber was könnte es sonst bedeuten, «im Hier und Jetzt zu leben»?

Einerseits heißt es, wir würden nicht «in der Vergangenheit» leben. Wir würden nicht über das Furchtbare grübeln, das wir getan haben oder das uns zugestoßen ist. Und wir würden umgekehrt nicht «in die Zukunft» abgleiten und uns ständig Sorgen machen. Oder uns in Träume flüchten. Das klingt wunderbar – weniger Grübelei, weniger Reue und Selbstvorwürfe, weniger Sorgen und Bedenken. Wer würde das nicht wollen? Aber geben wir deshalb unser Verständnis von Vergangenheit und Zukunft auf, weil wir sie als eine «Illusion» erkennen, die in Wirklichkeit nicht existiert?

Plausibel ist, dass Zukunft und Vergangenheit nicht in dem Sinne existieren wie die Gegenwart. Zum Beispiel können wir auf gegenwärtige Dinge zeigen, aber auf zukünftige oder vergangene Dinge nicht. (Sie können zwar jemandem im Katalog zeigen: «Das ist mein zukünftiges Fahrrad», aber dann zeigen Sie auf das gegenwärtige Bild.) So weit, so gut – aber was für ein Leben soll daraus folgen?

Beim Leben im Hier und Jetzt, heißt es, konzentrieren wir uns auf die *jetzige* Aufgabe. Wir spüren den eigenen Körper und packen die aktuelle Situation wirklich an. Wir «denken nicht so viel», sondern können «einfach *sein*». Das klingt erst mal gut – aber ergibt es auch Sinn?

Wie packen wir die jetzige Situation an, ohne ein Verständnis von Vergangenheit und Zukunft? Der Herr mit Demenz lebte ganz wörtlich im Hier und Jetzt. Gerade deswegen konnte er seine Situation nicht hinreichend verstehen, geschweige denn anpacken. Er hatte sich verlaufen und verstand nicht einmal, *dass* er sich verlaufen hatte. Das Leben ohne Vergangenheit und Zukunft machte ihn hilflos.

Wenn wir hingegen sagen, jemand packe eine Situation an, dann ergibt sich ein anderes Bild. Was nennen wir überhaupt «meine jetzige Situation»? Meine jetzige berufliche Situation besteht nicht darin, dass ich gerade am Schreibtisch sitze. Meine familiäre Situation besteht nicht darin, dass ich in diesem Augenblick im Arbeitszimmer am Schreibtisch sitze und meine Familie im Wohnzimmer ist. Auf solchen Schnappschüssen von Augenblicken entfalten sich nicht die bedeutsamen Zusammenhänge unseres Lebens, die wir wertschätzen und gestalten wollen. Wenn wir unsere «jetzige Situation» anpacken, haben wir ein Bewusstsein von Vergangenheit und Zukunft.

Dennoch empfinden viele die Rede vom Hier und Jetzt als Ausdruck einer lebensverändernden Erfahrung. Aber wenn Vergangenheit und Zukunft dabei nicht aufgegeben werden, dann kann das nur heißen: Es geht um einen bestimmten Umgang mit unserem Zeithorizont.

Diesen Umgang können wir uns konkret veranschaulichen: Wie verhalten sich Menschen, die grübeln? Sie sitzen rum, die Stirn kraus, vielleicht den Kopf aufgestützt, und seufzen: «Ach, warum passiert das immer mir? Was stimmt nur nicht mit mir?» Dabei ändern sie ihre Situation nicht und lassen das Leben vorbeiziehen. *Das* heißt nicht, im Hier und Jetzt zu leben. Aber wenn wir *nicht grübeln*, haben wir dann *gar keine* Erinnerungen?

Es heißt auch, im Hier und Jetzt würden wir uns keine Sorgen machen und die Zukunft als Illusion ansehen. Wie verhält sich jemand, der sich übertrieben sorgt? Er ist bei seinen Tätigkeiten abgelenkt, er seufzt auf, er blickt mit «sorgenvoller Miene» auf die Uhr, erwartet das Schlimmste. Das möchten wir vermeiden. Aber heißt das umgekehrt, dass, wer *sich keine Sorgen macht, gar nicht an die Zukunft denkt?*

Manchmal kann es wichtig sein, die Zukunft nicht als Illusion abzutun. Wenn ich vor einer Hauswand stehe, und ich sehe eine Abrissbirne auf mich zuschwingen, dann sollte ich mir ganz schnell Sorgen um meine Zukunft machen. Ebenso, wenn, metaphorisch gesprochen, eine Abrissbirne auf mein Leben zuschwingt. Auch dann sollten wir uns sorgen und Vorkehrungen treffen. Es ist kostbar, wenn wir dank unserer Lebenserfahrung etwas über längere Zeit auf uns zukommen sehen. Mit «Leben im Hier und Jetzt» kann also nicht Zukunftsignoranz gemeint sein – es klingt nur so.

Manchmal heißt es, man würde im Hier und Jetzt «keine Erwartungen haben». Was soll das heißen? Wie verhält sich jemand, der etwas erwartet? Vielleicht ist jemand in freudiger Erwartung, er malt sich das Ereignis aus, ist unruhig und lächelt dabei vor sich hin – aber dann tritt es nicht ein und er ist tief enttäuscht, lässt die Schultern hängen und seufzt. Enttäuscht werden wir nicht gern. Also liegt es nahe zu sagen, er hätte nicht so fest damit rechnen sollen. Oder wir haben ständig negative Erwartungen und wollen uns davon befreien. Ist es also am besten, gar keine Erwartungen zu haben? Geht das überhaupt?

Was nennen wir überhaupt «etwas erwarten»? Manchmal meinen wir mit «ich erwarte ihn», dass wir z. B. aufgeregt auf die Straße schauen, ob der angekündigte Besuch gleich um die nächste Ecke biegt. Aber manchmal hat sich der Besuch für den Abend angekündigt und wir wissen den ganzen Tag, dass er kommen wird, ohne dass es uns irgendwie beschäftigt.

In diesem zweiten Sinne erwarten wir vieles. Ich erwarte zum Beispiel, dass das Haus, in dem ich gerade am Schreibtisch sitze, stehen bleibt und nicht in den nächsten Sekunden zusammenbricht. Ich erwarte auch, dass sich nicht gleich unter mir die Erdkruste öffnet und ich in flüssige, glühende Magma zu fallen drohe. Und Sie erwarten, dass ich nicht gleich leibhaftig aus dem Buch hervorkomme und Sie um einen Kaffee bitte.

Aber in welchem Sinne *haben* wir denn diese Erwartungen? Sie denken schließlich nicht die ganze Zeit: «Das Haus wird nicht gleich zusammenstürzen und es wird sich keine Erdspalte unter mir öffnen.» Sonst müssten wir ja ständig die unendlich vielen Ereignisse bewusst denken, von denen wir erwarten, dass sie eintreffen oder nicht eintreffen – und das hieße, alle Möglichkeiten unseres Weltverständnisses gleichzeitig zu denken. Das kann nicht richtig sein.

Tatsächlich ist etwas zu erwarten nicht immer ein bestimmter Bewusstseinszustand. Häufig ist die Äußerung «Ich habe ihn erwartet» eine Zuschreibung im Nachhinein. Dann heißt ihn erwartet zu haben einfach nur, dass wir überrascht gewesen wären, wenn er nicht gekommen wäre.

Die Aussage «Im Hier und Jetzt haben wir keine Erwartungen» kann nicht in diesem Sinne gemeint sein. Wer im Hier und Jetzt lebt, hat in diesem Sinne viele Erwartungen, glaubt von vielen Ereignissen, dass sie eintreten oder nicht. Wenn er auf einem Meditationskissen sitzt, dann erwartet er, dass er nach Abschluss der Meditation, wenn er aufstehen will, noch seine Beine hat. Die Erwartung der ausreichenden Sicherheit des Ortes ermöglicht gerade die Ruhe der Meditation.

Derartige Beispiele können Sie sicherlich viele finden. Also leben wir im Hier und Jetzt nicht frei von *allen* Erwartungen. Gemeint ist vermutlich eher etwas wie «Gedanken an die Zukunft». Aber was bedeutet das?

Einerseits wird gefordert, Vergangenheit und Zukunft aufzugeben, gleichzeitig werden aber Dinge getan, die einen weiten Zeithorizont erfordern. Das lässt nur einen Schluss zu: Es ist gar kein Leben innerhalb jener drei Sekunden gemeint, die die Neuropsychologie als «Gegenwartsdauer» erklärt. Gemeint ist, dass wir uns in unserem Zeithorizont anders bewegen.

Das «Leben im Hier und Jetzt» ist kein einheitliches Phänomen – es gibt sehr unterschiedliche Beschreibungen davon. Aber alle sehen es als eine Veränderung zum Guten. Es geht um eine Form des guten Lebens, mit anderen Worten: eine Ethik.

Es soll Vorteile haben gegenüber anderen Lebensweisen. Vielleicht können wir klarer sehen, wenn wir untersuchen, *worauf* die Möglichkeit unserer Wahl überhaupt fußt. Was müssen wir können, damit wir überhaupt die Wahl haben, im Hier und Jetzt zu leben oder nicht? Gibt es *best practices* eines solchen Lebens?

## Warum eine ziemlich banale Sache erstaunliche Folgen hat

Schauen wir uns um. Es heißt, manche Tiere würden im Hier und Jetzt leben. Manche Hundehalter möchten das herausfinden und beobachten deshalb ihr Tier sehr genau. Allerdings stellen sie fest, dass ihr Hund den gestern vergrabenen Knochen wiederfindet. Wie ist das möglich für ein Wesen, das angeblich im Hier und Jetzt lebt? Gibt es dafür andere Erklärungen als das Erinnerungsvermögen?

So gewissenhaft diese Fragen sind, sie beruhen auf dem Ihnen schon bekannten Missverständnis. Es geht beim «Leben im Hier und Jetzt» ja nicht um einen eingeschränkten Zeithorizont. *Ob* Hunde sich erinnern können oder *wie lange* sie etwas erinnern, ist deshalb nicht entscheidend. Entscheidend ist, ob sie sich überhaupt in Erinnerungen «verlieren» können, wie es das Leben im Hier und Jetzt beenden soll.

Wie noch mal verpasst man das Hier und Jetzt? Indem wir grübeln, uns sorgen, uns ärgern. Und tatsächlich – nach allem, was wir wissen, grübeln andere Tiere nicht vor sich hin, sitzen herum und fragen sich: «Was soll nur aus mir werden?» Vielleicht meinen wir deshalb, Tiere würden im Hier und Jetzt leben – weil sie die Gegenwart nicht verpassen, wie wir manchmal.

Können Tiere also als Vorbild für unser Leben im Hier und Jetzt dienen? Ich meine nicht. Wenn wir mit dieser Formel meinen, nicht zu grübeln oder uns keine Sorgen zu machen, sondern die Situation anzupacken, dann ist unsere *menschliche* Lebensweise dafür zentral. Und dazu gehört eben z. B., sich an einen bevorstehenden Geburtstag zu erinnern, ein Geschenk zu besorgen und es am Geburtstag zu überreichen.

Leben kleine Kinder im Hier und Jetzt? Es ist richtig, dass Kleinkinder noch nicht lange grübeln oder sich in Sorgen um die Zukunft hineinsteigern. Dafür ist ihr Zeithorizont noch zu eingeschränkt. Sie leben «im Augenblick», sind in einem Moment traurig über ein zerbrochenes Spielzeug, im nächsten Moment freuen sie sich über einen Schmetterling am Fenster. Manchmal erblicken wir vielleicht Schönes an ihrem Verhalten, das wir uns zurückwünschen – Sorglosigkeit etwa oder Offenheit für die kleinen Dinge. Andererseits haben Kleinkinder noch nicht die Fähigkeit, kontinuierlich Aufgaben anzupacken, und werden häufig von ihren Emotionen mitgerissen. Deshalb brauchen sie jemanden, der sich um sie kümmert. Deshalb kann ein kleinkindliches «Leben im Hier und Jetzt» auch nicht ernsthaft als Ideal für unsere Lebensführung herhalten.

Also sollten wir eine andere Möglichkeit ins Auge fassen: Das Leben im Hier und Jetzt ist nicht einfach und ursprünglich, sondern komplex und fortgeschritten.

*Was heißt es, im Hier und Jetzt zu leben?*

Ist «komplex und fortgeschritten» gleichbedeutend mit technisch, konstruiert, konventionell und künstlich, kurz: anstrengend und irgendwie unnatürlich? Tatsächlich ist das Leben im Hier und Jetzt nicht ursprünglich-natürlich, keine angeborene Fähigkeit. Es ist aber auch nicht «gegen die Natur».

Die Natur des Menschen ist wandelbar. Wir entfalten sie sehr spezifisch durch die Kultur, in der wir aufwachsen, und durch unsere Lebensweise. Die Kinder des Volkes der Moken auf den thailändischen Sunim-Inseln entwickeln die Fähigkeit, unter Wasser sehr scharf zu sehen. Von klein auf sammeln sie Muscheln und Seegurken vom Meeresboden. Wir Europäer können unter Wasser nicht so scharf sehen, weil wir nicht aufwachsen wie sie.

Wir haben andere Fähigkeiten entwickelt, z. B. in Filmen schnelle Schnittfolgen mit wechselnden Kamerapositionen als «eine Situation» zu sehen. Solche Fähigkeiten sind weder ursprünglich-natürlich noch gegen unsere Natur. Sie sind spezifische Entfaltungen der Möglichkeiten unserer Natur.

Manchmal vernachlässigen wir einige unserer Fähigkeiten, andere werden besonders geschult. Mit Glück bemerken wir es, wenn die eine oder andere Ausprägung negative Folgen hat. So ist es etwa außerordentlich hilfreich, für bestimmte Zwecke die richtigen Mittel finden zu können. Aber wir alle kennen die Gefahren, wenn Menschen einander nur noch als Mittel für Zwecke behandeln und keine Empathie entwickeln.

Dann entstehen kulturelle Gegenbewegungen, um einen Ausgleich herzustellen – und manchmal wird der Weg zu diesem Ausgleich so erzählt: Etwas Natürliches sei verdeckt oder unterdrückt worden und müsse nun freigelegt werden. Aber die Erfahrung des «Hier und Jetzt» ist nichts ursprünglich Natürliches. Sie ist etwas für Fortgeschrittene. Durch welche fortgeschrittenen Fähigkeiten können wir also das «Hier und Jetzt» erschließen?

Ich hoffe, lieber Leser oder Leserin, Sie werden es mir verzeihen, dass ich an dieser Stelle *nicht* referiere, welche Rolle die Gegenwartserfahrung in den Theorien derjenigen Philosophen gespielt hat, die sich mit dem Thema der Zeit befasst haben. Ich würde über Augustinus schreiben; über die mystische Gegenwart bei Meister Eckart; über Spinozas Hinweis, dass wir Vergangenheit, Gegenwart und Zukunft ausbalancieren sollten; über Kants, Bergsons und Husserls Zeittheorie; über William James und sein Konzept der ausgedehnten Gegenwart und über die A- und die B-Theorie der modernen Zeitlogik. So interessant das alles ist: Die Verengung des Zeithorizontes ist ja nicht das, was mit dem «Leben im Hier und Jetzt» gemeint ist – und deshalb würde ich mit der Zeitphilosophie hier unnötig Zeit verbringen. Vielmehr möchte ich fragen: Wie orientieren wir uns in der Welt und in unserem Leben?

Ich beschreibe im folgenden Abschnitt nichts Neues. Alles dort können Sie bereits und tun es jeden Tag. Es ist so selbstverständlich geworden, dass es uns nicht mehr auffällt. Gerade darum fällt es uns schwer, diese Tätigkeiten klar zu beschreiben. Aber wenn es gelingt, kann das viel Licht ins Dunkel bringen. Vielleicht denken Sie gleich beim Lesen: «Das ist doch banal.» Dann ist die Beschreibung *gut*, denn sie trifft genau unser Verhalten. Ich werde also versuchen, die Beschreibung so banal wie irgend möglich zu machen. Drücken Sie mir die Daumen.

Was hat jemand gelernt, der den Satz «Lebe im Hier und Jetzt» versteht? Er hat Deutsch gelernt. Er hat dabei bestimmte Wörter gelernt, nämlich «hier» und «jetzt». Das sind Zeigewörter, genauer: hinweisende Adverbien. Die Zeigewörter «hier» und «jetzt» gehören immer mit anderen Zeigewörtern zusammen.

«Hier» gehört mit «dort» zusammen (Kleinkinder benutzen noch «da» für beides). «Jetzt» kann mit verschiedenen Adverbien zusammengehören. Bei uns zu Hause vor allem mit «gleich». Zum Beispiel, wenn ein Elternteil zum Spielen kommen soll. Der Elternteil sagt dann häufig «gleich», die Kinder antworten: «Nein, jetzt!» Oder umgekehrt, wenn die Kinder Zähne putzen sollen. Dann sagen die Kinder «gleich», und die Eltern antworten: «Nein, jetzt!» Manchmal gehört «jetzt» aber auch mit «früher» und mit «später» zusammen. Inwiefern?

Sie schließen sich gegenseitig aus. Wer also das Wort «hier» gelernt hat, der weiß, dass damit nicht «dort» gemeint ist. Und wer das Wort «jetzt» gelernt hat, der weiß, dass damit nicht «später» gemeint ist. Es ist nicht sinnvoll zu sagen, jemand sei gleichzeitig hier und dort, weil dort zu sein *bedeutet*, nicht hier zu sein. Dass Sie diesen Satz *jetzt* das erste Mal lesen *bedeutet*, dass Sie ihn nicht früher oder später das erste Mal lesen. Ich hoffe, die Beschreibung war ausreichend banal – denn die Folgen sind es nicht.

Was tun wir mit diesen Wörtern? Sie eröffnen uns gedankliche Wege hinaus aus der Situation, in der wir uns befinden («hier und jetzt»). Dass die Zeigewörter im Ausschluss zusammengehören, dass sie *komplementär* sind, ist für uns wie ein Ausgang. Wir können auf Zeiten und Orte Bezug nehmen, in oder an denen wir uns gerade *nicht* befinden. Dies sind die sprachlichen Mittel, mit denen wir *situationsunabhängig* denken.

Vergleichen Sie das mit einer Tür: Sie lässt sich öffnen und schließen, weil sie mit Angeln in einem Türrahmen hängt. Sagen wir, die geschlossene Tür steht für das «Hier und Jetzt». Die geöffnete Tür steht für das Denken über die Situation hinaus. Wenn wir nun wirklich Vergangenheit und Zukunft völlig verlieren, wäre die Tür ausgehängt. Dann könnten wir die Tür weder öffnen noch schließen – und so könnten wir ohne situationsunabhängiges Denken nicht im Hier und Jetzt leben.

Über die jetzige Situation hinaus denken zu können, ist eine erstaunliche Leistung. Selbst die intelligentesten anderen Spezies auf diesem Planeten können uns da nicht folgen. Das macht uns nicht wertvoller, aber es kennzeichnet unsere menschliche Art, uns in der Welt zu orientieren. Wie gesagt: Ein Hund kann sich nicht auf nächsten Dienstag freuen. Wir schon.

Nehmen Sie folgende Sätze: «Ich möchte Ihnen eine Geschichte weitererzählen, die mir mein Vater erzählt hat, als ich letztes Jahr in Sacramento vorbeikam. Es geht dabei um gewisse Ereignisse, in die er zwei oder drei Jahre davor verwickelt gewesen war, in der Zeit also, bevor er und meine Mutter geschieden wurden.» Trotz der vielen zeitlichen Bezüge fällt es ihnen vermutlich leicht, den Ablauf chronologisch zu ordnen. Vielleicht macht es Sie sogar neugierig, und Sie möchten erfahren, welche Ereignisse das waren (lesen Sie dafür Raymond Carvers Kurzgeschichte «Tüten»). So selbstverständlich bewegen wir uns in ganzen Architekturen von situationsunabhängigem Denken.

Achten Sie einmal in Gesprächen auf die zeitlichen und räumlichen Verweise. Leichtfüßig umtanzen wir das Hier und Jetzt, springen in die Vergangenheit, biegen ab in eine mögliche Zukunft und ziehen Konsequenzen für die Gegenwart. Und es wird noch verrückter.

Mit Kalendern und Landkarten kommen wir gedanklich weit über unsere Situation hinaus. Wir können uns z. B. über eine Europakarte beugen und uns fragen, ob Zürich westlicher liegt als Frankfurt. Dabei ist es egal, wo wir gerade sind. Die Praxis des *Mind Mapping* ist ein Beispiel dafür, wie unterschiedlich die Anwendungen von «Karten» sind. Der kanadische Philosoph Charles Taylor hat metaphorisch von «moralischen Landkarten» gesprochen, die wir in unserer jeweiligen Kultur aufnehmen. Sie geben uns starke Wertungen in sich selbst erstrebenswerter Güter – die zentral sind für unsere Lebensführung. Auch darüber können wir uns unabhängig von unserer tatsächlichen derzeitigen Lebensführung unterhalten.

Aber Karten und Kalender haben eine wichtige Eigenschaft: Wenn wir sie *benutzen* wollen, dann müssen wir wissen, wo unser

Standpunkt auf der Karte ist. Deshalb suchen wir an den Kartenhäuschen an Wanderwegen den roten Punkt «Ihr Standort». Er ermöglicht eine «Wiederverankerung» des situationsunabhängigen Denkens im Hier und Jetzt. Auch wenn wir mit einem Kalender planen wollen, müssen wir wissen, welcher Tag es ist. So auch mit den moralischen Karten: Um sie zu benutzen, müssen wir uns selbst moralisch verorten.

Das heißt: Wenn wir situationsunabhängig denken, dann können wir uns manchmal weit von unserem «Hier und Jetzt» ablösen. Aber wenn wir wirksam handeln wollen, dann brauchen wir eine Verbindung zu unserer aktuellen Situation – dass «ich jetzt hier bin.» Lassen Sie uns einige solcher Verbindungen betrachten.

## Warum nette Menschen sich weigern, im Hier und Jetzt zu bleiben

Empathie wird häufig als «Einfühlung» verstanden. Dabei wird selten bedacht, was dazu gehört, sich in jemand anderen einzufühlen. Um eine Situation aus der Perspektive anderer zu sehen, müssen wir über unsere eigene Situation hinaus denken. Wie wäre es, wenn ich in seiner Situation wäre? Wie würde ich mich fühlen?

Diese Fähigkeit ermöglicht vielen Arten zu kooperieren, die tief in unserer menschlichen Lebensweise verankert sind. Denken Sie an die *Goldene Regel*: «Behandle andere so, wie du von ihnen behandelt werden willst.» Sie ist weltweit und quer durch die Geschichte verbreitet: im Gesang der Nymphe Kalypso in Homers *Odyssee* (schriftlich ca. 720 v. Chr.); in der assyrischen Spruchsammlung des Achiqar (ca. 700 v. Chr.); in den Weisheitsschriften des späten ägyptischen Reiches (ca. 664–323 v. Chr.); in der hinduistischen Lehre des Mahavira über Achtsamkeit (600–300 v.Chr.); als Lehrsatz bei Konfuzius (551–479 v.Chr.); in den Lehren des Laotse (ca. 500 v.Chr.); in Platons *Nomoi* (um 380 v.Chr.); im buddhistischen *Dhammapada* (Spruchsammlung des Siddharta Gautama, ca. 350 v.Chr.); im *Levitikus* der jüdischen *Tora* (3. Buch Mose, abgeschlossen ca. 250 v.Chr.); in der stoischen Lehre Senecas d. J. (4–65 n.Chr.); in den Evangelien des Lukas und Matthäus des christlichen *Neuen Testaments* (ca. 60–100 n.Chr.); in den islamischen *Hadith*-Sammlungen (Aussagen und Lehrsprüche Mohammeds, ab ca. 700 n.Chr.).

Viele Überlieferungen der Goldenen Regel sind unabhängig voneinander entstanden – ein starkes Indiz dafür, dass menschliche Kulturen in mancher Hinsicht nicht so verschieden sind, wie wir manchmal annehmen. Der wichtige Punkt hier ist: Die Goldene Regel ließe sich nicht ausführen, geschweige denn bewusst ausdrücken, wenn wir nicht die Fähigkeit hätten, über unser Hier und Jetzt hinauszudenken. Wir könnten nicht «in die Schuhe einer anderen Person schlüpfen», weil wir aus unseren eigenen Schuhen gar nicht herausschlüpfen könnten. Dafür muss ich meine subjektive Perspektive gedanklich überschreiten, erkunden, wie ich in der Situation des anderen behandelt werden möchte, und dann in meiner subjektiven Perspektive demgemäß handeln. Einerseits muss ich aus meiner Situation hinaus. Andererseits darf ich nicht den Kontakt zu mir verlieren, denn ich soll ja beurteilen, wie *ich* in ihrer Situation behandelt werden möchte. Und diese Übernahme ihrer Perspektive erleben wir auch emotional.

Das ist erstaunlich. Ich werde in Kapitel VII mehr über Gefühle sagen – hier nur so viel: Ich verstehe «Gefühle» als Reaktionen unseres Organismus auf seine Umwelt. Dabei ermöglicht unsere menschliche Natur nicht nur verschiedene Reaktionen und nicht nur verschiedene Arsenale von Reaktionen – uns sind auch verschiedene Arten von «Umwelt» zugänglich.

*Was heißt es, im Hier und Jetzt zu leben?*

Wir verändern unsere Umwelt nicht nur, indem wir Felder anlegen und Städte bauen. Wir erweitern unsere Umwelt durch Phantasie und Verstand zu einem Raum von Möglichkeiten – und auf diese reagieren wir. Wir haben «Gefühle im Konjunktiv» – wie wir uns fühlen *würden, wenn* es so wäre. Die Möglichkeiten, auf die wir reagieren, sind gewissermaßen Tatsachen im Konjunktiv – aber unsere Gefühle dazu haben wir tatsächlich.

Wir sind schockiert, was *hätte* passieren können. Wir sind euphorisch über eine Idee, wie etwas funktionieren *könnte*. Wir haben Angst vor etwas, was in zwei Wochen passieren *könnte*. Oder wir sind stolz, dass wir etwas fast geschafft *hätten*. Und wir fühlen, wie es uns in der Situation eines anderen gehen *würde*.

Das Pendeln zwischen Hier und Jetzt und anderen Situationen hat großen Nutzen. Dadurch wird unser gegenwärtiges Handeln in neuer Dimension *sinnvoll*, denn wir können es in einem Kontext verstehen. Wir können aus dem Möglichkeitsraum der Vergangenheit und Zukunft Einsichten in unser gegenwärtiges Handeln einbringen.

Ein Beispiel: Beim Schachspiel einen Bauern ein Feld vorzusetzen, ist eine einfache Handlung, fast jeder kann das. Aber wenn bei einem Schachturnier im Finale zwei Großmeister nach zwei Stunden in die heiße Phase kommen und einer setzt spielentscheidend einen Bauern ein Feld vor, dann verdichtet sich darin die Dramatik des gesamten Turniers, und ein unterdrücktes Raunen geht durch die Menge. Eine unscheinbare Handlung nimmt große Bedeutung an.

Wundern Sie sich manchmal, wie wichtig jemandem eine kleine Handlung ist – etwas Bestimmtes nicht zu essen, etwas nicht zu tun, eine kleine Geste? Wir finden die Handlung dann deshalb unbedeutend, weil wir die unsichtbaren Verknüpfungen zu anderen Situationen nicht verstehen.

Manchmal erkennen ganze Gesellschaften die Bedeutsamkeit

einzelner Handlungen und geben ihnen einen Platz in der eigenen Geschichte. Denken Sie an den symbolischen Kniefall Willy Brandts vor dem Ehrenmal für die Toten des Warschauer Ghettos. Oder an das Internationale Reformationsdenkmal im schweizerischen Genf, das an das europaweite Wirken von dieser Stadt aus erinnert. Manchmal ist die Symbolfigur untätig, wie im Falle des Beethoven-Denkmals in Wien – er sitzt lediglich da. Allein der strenge Blick ruft uns auf zur ernsthaften Lebensführung. Für uns sind Museen und Gräber, Gedenktafeln und Hommagen Musterbeispiele der Verknüpfung historischer Bedeutung mit Handeln in der Gegenwart.

Was heißt das für das Leben im Hier und Jetzt?

Ich wollte ja klären, was dieses Leben alles schon voraussetzt. Was also hat jemand gelernt, der im Hier und Jetzt lebt? Er nimmt nicht einfach etwas wahr (das tun wir ohnehin). Vielmehr hat er gelernt, wie man das Hier und Jetzt überschreitet. Deshalb ist er sich bewusst, dass es von allen möglichen Situationen *diese Situation ist*.

Das führte zu einer vielleicht überraschenden Einsicht: *Im «Hier und Jetzt» zu sein oder nicht, sind zwei Seiten derselben Medaille – verlieren wir eine Seite, verlieren wir beide.* Wie im Beispiel mit der Tür, die nur funktioniert, wenn sie in den Angeln hängt: Wer das Hier und Jetzt nicht überschreiten kann, der kann auch nicht im Hier und Jetzt leben.

Der Satz «Lebe im Hier und Jetzt» ist keine allgemeine Lebensregel. Mit diesem Satz *lenken* wir unsere Aufmerksamkeit, indem wir Zeigeworte benutzen. Der Satz ist wie ein Wegweiser, der in bestimmten Situationen hilfreich ist. Wenn wir in konjunktivischen Gefühlen gefangen sind, wenn wir an einem Konflikt zwischen unseren Plänen und der Situation leiden, dann können wir ins Hier und Jetzt und in den Strom des Lebens zurückkehren – dort, wo alles fließt. Wir können uns beruhigen und mit klarerem Blick neu an die Situation herangehen.

*Was heißt es, im Hier und Jetzt zu leben?*

Unsere Fähigkeit zu situationsunabhängigem Denken ist eine Stärke, die wir für unser Leben fruchtbar machen können – aber nur, wenn wir diese Fähigkeit meistern und sie kontrollieren. Wir können gedankliche Karten entwerfen, aber dürfen nicht aus den Augen verlieren, wo wir uns darauf befinden.

Wenn wir den Weg zu einem guten Leben nehmen wollen, müssen wir wissen, wo auf diesem Weg wir uns befinden. Das heißt, wir müssen uns selbst kennen und uns fragen: «Wer bin ich wirklich?»

KAPITEL II

# PRAKTISCHE SELBST-ERKENNTNIS: WAS SIE WISSEN MÜSSEN

## Ohne Selbsterkenntnis ist suboptimal

Niedergeschlagen sitzt Luna auf dem Sofa und starrt gegen die Wand. Es geht ihr schlecht. Ihre Situation ist verfahren. Lunas Problem: Sie unterschätzt sich. Sie hält sich für unfertig, oft für unfähig. Sie fürchtet, dem Leben nicht gewachsen zu sein. Wenn sie daran denkt, wird sie mutlos. Dann schleppt sie sich durch die Tage.

In hoffnungsvollen Momenten fasst sie ein Ziel ins Auge. Entweder ein zu kleines Ziel, weil sie sich mehr nicht zutraut. Oder sie erzählt plötzlich anderen großspurig von einem *gewaltigen* Ziel, Ausdruck ihres Wunsches, mit einem Streich alles zu ändern. Aber die Wirklichkeit sagt: «So nicht», und dann würde Luna am liebsten unsichtbar werden.

So pendelt Luna hin und her zwischen überzogenen Hoffnungen und Verzweiflung. Wenn andere ihr Komplimente machen, winkt sie ab – die wollen sie ja nur aufbauen. Sie hat diese ewigen Rollenspiele so satt. Viel zu lange spielt sie mit und weiß dabei gar nicht wirklich, was sie selbst eigentlich will. Irgendwie hat sie den Bezug zu ihrem eigenen Inneren verloren.

Was soll sie nur tun? Sie könnte resignieren und denken: «So ist mein Leben halt. So bin ich halt. Damit habe ich mich leider abzufinden.» Oder sie schlingert weiter zwischen Hoffnung und Verzweiflung. Entweder – oder. Gibt es einen Ausweg?

In einem Buch findet sie ein Bild des Mosaiks vom Orakel von Delphi. Dort liest sie: *Gnothi seauton* – Erkenne dich selbst. Das geht ihr durch Mark und Bein. Auch das Abbild des Gerippes darunter. Sie hat ja nicht endlos viel Zeit. Will sie auf dem Sterbebett bereuen, dass sie kein glückliches Leben zu führen in der Lage war? Dass sie ihre Möglichkeiten verschenkt hat? Dass sie *das* ihren Kindern vorgelebt hat? Nein, auf keinen Fall. Es muss etwas geschehen.

«Ich muss mich selbst erkennen.» Sie erzählt anderen davon. Die stimmen zu, denn sie finden schon lange, Luna könne viel mehr. Deshalb macht sie sich auf die Suche nach ihrem Ich.

Erst mal sucht sie im Internet. Da gibt es ziemlich viel, nur keine konkreten Hinweise, wie so ein Ich denn aussieht. In der Bücherei findet sie Bücher über «das Ich» bei Freud. Das schreckt sie ab, denn da ist plötzlich noch von «Es» und «Über-Ich» die Rede. Sie aber will erst mal ihr Ich finden.

Von Bekannten aus spirituellen Kreisen hört sie, man müsse das Ich loswerden, um das wahre Leben zu beginnen. Um es loszuwerden, muss sie es ja erst mal gefunden haben. Man kann ja auch nichts wegschmeißen, was man noch sucht.

Doch ihr Ich bleibt unauffindbar. Sie liest Berichte von Menschen, die ihr «wahres Selbst» erkannt haben. Sie beneidet sie. Wenn sie nur ihr Selbst erkennen würde, dann wären ihre Probleme gelöst! Sie würde sich besser einschätzen können, endlich ihr Leben in den Griff bekommen.

Freunde raten ihr: «Du musst den Blick nach innen richten. Dein wahres Selbst findest du nur *in dir*.» Das klingt bedeutungsvoll, aber doch auch sehr verwirrend.

Sie wühlt in ihrer Seele herum. Sie belegt Kurse in Yoga und Meditation. Sie lernt, in sich zu schauen. Sie lernt, sich beim Denken zu beobachten. Gedanken ziehen vorbei – vielleicht ist einmal ihr Selbst darunter?

Nichts. Sie versenkt sich immer tiefer, aber in sich findet sie nichts, das ein «Ich» oder ein «Selbst» sein könnte. Genau genommen findet sie überhaupt keine Dinge in sich. Nur Vorstellungen, Gedanken, Erinnerungen, Gefühle.

Sie beginnt sich zu fragen: Gibt es dieses «Selbst» überhaupt? Oder gibt es nur genau das: Bündel von Gedanken, Erinnerungen und Gefühlen?

«Nun», denkt sie, «es sind *meine* Gedanken, Gefühle und so

*Praktische Selbsterkenntnis*

weiter – aber ist in mir ein Selbst, ein Kern, der mich ausmacht? Und wie würde ich das erkennen, weil doch *ich* es erkennen müsste. Kann ich gleichzeitig diejenige sein, die erkennt, und diejenige, die erkannt wird?»

Vielleicht wie im Spiegel? Sie stellt sich vor den Badezimmerspiegel und blickt sich tief in die Augen. In die Pupillen. Irgendwo da drin müsste doch dieses Selbst sein, das sie gerade anschaut – so eine Art Fluchtpunkt.

«Aber», fällt ihr ein, «ich sehe mich im Spiegel ja von außen an, nicht von innen. Wie wäre es, in einen Spiegel zu blicken, der meine Innensicht spiegelt? Und woher wüsste ich dann, dass *das* mein wahres Selbst ist und ich es nicht nur *glaube*? Vielleicht täusche ich mich. Vielleicht spuken da mehrere herum.»

«Also», resümiert sie irgendwann, «erstens habe ich nichts gefunden, zweitens habe ich keine Ahnung, wie ich es finden soll, und drittens, selbst wenn ich etwas finde, könnte ich mich irren. Trübe Aussichten. Wahrscheinlich liegt es an mir. Ich schaffe es wieder einmal nicht.»

Wie Sie gesehen haben, können manche Wege in die Irre führen. Luna meint, es sei ihre Schuld, dabei hat sie einige Irrtümer bereits hinter sich gelassen. Klar ist: Wir müssen dringend Dinge über uns wissen. Wir *brauchen* Selbsterkenntnis. Wie könnte Luna weiter vorgehen?

Versucht man solche Fragen zu beantworten, wird manchmal ein abgehobenes Konzept daraus. Dann meinen wir (zu Recht), es habe nichts mit dem Leben zu tun und es sei besser, das Thema *ad acta* zu legen. Doch machen Sie sich klar: Wenn Sie auf Ihr Leben Einfluss nehmen wollen, müssen Sie zumindest *etwas* über sich wissen.

Werfen wir einen Blick auf die bekannten philosophischen Sätze – helfen sie weiter? Etwa der irrtümlich Sokrates zugeschriebene «Ich weiß, dass ich nichts weiß»? Eher nicht. Nicht nur, dass der Satz selbstwidersprüchlich ist (zu wissen, dass man nichts weiß, wäre ja ein Wissen), sondern auch, weil wir ja verstehen wollen, *wie* wir etwas wissen können.

Und der Zeitgeist-Satz «Es gibt keine absolute Wahrheit»? Er kam im 19. Jahrhundert auf, um quasiimperialistische Ansprüche auf universale Geltung in ihre Schranken zu weisen. Aber auch er ist selbstwidersprüchlich, denn er behauptet, absolut wahr zu sein. Wenn wir lebenspraktisch verstehen wollen, was es heißt, dass etwas wahr ist, ist er also ebenfalls nicht hilfreich.

Philosophie soll unsere Gedanken klären und uns von Annahmen heilen, die uns hemmen oder schaden. Diese Sätze mögen das manchmal leisten – aber wenn es um Selbsterkenntnis geht, darum, wie wir das eigene Leben besser gestalten können, werden sie selbst zu hemmenden Annahmen. Zweifel ist wichtig, aber wir müssen den Zweifel sinnvoll begrenzen. Einen Schritt zurückzutreten, um einen klareren Blick auf die Situation zu gewinnen, ist gut, aber wir wollen dann auch einen Schritt vorankommen, dichter an die Lebenswirklichkeit.

Deshalb möchte ich neu ansetzen. Auf welchen Wegen können wir etwas über uns herausfinden? Wie wissen wir überhaupt etwas? Wann ist etwas wahr? Wie weiß man etwas über sich? Und meint die Frage «Wer bin ich wirklich?» vielleicht etwas anderes als «Was ist mein wahres Selbst?»?

Kennen Sie das? Sie gehen in die Küche, und jemand bittet Sie, das Salz mitzubringen. Sie können es nicht finden und fragen, wo in aller Welt es sei. Jemand sagt: «Vor deiner Nase!» – und plötzlich sehen Sie es – da, direkt vor sich. Wäre es nicht schön, wenn es mit der Frage «Wer bin ich wirklich?» ebenso sein könnte?

# Die Klippen der Selbsterkenntnis umfahren

**W**ie können wir *wissen*, wer wir sind? Und können wir überhaupt die *Wahrheit* über uns erkennen? Beim Philosophieren kommen wir nicht darum herum, irgendwann Wörter wie «Wissen» und «Wahrheit» zu klären. Bringen wir es also hinter uns.

Wenn dies ein Buch der theoretischen Philosophie wäre, der Erkenntnistheorie, dann würde es sich primär mit der Frage beschäftigen: Was können wir wissen? Dann müsste ich hier ausführlich über Theorien des Wissens und Wahrheitstheorien und ihre jeweiligen Vor- und Nachteile schreiben. Aber da ich hier praktische Philosophie betreibe, beschränke ich mich auf das Nötige.

Die meisten Menschen versuchen die Frage «Was können wir wissen?» subjektiv zu beantworten – aus ihrer ureigenen Perspektive. Beispiel: Stellen Sie sich vor, Sie lesen gerade ein Buch. Vielleicht glauben Sie das – aber *wissen* Sie es? Gibt es dieses Buch wirklich oder nur in Ihrer Phantasie? Ja, Sie können es anfassen, die Buchstaben lesen – aber Ihre Sinne könnten Sie täuschen. Vielleicht sind die Seiten in Wirklichkeit komplett leer und der Text nur eine Projektion Ihres Unbewussten? Egal, welche Passage Sie lesen, Sie lesen immer das, was Sie unbewusst lesen wollen. Und können Sie sicher *wissen*, dass es dieses Buch überhaupt gibt – und Sie es nicht bloß glauben?

Wenn Sie die Antwort nicht parat haben, dann sind Sie in guter Gesellschaft. Achten Sie einmal genau auf die Fragen.

Die Art, wie diese Fragen gestellt sind, macht es unmöglich, dass Sie es wissen können. Dass es etwas «wirklich gibt», heißt so viel, als dass es außerhalb unserer subjektiven Wahrnehmung existiert – und gleichzeitig sollen wir diese Frage allein durch unsere subjektive Wahrnehmung beantworten. Wir können aber aus der

Perspektive der ersten Person nicht unterscheiden, ob wir etwas wissen oder etwas nur zu wissen glauben.

Deshalb meinen viele Philosophen, dass dieses Problem nie zufriedenstellend gelöst worden ist. Nicht, weil wir nicht schlau genug wären. Vielmehr brauchen wir eine andere Herangehensweise, um es *aufzulösen*. Sind Sie bereit?

Uns ist heute geläufig, dass wir «soziale Wesen» sind. Wir sind von einer Kultur geprägt, wir sprechen die Sprache unseres Umfeldes, wir sind in Sachen Mode, Musik oder Möbel von Gruppenzugehörigkeiten beeinflusst (nicht determiniert!). Unser Leben lang sind wir mit sozialer Identitätsbildung beschäftigt.

Trotz aller Konflikte akzeptieren wir das als selbstverständlich: Wir sind soziale Wesen. Rudeltiere. Aber was Wissen und Wahrheit angeht, bleiben wir gerne in der subjektiven Perspektive.

Auch die Konzepte des Wissens und der Wahrheit sind soziale oder *intersubjektive* Konzepte. Das heißt nicht, dass wir immer das für wahr halten, was andere für wahr halten. Es heißt auch nicht, dass über die Wahrheit demokratisch entschieden wird. Vielmehr hat es damit zu tun, *wie* wir beurteilen, ob wir sagen können, etwas sei wahr.

Wissen schreiben wir uns gegenseitig zu. Wir haben die Wörter «wissen» und «wahr» gelernt, indem wir viele Situationen erlebt und getestet haben, in denen sie sinnvoll und richtig verwendet wurden. Beispiel: Wir sehen jemanden, der ein Buch liest. Wann würden wir sagen: «Er weiß, dass da ein Buch ist»? Zum Beispiel, wenn er darin liest. Der umgekehrte Fall: Er sitzt am Tisch und schaut gedankenverloren aus dem Fenster. Er bemerkt nicht, dass jemand ein Buch vor ihn auf den Tisch legt. Er stellt seinen Kaffeebecher ab – genau auf den Rand, und der Becher kippt um. Wir könnten sagen: «Er wusste nicht, dass da ein Buch liegt.»

Nun bekommen wir einen anderen Zugang zu unserer Fragestellung. Er erinnert uns daran, dass wir die Frage, ob jemand etwas weiß, täglich in vielen Situationen praktisch beantworten. Schauen Sie sich das folgende Beispiel an – eines von unzähligen, die Sie selbst geben könnten.

## Siegfried kriegt die Tür nicht auf

Siegfried, der breitschultrige Hüne, muss dringend ins Badezimmer. Aber die Tür ist zu. Siegfried ärgert sich darüber, und seine Miene verfinstert sich. Dann würden wir sagen: Siegfried ärgert sich, weil die Tür zu ist. Wenn es richtig ist, dass Siegfried sich ärgert, weil die Tür zu ist, dann *weiß* Siegfried, dass die Tür zu ist.

Könnte es anders sein? Machen Sie die Probe, und betrachten Sie die gegenteilige Behauptung: Siegfried ärgert sich, weil die Tür zu ist, aber er weiß nicht, dass die Tür zu ist. Das ergibt keinen Sinn, oder? Wenn Siegfried nicht weiß, dass die Tür zu ist, dann würden wir nicht sagen, er ärgere sich, *weil* die Tür zu ist.

«Ja, aber», könnte jemand sagen, «*weiß* Siegfried denn wirklich, dass die Tür zu ist? Vielleicht *glaubt* er es nur. Oder er *vermutet* es. Vielleicht ist die Tür gar nicht zu. Siegfried zieht wie wild, dabei müsste er einfach nur drücken.»

Nun, dann würden wir nicht sagen, dass Siegfried sich ärgert, weil die Tür zu ist. Dann würden wir sagen, dass Siegfried sich ärgert, weil er *glaubt*, dass die Tür zu ist. Und zu sagen, wenn Siegfried wutschnaubend an einer Tür rüttelt, dann *vermute* er, dass sie zu ist – das klingt reichlich seltsam. Wir sagten aber nicht, «weil er glaubt, die Tür sei zu» oder «weil er vermutet, die Tür sei zu». Wir sagten, dass Siegfried sich ärgert, weil die Tür zu ist.

Wenn es also richtig ist, dass Siegfried sich ärgert, weil die Tür zu ist, dann weiß Siegfried es auch. Und wenn Siegfried weiß, dass die Tür zu ist, dann ist es auch wahr, dass die Tür zu ist.

Könnte es anders sein? Machen Sie die Probe, indem Sie wieder die gegenteilige Behauptung prüfen: Siegfried weiß, dass die Tür zu ist, aber in Wahrheit ist die Tür nicht zu. Das ergibt keinen Sinn – wenn es nicht wahr ist, dann ist es auch nicht richtig zu sagen, dass Siegfried es weiß. Also muss es umgekehrt richtig sein: Wenn Siegfried weiß, dass die Tür zu ist, dann ist es auch wahr.

Hier die zwei Schritte noch mal in Kürze: Wenn Siegfried sich ärgert, weil die Tür zu ist, dann weiß er, dass die Tür zu ist. Und wenn Siegfried weiß, dass die Tür zu ist, dann ist es wahr.

Sollten Sie also einmal bei Wörtern wie «Wissen» und «Wahrheit» in gedanklichen Taumel geraten, dann denken Sie an folgenden Satz: Wenn Siegfried sich ärgert, weil die Tür zu ist, dann weiß er es und es ist wahr.

Falls Sie sich etwas in philosophischen Theorien des Wissens und der Wahrheit auskennen, dann werden Sie vielleicht den Schachzug an dieser Stelle erkannt haben. Ich behandle Wissen nicht als den wahren Teil im weiten Gebiet des Glaubens. Das war die dominante Auffassung seit Platons Dialogen *Menon* und *Theaitetos*. Aus ihnen stammt die Definition von «Wissen» als «wahre, begründete Überzeugung». Der folge ich hier nicht.

Stattdessen fasse ich «etwas wissen» – im Anschluss an Wittgensteins *Philosophische Untersuchungen* – ähnlich auf wie «etwas können». Meine Arbeitsdefinition lautet deshalb: *«Wissen» meint die Fähigkeit, sich nach Tatsachen zu richten.*

Wir alle richten uns im Alltag ständig nach Tatsachen. Auf unserer Bahnfahrt wechseln wir den Zug, weil nur der zu unserem Reiseziel fährt. Wir laden unser Smartphone auf, weil sonst der Akku leer ist. Wir freuen uns, weil wir überraschend einen alten Freund wiedergetroffen haben. Sie können sicher unzählige solche Beispiele finden.

*Praktische Selbsterkenntnis*

Ständig ist es im Alltag richtig, von jemandem zu sagen, er wisse etwas und etwas sei wahr. Ohne diese Zuschreibungen wäre die emotionale und rationale Dimension menschlichen Lebens nicht angemessen zu verstehen.

Der Gedanke scheint simpel, aber er hat weitreichende Folgen. Wer überhaupt Sätze sagt wie «Er ist sauer, weil sein Auto kaputt ist», der nimmt damit an, dass jemand etwas weiß und dass etwas wahr ist. Mancher ist sich darüber nicht im Klaren – besonders beim Philosophieren. Wir kritisieren zwar häufig die «Konzepte» von Wissen und Wahrheit, aber verlassen uns ständig auf sie.

Das heißt also, wir dürfen in philosophischen Gesprächen sagen, dass wir oder jemand etwas weiß, wir dürfen sagen, dass etwas wahr ist oder nicht. Natürlich stellen wir die Gründe zur Disposition und gestehen jedem zu, die Sachlage selbst zu beurteilen. Aber es gehört zum praktisch klugen Philosophieren, zu wissen, wann Zweifel an Wissen und Wahrheit sinnvoll und angebracht sind und wann nicht.

Mit diesen Überlegungen im Gepäck brauchen wir zumindest nicht mehr grundsätzlich zu bezweifeln, dass wir jemals etwas wissen oder etwas wahr ist. Und wir können neu fragen, wie wir Tatsachen über uns erkennen können.

## Wenn jemand etwas über sich weiß

Hannah hält in der Schule ein Referat. Referate sind irgendwie nicht ihr Ding. Jedes Mal ist sie schlecht vorbereitet und deshalb unsicher. So ist es auch diesmal. Sie sitzt vorne und hält sich verzweifelt an ihrem Notizblatt fest.

Mit zitternder Stimme versucht sie, die richtigen Worte zu

*Praktische Selbsterkenntnis*

finden. Ihr ist selbst nicht klar, worüber sie eigentlich redet. Wie zuvor hat sie auch diesmal den Text viel zu spät gelesen, ihre Notizen nicht weiterbearbeitet und den Vortrag nicht geübt. «Warum nur nicht?», fragt sie sich ärgerlich. Zerknirscht hofft sie, dass es schnell vorbei ist. Doch, oh nein! Jetzt stellt der Lehrer auch noch Fragen! Errötend stottert sie improvisierte Antworten hervor.

Was hieße in diesem Fall «Selbsterkenntnis»? Gehen wir von der obigen Auffassung aus: Wissen meint die Fähigkeit, sich nach Tatsachen richten zu können – etwas ziemlich Alltägliches. Klingt es vor diesem Hintergrund noch so geheimnisvoll, etwas über sich zu wissen? «Selbsterkenntnis» oder auch «wissen, wer man ist» bezeichnet dann die Fähigkeit, sich von Tatsachen leiten zu lassen, die auf einen selbst zutreffen. Diese Selbsterkenntnis haben wir Hannah zugeschrieben: Sie weiß, dass sie sich auf Referate *regelmäßig* schlecht vorbereitet. Sie hat sich von einer Tatsache, dass sie sich trotz vergangener Erfahrungen nicht besser vorbereitet hat, leiten lassen und darauf reagiert (Selbstzuschreibung «Referate sind nicht mein Ding», Selbstbefragung «Warum nur nicht?»).

Hier will Hannah nicht «ihr Selbst» erkennen, sondern etwas über *sich selbst* erkennen. Dieser feine Unterschied ist eine entscheidende Weichenstellung für das weitere Vorgehen. Fragen wir nach «unserem Selbst», dann suchen wir eine verborgene Instanz, die uns ausmacht. Aber mit dem kleingeschriebenen Wort «selbst», grammatisch ein Demonstrativpronomen, machen wir etwas anderes: Wir klären, wer etwas über wen weiß.

Nehmen wir an, Hannah hält das Referat zusammen mit ihrer Freundin Shirin, die sich auf Referate ebenso schlecht vorbereitet. Betrachten Sie nun den Satz: «Hannah war ärgerlich, dass sie wieder schlecht vorbereitet war».

Wir können den Satz auf zweierlei Weise verstehen: 1. «Hannah war ärgerlich, dass sie (Hannah) wieder schlecht vorbereitet war» oder 2. «Hannah war ärgerlich, dass sie (ihre Freundin Shirin) wieder schlecht vorbereitet war». Das «sie» im Satz ist zweideutig: Entweder könnte dieselbe Person gemeint sein (Hannah) oder aber eine andere Person (Shirin).

Das können wir durch das Wörtchen «selbst» klären: «Hannah war ärgerlich, dass sie *selbst* wieder schlecht vorbereitet war». Die Funktion dieses «selbst» (kleingeschrieben!) ist, den Selbstbezug der Betreffenden klar auszudrücken. Hannah weiß etwas über sich, nämlich, dass sie sich regelmäßig schlecht vorbereitet. Da wir uns gegenseitig häufig solches Wissen über uns selbst zuschreiben, können wir davon ausgehen, dass wir vieles über uns selbst wissen.

Selbsterkenntnis können wir als die Fähigkeit verstehen, Tatsachen über sich selbst herauszufinden und sich von ihnen leiten zu lassen. Ein großer Bereich dieser Tatsachen sind die Regelmäßigkeiten unseres Lebens: was wir regelmäßig tun, was wir regelmäßig denken (erinnern, wünschen, beabsichtigen etc.) und was wir regelmäßig fühlen, kurz: unsere Gewohnheiten.

Natürlich besteht unser Leben nicht *nur* aus Regelmäßigkeiten. Es gibt einmalige Ereignisse und seltene Vorkommnisse – und auch die Regelmäßigkeiten ändern sich. Das große Wort «Selbsterkenntnis» kann dann in zwei Bedeutungen gebraucht werden: Erstens, dass wir bestehende oder fehlende Gewohnheiten erkennen. Zweitens, dass wir in ungewöhnlichen Situationen etwas über uns herausfinden.

Die verzweifelte Luna aus dem Beispiel am Anfang kann sich nun freuen. Sie braucht nicht irgendwie «in sich» ihr wahres Selbst zu suchen. Sie hat hier einen neuen Ansatzpunkt. «Erkenne dich selbst» heißt, bringe Tatsachen über dich in Erfahrung.

Wie kann das gelingen?

Manchmal gibt es Unstimmigkeiten zwischen meinem Selbstbild, also dem, was ich über mich für wahr halte, und dem, was andere über mich für wahr halten. Gerade was unsere Gefühle oder Gedanken angeht, halten wir uns für privilegiert – wir wissen ja wohl am besten, was wir fühlen oder denken. Andererseits erleben wir manchmal, wie Menschen sich ihrer Gefühle oder Annahmen nicht bewusst sind. Tatsächlich bin ich der Auffassung, dass keine Seite privilegiert ist. Sowohl ich als auch die anderen können sich irren, indem sie etwas für wahr halten, was auf mich in Wahrheit nicht zutrifft. Die Wahrheit wird nicht demokratisch entschieden – man kann dann nur sagen: Die anderen sehen mich so. Aber es gibt Tatsachen, die auf mich zutreffen, und das Wissen darüber schreiben wir uns gegenseitig zu.

Können wir jemals *alle* Tatsachen kennen, die auf uns zutreffen? Ich halte das für unmöglich – und unnötig. Ob wir uns selbst gut einschätzen, ob wir klug mit unseren Ressourcen umgehen, ob wir unsere Potenziale entfalten – das alles hängt nicht davon ab, ob wir *alle* Tatsachen kennen. Es hängt vielmehr davon ab, ob wir uns nach den dafür wichtigen Tatsachen richten – und es gehört zu einer gut entwickelten Urteilskraft, die jeweils wichtigen Tatsachen, zu berücksichtigen und nicht die unwichtigen.

Daran sieht man, wie naiv die Phantasie eines einheitlich-umfassenden Erleuchtungsmoments ist. Allein, wenn sich unsere Umstände ändern und damit unsere Verhältnisse in ihnen, müssen wir uns neu mit den Tatsachen vertraut machen. Selbsterkenntnis gleicht also eher einem Herantasten, einem allmählichen Vertrautwerden, so wie man auch andere Menschen nach und nach besser kennenlernt.

Wenn wir die Frage «Wer bin ich wirklich?» beantworten wollen, dann wollen wir wissen, welche Tatsachen auf uns zutreffen, um uns nach ihnen richten zu können. Es bringt nun wenig, zu wissen, wie viele Haare ich auf dem Kopf habe, oder dass 20 Millionen Menschen auf diesem Planeten am gleichen Tag Geburtstag feiern wie ich. Welche Tatsachen sollten wir also über uns wissen?

*Praktische Selbsterkenntnis*

# Wie Willenskraft unsere Selbsterkenntnis sabotiert

**W**o ein Wille ist, da sei ein Weg – so heißt es. Ob man sein Leben hinbekomme, ob man Erfolg habe, ob man glücklich werde, das hänge vor allem von einem starken Willen ab. Deshalb sei Willensstärke die zentrale Zutat, um «es» im Leben zu schaffen.

Vielleicht sind wir mitten in einem wichtigen beruflichen Projekt, das unsere Kräfte fast aufgezehrt hat. Die Deadline rauscht heran, und der Chef hat schon mehrmals nachgefragt. Jetzt hängt alles davon ab, dass wir unsere Willenskraft sammeln. Wir müssen uns innerlich aufbäumen, noch einmal alles geben und übers Wochenende mit zwei Nachtschichten das Projekt abschließen. Am Montagmorgen, grau im Gesicht, unser übernächtigtes Gehirn in unserem Schädel unkontrolliert hin und her schwappend, wanken wir ins Büro des Chefs. Mit letzter Kraft sinken wir vor seinem Schreibtisch auf die Knie und krächzen: «Es ist vollbracht.»

So dramatisch stellen wir uns manchmal unser Leben vor. Der Ursprungsgedanke: Wenn jemand etwas wirklich will, dann tut er es – und dann schafft er es auch. Wenn jemand es trotz aller Beteuerungen nicht tut, dann *will* er es nicht genug. Dann müssen wir ihn motivieren: Tschakka!

Haben wir Glück, steigt eine neue Woge der Energie in ihm auf, er gestaltet sein Leben aktiv und hat alles im Griff, er sendet Energie in alle Lebensbereiche und erzwingt in Rekordzeit einen wundersamen Wandel der Verhältnisse. Jedes Problem kreist er ein mit flammendem Blick und schmiedet, jeden auftretenden Widerstand überwindend, mit kraftvollen Hammerschlägen sein Glück.

Ja, wenn es so wäre. Sicher, wir müssen uns manchmal aufraffen oder uns durchbeißen. Willenskraft hat ihren Platz. Aber wenn es darum geht, unser Leben zu gestalten und gut zu leben, dann führt der Leitsatz «Wo ein Wille ist, da ist auch ein Weg» in die Irre.

Sie kennen vermutlich die Unterscheidung zwischen «proaktiv» und «reaktiv». Diese Ausdrücke sind heute im Managementbereich verbreitet, nicht zuletzt durch die Bücher von Stephen Covey. Covey entlehnte sie Viktor Frankls Buch ... *und trotzdem Ja zum Leben sagen. Ein Psychologe erlebt das Konzentrationslager* von 1946. Frankl verstand unter «proaktiv» eine bestimmte Haltung dem eigenen Leben gegenüber: Nicht Ursachen für das eigene Schicksal zu suchen, sondern die Verantwortung für die eigene Zukunft zu übernehmen.

Erläutert wird es meistens so: Entweder wir werden selbst aktiv und gestalten Veränderungen so, wie wir es wollen («proaktiv»). Oder wir reagieren nur und sind mit Veränderungen konfrontiert, die wir nicht wollen («reaktiv»).

Beides finden wir intuitiv plausibel, weil wir es kennen. Dabei verzerrt dieses dualistische Schema proaktiv – reaktiv unseren Blick auf die Lebenswirklichkeit, weil es zu vereinfachend ist. Es nimmt so viel von der tatsächlichen Komplexität weg, bleibt so abstrakt, dass es unbrauchbar wird. Es ist so, als sollten wir einen Haufen mit Murmeln in zwölf Farben nur nach Schwarz und Weiß sortieren. Die meisten Murmeln entgehen uns.

Das große Missverständnis dabei ist: Wir denken, unser Handeln in der Welt bestünde aus *willentlicher Aktivität*. Das ist gleich in mehrfacher Hinsicht falsch, wie ich im Folgenden ausführen möchte.

An dieser Stelle könnte ein längerer Exkurs über die Geschichte dieses Missverständnisses folgen. Ich würde erzählen, wie mit der Entstehung des wissenschaftlichen Weltbildes in der Neuzeit die Natur als eine Art Mechanismus verstanden wurde, in dem es nur Ursachen und Wirkungen gibt. Das heißt: Die Natur ist nicht aktiv, sondern nur passiv. Willen und Aktivität kommen in diesem Weltbild ausschließlich dem Menschen zu. Also folgerte man, menschliches Handeln sei willentliche Aktivität. Daher auch die Vorstellung, Willenskraft sei für unsere Lebensgestaltung zentral. Lassen Sie uns dieses Missverständnis Schritt für Schritt zerpflücken.

Um unser Verhalten konkreter zu verstehen, möchte ich hier zwei Achsen übereinanderlegen – eine handlungstheoretische und eine ethische. Bleiben Sie dabei, denn wenn Sie das Potenzial dieses Blickes einsehen, werden Sie sich zukünftig lachend an die Stirn fassen, wenn Sie jemanden die Arie der willentlichen Aktivität singen hören.

Beginnen wir mit der ersten Achse, die drei Modi des Verhaltens unterscheidet. Erstens: *aktives Handeln*. Damit ist Verhalten gemeint, mit dem wir eine Veränderung verursachen. Das tun wir, wenn wir morgens aufstehen, einen Gegenstand bewegen, eine Taste drücken, Geld in einen Automaten werfen.

Zweitens: *passives Verhalten*. Passives Verhalten meint, dass etwas bei uns eine Veränderung bewirkt. Es ist kalt und wir beginnen zu frieren. Wir fahren mit dem Bus in die Stadt. Der Busfahrer fährt so wild, dass uns schlecht wird. Wir treffen den Menschen unserer Träume und verlieben uns. Dieses sind Dinge, die etwas mit uns machen – aber nur, weil wir diese Veränderungen durchlaufen können.

Und es gibt einen dritten Modus: *unbeteiligt sein*. Ich meine damit nicht, abwesend zu sein, sondern anwesend zu sein als Unbeteiligter. Es ist auch kein im metaphysischen Sinne «neutraler Beobachter» gemeint. Es heißt, dass wir weder eine (für die Situation relevante) Veränderung verursachen, noch bei uns eine relevante Veränderung verursacht wird. Wir sind einfach dabei, ohne für den relevanten Zusammenhang etwas zu bewirken oder ohne dass dabei etwas auf uns wirkt. Diese drei Modi des Verhaltens liegen auf der ersten Achse.

Sehen wir nun das Bild des Menschen an, der mit maximaler willentlicher Aktivität sein Leben gestaltet. Es enthält folgenden

Irrtum: Für die Lebensgestaltung pickt es sich vom aktiven, passiven und unbeteiligten Verhalten nur das aktive Verhalten heraus – darum gehe es. Dieses aktive Verhalten sei das gewollte – alles andere sei ungewollt. Um zu leben, wie man will, müsse man also die Aktivität maximal *boosten*. Dann können wir alles so gestalten, wie wir es wollen. Man braucht nicht viel Lebenserfahrung, um einzusehen, dass das nicht stimmen kann.

Obwohl wir das intuitiv merken, ist es manchmal schwer, klar dagegen zu argumentieren. Hier zunächst zwei Argumente – und dann der eigentliche K. o.

Erstens: Ist es nicht ungesund, immer nur aktiv zu sein? Wir brauchen Schlaf, Erholung, Ausgleich – sonst drohen Erschöpfung und Burnout. Das könnte jemand akzeptieren, ohne jedoch von der grundlegenden Idee abzurücken, es ginge um maximale willentliche Aktivität.

Zweitens: Wäre ein Mensch, der nur auf willentliche Aktivität gepolt ist, nicht unausstehlich? Jemand, der überall die aktive Rolle spielt, wäre z. B. ein sehr schlechter Zuhörer. Vermutlich auch kein besonders guter Liebespartner. Auch Teamfähigkeit darf angezweifelt werden. Selbst zu Lernprozessen gehört es, gelegentlich eine passive Rolle einzunehmen oder unbeteiligt zu beobachten. Also: Die Sozialverträglichkeit eines solchen Menschen wäre extrem niedrig. Mancher mag das Opfer bringen wollen. Aber wofür? Wenn ihm klarwird, dass zu viel Aktivität seine *Performance* senkt, kommt er doch ins Grübeln.

Drittens: Es ist ein Mythos, dass das überhaupt geht. Nicht nur, weil es nicht menschenmöglich wäre, sondern weil der Gedanke an sich keinen Sinn ergibt. Denn: Was passiert, wenn jemand sich auf willentliche Aktivität konzentriert? Er weitet, so denkt er, seine Aktivität idealerweise auf sein ganzes Leben aus. Das Gegenteil ist allerdings der Fall: Er *verengt* seine Aufmerksamkeit auf das, was er aktiv tut (also einen von drei Modi).

Ob meine Handlung aktiv, passiv oder unbeteiligt ist, hängt mit der Betrachtung zusammen. Ich bin vielleicht in einer Hinsicht aktiv, in anderer passiv oder unbeteiligt.

Beispiel: Jemand liegt blutend am Boden und fleht mich um Hilfe an. Wenn ich dabei in mein Smartphone spreche, auf einem Bein hüpfe oder beides, dann handle ich zwar aktiv, bleibe jedoch in Bezug auf den Verletzten unbeteiligt.

Eine Handlung können wir immer als Teil unterschiedlicher Situationen beschreiben. Wenn ich im Garten mit meinen Söhnen Fußball spiele, dann kann das beschrieben werden als Spielsituation, als sportliche Situation, als nachbarschaftliche Situation (wenn es am Wochenende zur Mittagsstunde geschieht), als Urlaubssituation, als Stressbewältigungssituation (wenn ich die Gelegenheit nutze, zwischendurch abzuschalten). Wenn wir eine «Situation» beschreiben, heben wir einen Aspekt der Lebenswirklichkeit hervor, und andere treten in den Hintergrund.

Es ergibt keinen Sinn, zu sagen, ich sei in Bezug auf alle Situationen aktiv – denn es sind immer Situationsbeschreibungen möglich, in denen etwas mit mir geschieht (passiv) oder in denen ich unbeteiligt bin. Insofern führt das Bild von entweder willentlicher Aktivität oder ungewollter Passivität nicht zu einem gewollten Leben, sondern zu einem Tunnelblick. Blinder Aktionismus in Reinform.

Wenn wir also unser Leben gestalten wollen, heißt das nicht, mit Hilfe einer ausgeprägten Willenskraft einen endlosen Schub von Aktivität zu entfalten. Vielmehr kommt es auf das richtige Verständnis von aktivem, passivem und unbeteiligtem Verhalten an.

Die gute Nachricht: Um besser zu leben, müssen Sie nicht unbedingt «mehr tun» oder «härter arbeiten». Deshalb ist es auch falsch, zu sagen, «Aufschieberitis» sei per se schlecht – denn unwichtige oder schädliche Handlungen sollte man definitiv aufschieben.

Um den Blick auf unser Handeln weiter zu schärfen, möchte ich zu dieser ersten nun die zweite Achse hinzufügen.

## Wie wir unsere komplexe Lebensweise besser verstehen können

Die zweite Achse ist in Wahrheit eine andere Dimension. Sie betrifft unsere Vorstellung des Willens. Häufig erklären wir uns den Willen als den kausalen Auslöser unseres Handelns. Dann geraten wir schnell in die Diskussion zwischen Willensfreiheit und Determinismus. Diese Diskussion lasse ich hier völlig beiseite, weil sie die praktische Frage gar nicht betrifft. Stattdessen behandle ich die Frage des Willens hier als eine ethische Frage: Hat jemand etwas freiwillig getan oder nicht?

Aristoteles hat für diesen Ansatz eine gute Vorlage geliefert. Er hat «freies Handeln» überhaupt nicht positiv bestimmt, sondern nur durch Abgrenzung gegen unfreies Handeln. In dieser Denkweise bewege ich mich und möchte aufzeigen, wie produktiv sie sein kann.

Wann sagen wir, eine Handlung sei unfreiwillig?

Wir tun etwas nicht freiwillig, wenn wir nicht wissen, *dass* wir es tun. Nehmen wir das Beispiel, einen Käfer zu essen. Freiwillig würde ich das nicht tun. Aber ich habe mir im Restaurant einen großen Salat mit Croutons bestellt und esse unwissentlich etwas Knuspriges mit, das kein Crouton ist.

Unwissenheit können wir beseitigen – wir können neue Einsichten haben, mehr Wissen erlangen oder Irrtümer korrigieren. Das ist zentral für das Thema Freiwilligkeit, aber es ist etwas anderes, als mir darüber klarzuwerden, was ich will. Hier geht es darum, zu klären, was ich tue. Häufig sind wir uns nicht im Klaren darüber, dass wir etwas tun, und insofern wissen wir nicht, ob wir es wollen. Die Klärung dessen, was wir wollen, hängt also davon ab, ob wir wissen, was wir tun.

Bauernfängerei zum Beispiel beruht gerade darauf, bei einem Angebot gezielt Informationen zurückzuhalten, durch deren Kenntnis dem Kunden schlagartig klarwürde, dass er *das* nicht will. Aber es gibt noch feinere Manipulation: Diese Unwissenheit kann mir auch vorgetäuscht werden.

Besonders gerne wird dies mit dem Begriff der Freiheit verbunden. Sagen wir, ich habe bisher etwas nicht getan, weil ich dann ein schlechtes Gewissen hätte. Nun stellt es jemand so dar, dass dieses Gewissen ja eine «Einflüsterung» von anderen sei und ich bisher meinen Freiheitsdrang unterdrückt habe. Wolle ich wirklich meine Freiheit beschneiden, weil andere dieses Handeln nicht gutheißen?

Dieses Wissen um die Beschränkung meiner Freiheit, heißt es dann, sei bisher unterdrückt und von mir ferngehalten worden. Doch nun werde der Betrug entlarvt und die vermeintliche Repression aufgedeckt. Dann werden aus diesem veränderten «Wissen» Handlungsimpulse nahegelegt: Ich soll gegen mein Gewissen handeln (weil es oktroyiert sei). Das Perfide ist hier, dass meine eigene moralische Stimme zum sozialen Zwang erklärt wird. Ich soll vergessen, wie wichtig mir die anderen sind, und meine Gedanken an sie als Beeinflussung von außen ansehen. Und der Manipulator gibt sich als Retter, der meine angebliche Unwissenheit beseitigt.

Ich will damit nicht sagen, dass solche Entlarvungen nie begründet sind – sie bestehen aber aus mehreren Schritten, der jeder für sich einzeln beurteilt werden sollte.

Nun kann es sein, dass ich weiß, was ich tue, aber dennoch nicht freiwillig handle, etwa, weil jemand mich dazu zwingt. Das ist die zweite Kategorie der ethischen Achse. Vielleicht weiß ich, dass in meinem Salat ein Käfer ist. Aber jemand hält mir eine Pistole an den Kopf und zwingt mich, den Käfer zu essen. Natürlich könnte ich mich weigern. Aber die Folgen dieser Weigerung wären so schwerwiegend, dass ich bereit wäre, den Käfer zu essen.

Bei der Einschätzung eines Zwangs müssen wir aufrichtig sein: Handelt es sich um einen echten Zwang oder einen vorgetäuschten? Wird mir nur suggeriert, ich könne aus *Sachzwängen* nicht anders handeln?

Manchmal nutzen wir selbst Zwänge als Ausrede, wenn wir z. B. etwas tun, das im Widerspruch zu dem steht, was wir eigentlich wollen oder gutheißen können. Dann erfinden wir Sachzwänge und geben die Verantwortung ab. Wir *können* ja nicht joggen gehen, weil wir keine Laufschuhe haben. Wir würden ja gerne ungestört lesen, aber wir *müssen* ja ständig ans Telefon gehen.

Die dritte Kategorie ist die unwillkürliche Handlung, bei der jemand z. B. die körperliche Kontrolle verloren hat. Denken Sie an Niesen, das man häufig nicht unterdrücken kann. Sie sitzen bei einem romantischen Essen mit Kerzenlicht in einem gehobenen Lokal. Abgelenkt von den schmachtenden Augen Ihres Gegenübers, merken Sie in dem Moment, in dem Sie einen Bissen genommen haben, einen gewaltigen Nieser heraufziehen. Sie beschleunigen Ihre Kaubewegungen, um das Schlimmste zu verhindern, aber es wird verdammt knapp, Ihre Verabredung zieht etwas verwundert die Augenbrauen zusammen – «Ist alles in Ordnung?» Unfähig zu sprechen, lächeln Sie verkrampft, kauen noch schneller und versuchen den Nieser wenigstens herauszuzögern, bis Sie den Mund leer haben.

Wenn wir niesen, dann verlieren wir für einen Moment die Kontrolle. Deshalb nennen wir solche Handlungen nicht freiwillig. Wenn Sie im Bus angerempelt werden und deshalb eine ältere Dame umstoßen, dann haben Sie das nicht freiwillig getan. Trotzdem haben Sie gehandelt, denn Sie haben eine Veränderung bewirkt (dass die ältere Dame stolperte). Dieses nenne ich unwillkürliches Handeln.

Auch hier kann es sich um Täuschung handeln, etwa, wenn Menschen ihr Verhalten damit rechtfertigen, sie seien betrunken gewesen, seien sozial so geprägt, oder sie seien eben so, wie sie sind, und könnten nicht anders. Diese Ausrede changiert zwischen Zwang und Kontrollverlust.

Das ist die komplexe Vielfalt von Handlungen, mit der wir uns auseinanderzusetzen haben, wenn es darum geht, wie wir leben wollen. Legen Sie beide Achsen übereinander, dann haben Sie die zwölf Kategorien Ihres Verhaltens, um zu betrachten, was Sie tun oder tun sollten.

*Wir müssen unser aktives, passives und unbeteiligtes Verhalten im Hinblick darauf durchschauen, ob wir freiwillig, unwissentlich, unter Zwang oder unwillkürlich handeln.*

Sie haben noch mal dieselben zwölf Kategorien, um zu betrachten, was Sie unterlassen oder unterlassen sollten.

Lassen Sie sich nicht von der Vielfalt erschrecken. Sie handeln ohnehin schon in diesen Kategorien, und das ist uns häufig auch klar. Nur das Bild willentlicher Aktivität macht uns blind. Reduzierungen auf zu einfache Bilder – wie das Leben allein «durch Willenskraft» gestalten zu können – führen zu Verwirrung, weil sie viele unterschiedliche Dinge in einem Mix verrühren, in dem wir kaum etwas erkennen können.

Wir denken natürlich nicht in allen Situationen ständig «aktiv, passiv oder unbeteiligt?» Wir tun es einfach wie selbstverständlich – das ist ja gerade das Effiziente an unseren Gewohnheiten. Deshalb überfordern sie uns nicht.

Aber wenn wir bewusst handeln wollen, weil eine bestimmte Lebensentscheidung ansteht oder eine Veränderung, vergessen wir plötzlich diese Vielfalt. Wenn wir von den zwölf Kategorien nur *zwei* heranziehen, dann ist es, als ob wir versuchten, mit einem Bleistift alle Farben des Regenbogens wiederzugeben.

Wie weit treiben wir uns manchmal in die Verzweiflung, wenn wir unser Missverständnis nicht bemerken und uns die Schuld geben, weil wir nicht willensstark genug seien? Dabei ist die gute

Nachricht: Wir brauchen keine grenzenlose Willenskraft, sondern eine bessere Durchsicht und die richtige Strategie.

Genau dies ermöglichen die genaueren Unterscheidungen. Bisher betrifft das allerdings nur die Frage Ihrer aktuellen Lebensweise – noch nicht die Frage, wohin Sie sich entwickeln wollen. Ich hoffe, Sie anregen zu können, Ihre Augen noch weiter zu öffnen.

In diesem Kapitel haben Sie Handwerkszeug bekommen, um zu bestimmen, wo auf dem Weg zu einem guten Leben nach Ihrer Vorstellung Sie sich derzeit befinden. Zentral ist hier die Einsicht in die eigenen Gewohnheiten, denn diese bilden einen großen Teil unserer Lebensweise. Sie können sehr konkret wissen, wer Sie sind, wenn Sie Ihre Gewohnheiten des Fühlens, Denkens und Handelns besser kennen.

Auf diesem Wege kann auch Luna ihrer Suche nach Selbsterkenntnis eine konkrete Wendung geben. Sie kann diese Tatsachen über sich kennen und sich bei ihrem Streben nach einem guten Leben oder höherer Lebensqualität von ihnen leiten lassen.

Einen anderen Aspekt über sich selbst können Sie noch nicht wissen: wie Sie in bestimmten Arten von Situationen reagieren werden. Aus solchen ungewohnten Situationen können Sie vieles über sich selbst lernen. Deshalb vermeiden wir sie gerne – weil sie uns verunsichern. Gerade deshalb sollten wir uns ihnen aber aussetzen und herausfinden, wie wir mit ihnen umgehen.

Wenn wir dann etwas Neues über uns herausfinden, lässt das unsere bisherige Biographie in einem anderen Licht erscheinen. Was wir heute vielleicht für «Eigenschaften», unseren «Charakter» halten, hängt vielleicht nur mit den Situationen zusammen, in denen wir uns normalerweise erleben. Andere Situationen können gegensätzliche oder weitere Seiten in uns zum Vorschein bringen.

Zeiten der Krise und der inneren Kämpfe können sich im Nachhinein als Entwicklung erweisen, die uns stärker machte und wachsen ließ. Manchmal denken wir auch, unsere Vergangenheit würde

*Praktische Selbsterkenntnis*

uns auf eine bestimmte Zukunft festlegen. Dass aber umgekehrt die Zukunft ein neues Licht auf die Vergangenheit wirft, macht unsere bisherige Biographie mit unseren Prägungen und Erfahrungen weniger festgelegt, als wir vielleicht meinen.

Wer auch immer wir *sind*, es liegt an uns zu entscheiden, wer wir *werden*. Was also ist Ihre Vorstellung eines guten Lebens und einer hohen Lebensqualität? Um das herauszufinden, müssen wir die grundlegenden Fragen unseres Lebens stellen. Die meisten beginnen mit der populären und verwirrenden Frage: «Was ist der Sinn des Lebens?» Sie ist nicht mehr als ein Anfang, und vermutlich nicht einmal der beste.

# KAPITEL III

# ETWAS MEHR SINN, BITTE! WIE SIE IHN FINDEN

> Die Frage nach «der» Aufgabe im Leben, nach
> «dem» Sinn des Lebens – [ist] sinnlos. Sie
> müsste uns vorkommen wie etwa die Frage
> eines Reporters, der einen Schachweltmeister
> interviewt: «Und nun sagen Sie, verehrter Meister –
> welches ist der beste Schachzug?»
>
> VIKTOR FRANKL

**W**elchen Platz haben wir in der Welt? Warum sind wir hier? Haben wir einen bestimmten Zweck zu erfüllen? Wir wachsen in unsere gesellschaftliche Rolle hinein, wir lernen, was «man» tut und nicht tut und was wir im Leben wollen sollen. Aber irgendwann fragen wir uns: «Wozu das alles?» und wollen es selbst begreifen. Gerade bei grundlegenden Veränderungen oder persönlichen Krisen bricht die Frage hervor: «Was ist der Sinn des Lebens?» Diese Frage ist ebenso populär wir irreführend. Sie klingt, als ob es *die* Antwort geben müsste oder *den* Sinn. Da wird manchem schon intuitiv unwohl. Etwas stimmt nicht mit dieser Frage – nur was?

Manchmal heißt es: «Der Sinn des Lebens ist das Leben.» Damit ist gemeint, dass wir keinen Sinn jenseits des Lebens zu suchen brauchen, zum Beispiel in einem Leben nach dem Tod. Das Leben selbst sei schon der Sinn. Nun, dann wäre ja immer schon «Sinn» vorhanden. Ist das ein Grund, erleichtert zu seufzen: «Puh, mein Leben hat also doch einen Sinn»? Und wenn ja – welchen denn?

Wir empfinden nicht jede Lebensweise als gleich, wir empfinden Sinnleere als trist, bedrückend, hingegen ein Leben mit Sinn als erfüllend. Wir unterscheiden zwischen misslingendem oder gelingendem Leben, zwischen weniger oder mehr Lebensqualität.

*Etwas mehr Sinn, bitte!*

Diese Unterschiede sind uns nicht egal. Wir mögen uns von einem Sinn jenseits des Lebens verabschieden – aber an einem Leben ohne Sinn leiden wir.

Manchmal heißt es, der Sinn des Lebens sei, dem Leben einen Sinn zu geben. Das klingt sehr frei und selbstbestimmt. Aber selten wird erklärt, *wie* man das tut. Muss ich den Sinn nicht erst mal *haben*, bevor ich ihn geben kann? Und was heißt es überhaupt, meinem Leben etwas zu geben?

Eine andere Empfehlung lautet, wir müssten den Sinn unseres Lebens *setzen*. Stellen Sie sich vor, Sie beobachteten jemanden dabei, wie er gerade den Sinn seines Lebens setzt. Was genau tut der? Muss man sich das so vorstellen wie Tulpenzwiebeln zu setzen? Oder bei der Planung einer Tischordnung jemanden ans Ende der Tafel zu setzen?

Treten wir einen Schritt zurück: *Wann* fragen wir überhaupt nach dem Sinn des Lebens? Eine übliche Antwort lautet: Wenn er uns fehlt. Aber inwiefern fehlt uns Sinn im Leben? Werden wir nicht überall mit Sinnangeboten überschüttet? Unternehmen bemühen sich, ihren Angestellten eine Sinnerfüllung in ihrem Beruf zu ermöglichen. Wer den Sinn des Lebens im Genuss sieht, hat heute fast unbegrenzte Möglichkeiten. Und auch die Anzahl von Initiativen und Vereinen für gute Zwecke bietet eine Vielfalt, dem eigenen Leben einen Sinn zu geben. Dazu Liebe, Freundschaft, Reisen, spirituelle Entwicklung – über zu wenige Möglichkeiten, einen Sinn zu wählen, können wir uns wahrlich nicht beklagen. Aber ich denke, wir haben hier ein Zuviel des Guten in zweifacher Hinsicht: Zum einen ein Überangebot von Sinn, zum anderen ein radikales Ideal von Eigenständigkeit, bei dem Vorgegebenes abgelehnt wird. Sie zusammen erzeugen bei vielen das Gefühl von Beliebigkeit, Sinnleere: Man könnte sich für diesen, aber auch für jenen Sinn entscheiden. So wie nicht Dinge langweilig, sondern *wir gelangweilt* sind, so hängt Sinnarmut an unserer Einstellung.

*Etwas mehr Sinn, bitte!*

Nun wollen (oder können) wir weder die Vielfalt der Sinnangebote noch unsere Eigenständigkeit verlieren. Deshalb möchte ich nach vorne schauen. Ich möchte die erlebte Sinnarmut als eine *Phase* begreifen und mich mit dem Übergang zur nächsten Phase befassen, in der wir unser Leben als sinnvoll empfinden.

Dafür möchte ich die Frage nach dem Sinn des Lebens anders stellen und beginne mit einer kleinen Parabel. Sie stammt aus dem Kapitel «Die drei Verwandlungen» in Friedrich Nietzsches *Also sprach Zarathustra*. In den drei Stufen (Kamel, Löwe und Kind) können wir Phasen menschlichen Lebens erkennen – allerdings hat Nietzsche sie so beschrieben, dass mehrere Deutungen möglich sind.

Der menschliche Geist verwandelt sich zuerst zum Kamel. Das Kamel kann viel tragen und ist ehrfürchtig. Es ist sehr stark und trägt am liebsten, so viel es kann, um seine Stärke zu beweisen. Doch dann verwandelt sich das Kamel in einen Löwen. Der majestätische Löwe brüllt: «Ich will!» Er sagt «nein» zu allen Pflichten. Er wehrt sich gegen jedes «du sollst» und erkämpft sich seine Freiheit. Aber etwas Neues schaffen, das kann der Löwe nicht. Da wird der Löwe zum Kind. Das Kind ist unschuldig. Es beginnt von selbst, es erfindet spielerisch und bejaht das neue Leben.

Wir können darin z. B. das Drama des Erwachsenwerdens lesen: Als Kinder übernehmen wir die Überzeugungen unserer Eltern (Kamel). Als Teenager grenzen wir uns immer stärker ab (Löwe). Als Erwachsene gehen wir selbständig neue Bindungen ein, die nicht unbedingt den Idealen unserer Eltern entsprechen (Kind).

Aber wir können in Nietzsches Erzählung auch andere Lebensphasen erkennen – etwa den Übergang in den Ruhestand. Lange haben wir die Verpflichtungen unseres Berufs getragen (Kamel). Dann grenzen wir uns äußerlich und innerlich davon ab (Löwe) und bauen uns ein neues Leben im Ruhestand auf (Kind). In welcher Phase wir uns jeweils befinden, ist weder abhängig vom Alter noch von unserer Intelligenz. Im Folgenden benenne ich Menschen in den Phasen einfach mit «Kamel», «Löwe» oder «Kind».

Wenn Sie einmal Ihr eigenes Leben betrachten – in welcher Phase sind Sie gerade? Klar, wir alle möchten uns gerne selbst in der fortgeschrittenen Phase sehen. Vielleicht denken Sie darüber nach, wann Sie in welcher Phase waren und wann die Übergänge stattfanden. Sie können auch Ihren Partner oder Freunde um eine Einschätzung bitten – vielleicht werden die Ergebnisse Sie überraschen. Nur Mut!

Was können wir aus dieser Parabel lernen? Sowohl Kamele als auch Löwen können ihr Leben als sinnarm erleben. Das Kamel folgt äußeren Pflichten. Der Löwe grenzt sich ab. Erst das Kind stiftet einen eigenen Sinn, indem es, wie Nietzsche schreibt, «seinen Willen will». Es will nicht nur etwas, wie der Löwe, sondern es bewegt sich auf einer zweiten Ebene. Was das genau heißt, werde ich jetzt erkunden.

Das Bild ist etwas verwirrend, weil Nietzsche hier das Kindsein als fortschrittlichste Phase schildert, wir aber unser Leben nicht wie Kinder führen wollen. Ich steige hier aus pragmatischen Gründen nicht in eine Nietzsche-Exegese ein, denn in diesem Buch soll die Praxis im Vordergrund stehen. Also stelle ich einfach den Übergang zur dritten Phase dar, wie ich ihn für plausibel halte – zum Mitdenken und Anwenden.

Die Frage «Was ist der Sinn des Lebens?» möchte ich zur Seite legen und stattdessen fragen, was uns im Leben wichtig ist und was daraus für unsere persönliche Lebenspraxis folgt.

## Wie wissen wir eigentlich, was uns wichtig ist?

Die zentrale Frage ist: «Was ist mir wirklich wichtig?» Oder, anders formuliert: Was können oder könnten Sie in Ihrem Leben keinesfalls ertragen? Was ist Ihnen gerade wichtiger: Zeit oder Geld? Welche Tätigkeit können Sie stundenlang ausüben, ohne dass Ihnen langweilig wird?

Manchmal hilft es, beim Versuch der Beantwortung an andere zu denken: Falls Sie Kinder haben – wären Sie glücklich zu sehen, wie Ihre Kinder das Leben führen, das Sie hatten?

Wie gehen wir vor, wenn wir darüber nachdenken, was uns wichtig ist? Stellen Sie sich nacheinander Verschiedenes – Dinge, Tätigkeiten, Menschen – in Ihrem Leben vor und dass Sie sie verlieren. Wie fühlen Sie sich dabei? Wenn eines dieser Szenarien besonders schmerzlich ist, sodass Sie sich den Verlust kaum klarer ausmalen möchten, dann ist das ein starkes Indiz, dass Sie auf etwas gestoßen sind, das Ihnen besonders wichtig ist.

Ein anderer Weg ist, sich vorzustellen, wie es wäre, in Frieden zu sterben. So, dass Sie sagen könnten: «Ich habe meine Möglichkeiten voll ausgeschöpft. Und für das, was mir wirklich wichtig ist, dafür ist gesorgt.»

Das ist ein zentraler Gedanke. Erinnern Sie sich an die Geschichten von Gespenstern und «unerlösten Seelen». Sie sind Allegorien darauf, dass jemand in Unfrieden gestorben ist. Eine Aufgabe wurde nicht erledigt, eine Schuld nicht beglichen, ein Unrecht ist bestehen geblieben. Deshalb ist die Seele unfähig, diese Welt zu verlassen. Erst mit der Bereinigung der Angelegenheit endet der Spuk.

Was können *wir* tun, um nicht als Gespenster zu enden?

Nicht alles, was uns wichtig vorkommt, ist es auch oder sollte es sein. Manchmal finden wir etwas nur deshalb wichtig, weil wir von anderen Bestätigung oder gar Applaus dafür bekommen. Oder weil andere uns sonst Vorwürfe machen. Applaus bekommen zu wollen und Vorwürfe nicht, ist nicht grundsätzlich verkehrt. Wir alle möchten «gesehen» werden, das Gefühl haben, wichtig zu sein und gut in dem, was wir tun. Anerkennung ist ein Grundstoff dessen, was Rousseau unser «Gefühl des Daseins» nannte. Wir dürfen nach Anerkennung streben.

Aber wir sollten nicht um des Applauses willen gegen unser Gewissen handeln. Wir sollten uns darüber klarwerden, ob wir selbst es *anerkennenswert* finden. Wir sollten nicht nur dieses oder jenes wichtig finden, weil jemand uns gesagt hat, es sei wichtig. Wenn alle Männer meines Alters einen Vollbart tragen, dann folgt daraus nicht, dass auch ich mir einen wachsen lassen muss. Wie schon Seneca bemerkte, bringt es jedoch umgekehrt nichts, sich durch modische Anti-Statements hervorzutun. Vielmehr brauche ich es überhaupt nicht wichtig zu nehmen, ob ich einen Vollbart trage oder nicht.

So ist es in vielem: Aus einer allgemeinen Gepflogenheit folgt weder, dass Sie mitmachen, noch dass Sie dagegen sein müssen. Die Frage ist: Ist sie *Ihnen* wichtig?

Wer darauf hört, was ihm selbst wichtig ist, ist deshalb noch kein Egoist. Ein Egoist ist jemand, dem nur sein eigenes Wohlergehen wichtig ist. Uns kann aber auch das Wohlergehen anderer wichtig sein – sogar wichtiger als unser eigenes. Letzteres nennen wir Altruismus.

Sie kennen vermutlich die bekannte Auffassung, dass «alles Handeln in Wahrheit egoistisch» sei. Nehmen wir an, eine Mutter verzichtet auf Nahrung, um ihr hungerndes Kind zu füttern. Nach dieser Auffassung hat die Mutter auch hier egoistische Motive: Sie füttert das Kind, damit sie selbst ein gutes Gefühl hat. Das ist ein Missverständnis. Inwiefern?

Diese Auffassung deutet jegliches Handeln als Streben nach

*Etwas mehr Sinn, bitte!*

dem eigenen Wohlergehen. Damit ist sie erstens unüberprüfbar (weil keine Gegenbeispiele *möglich* sind) und insofern unwissenschaftlich. Für diesen theoretischen K. o. hat der Wissenschaftsphilosoph Karl Popper unsere Aufmerksamkeit geschärft. Zweitens ist die Auffassung praktisch irrelevant, wenn ich mich in einer Situation konkret frage, ob ich mehr nach meinem Wohlergehen oder nach dem anderer handeln sollte.

Lassen Sie sich also nicht verwirren: Die Unterscheidung von egoistischem und altruistischem Handeln treffen wir *innerhalb* dessen, was uns wichtig ist – so wird die Unterscheidung praktisch relevant. Der Mutter ist in diesem Moment das Wohlergehen ihres Kindes wichtiger als ihr eigenes, und das nennen wir altruistisches Verhalten.

Häufig nehmen Menschen etwas besonders wichtig, das es uns nicht wert scheint. Eltern wissen wahrscheinlich, wovon ich spreche. Sagen wir, wir gehen mit der Familie die Straße entlang, und die Kinder spielen, dass man nicht auf die Fugen zwischen den Gehwegplatten treten darf. Da passiert es: Der eine schubst den anderen, woraufhin der auf eine Fuge tritt. Ein Schrei ertönt, und der Geschubste stürzt sich auf seinen Bruder. Wir würden sagen: Der Schubser ist kein hinreichender Grund für eine körperliche Auseinandersetzung.

Manchmal sagen wir verständnisvoll: «Ja, aber *ihm* ist es wichtig.» Aber ist damit alles wichtig, was jemand wichtig nimmt? Und müssen wir es in allen Fällen respektieren? Bei Erwachsenen würden wir sagen: Wir respektieren seine freie Entscheidung, aber wir akzeptieren nicht unbedingt seine Gründe.

Doch unsere Kinder müssen erst noch herausfinden, was im Leben wichtig ist und was nicht – in nicht enden wollender Kleinarbeit: Wann wir teilen sollten und wann nicht. Wann wir abgeben sollten, wann nicht. Wann wir mitmachen sollten, wann nicht.

Und kennen wir es nicht auch selbst? Eben noch hetzen wir

atemlos unserer To-do-Liste hinterher. Mitten im Stress kommen wir zur Besinnung und sehen erleichtert ein: Ich brauche mich nicht so zu stressen, die Hälfte aller Punkte auf der Liste ist zwar dringend, aber *unwichtig*.

Bei welchen Menschen, Dingen, Tätigkeiten in unserem Leben würden wir das niemals sagen?

Woran merken wir, was uns wichtig ist? Etwas stark zu wollen, ist nicht genug. Momentan können wir etwas faszinierend finden und es unbedingt haben wollen – doch im nächsten Moment ändern wir unsere Meinung. Deshalb setzte Nietzsche den Löwen als *mittlere* Phase. Was wir wollen, ist veränderlich. Deshalb frage ich hier zunächst nicht, wie Sie leben *wollen*. Ich möchte tiefer ansetzen und fragen, was in Ihrem Leben so wichtig ist, dass Sie sich wirklich darum kümmern müssen. Erst wenn wir uns tiefer erforschen, finden wir die zweite Ebene, auf der sich das Kind bewegt.

## Handeln aus Liebe und mit Vernunft

> «Sinn erhält das Leben einzig durch die Liebe: das heißt: je mehr wir zu lieben und uns hinzugeben fähig sind, desto sinnvoller wird unser Leben.»
> HERMANN HESSE

Liebe und Vernunft haben etwas gemeinsam. Wir können nicht anders, als sie zu bejahen. Der US-amerikanische Philosoph Harry Frankfurt hat diese Verbindung in *The Importance of What We Care About* gezogen. Vielleicht können wir daraus lernen, wie wir unsere Fähigkeiten im Leben entfalten.

Was für ein Verhältnis haben wir zu Liebe oder Vernunft? Können wir wirklich nicht anders, als zuzustimmen? Wir können uns auf eine Liebe einlassen oder nicht, uns einer vernünftigen Einsicht beugen oder nicht. Dennoch erleben wir es, wenn wir uns einlassen, als eine subjektive Notwendigkeit. Was heißt das?

Wenn ich jemanden liebe, dann kann ich nicht anders. Meine ganze Welt dreht sich um diese Person. Wenn ein junges Liebespaar die erste gemeinsame Urlaubsreise macht, dann fotografieren sie sich fast ausschließlich gegenseitig. Wenn Eltern ihre Kinder anschauen, können sie nicht anders, als es mit einem liebevollen Blick zu tun. Als soziale Wesen haben wir Menschen eine sehr starke Verankerung in anderen Menschen.

Unsere eigene Wichtigkeit haben wir einst gelernt, weil andere (unsere Eltern) uns wichtig genommen haben. Durch ihre liebevolle Fürsorge haben wir gelernt, dass wir wichtig und liebenswert sind.

Was meint Frankfurt damit, wenn er sagt, diese Liebe überrumple uns? Wir können uns gegen Liebe sperren oder abwenden, dass wir uns weiter verlieben. Wenn wir diese Liebe nicht wollen, dann können wir den Umgang mit der betreffenden Person vermeiden, uns nicht weiter einlassen. Doch Frankfurts Punkt ist ein anderer: Liebe erleben wir passiv, wir wählen die geliebte Person nicht aus. Wenn wir lieben, erleben wir das (auch gegen Einflüsse von außen) subjektiv als eine Notwendigkeit – wir können nicht anders, und wollen es auch nicht.

Mit der Vernunft scheint es ähnlich zu sein. Wenn wir etwas als richtig einsehen, dann können wir nicht anders, als es für richtig zu halten. Nehmen Sie den Satz «Wenn Sokrates ein Mensch ist und Menschen sterblich sind, dann ist Sokrates sterblich.» Wir können nicht anders, als das für richtig zu halten. Aber wir können uns manchmal dagegen sperren, indem wir uns solchen Schlussfolgerungen verschließen (das soll ja gelegentlich vorkommen). Es ist schwer, jemandem etwas verständlich zu machen, wenn er es für seinen Vorteil hält, es nicht zu verstehen.

*Etwas mehr Sinn, bitte!*

Wenn wir alles hinterfragen, was uns wichtig ist – geraten wir dann in endlose Tiefen, oder gibt es einen festen Grund? Den Grund haben wir dort gefunden, wo die Frage «Warum ist dir das wichtig?» keinen Sinn mehr ergibt.

Ich bin überzeugt, dass andere Menschen der tiefste Grund sind, auf den wir stoßen können. Nach Gründen gefragt, können wir irgendwann einfach nichts weiter sagen als «Ich liebe diesen Menschen eben». Es ist sinnlos, eine Mutter zu fragen, warum sie ihr Kind liebt. Sie würde vielleicht antworten: «Weil es *mein Kind* ist.» Weitere Fragen sind sinnlos. Diese Liebe, die wir auch «bedingungslos» nennen, ist die letzte Begründung unserer Wichtigkeiten, weil es darunter keine weiteren Gründe gibt.

Der US-amerikanische Anthropologe Michael Tomasello hat zu diesen Themen äußerst aussagekräftige psychologische Versuche durchgeführt. Bei einem davon befindet sich ein kleiner Junge, sechzehn Monate alt, mit seiner Mutter in einem Zimmer. Ein ihm unbekannter Mann kommt hinein, einen Stapel Zeitschriften auf dem Arm. Der Mann geht zum Schrank in der Ecke und stößt den Stapel gegen die Schranktür. Er hält inne und stößt noch einmal dagegen. Spontan löst sich der Junge von seiner Mutter. Er, der noch keine Zweiwortsätze bilden kann, hat verstanden, dass der Mann den Stapel *in* den Schrank tun will. Ohne Zögern geht er zum Schrank und öffnet die Tür. Dann blickt er den Mann an, blickt auf den Stapel und deutet in den Schrank.

Wenn wir schon als Kleinkinder spontan die Belange Fremder wichtig nehmen und uns um sie kümmern – wie wichtig sind uns dann erst die Menschen, die wir lieben?

Wenn das Wohlergehen derjenigen, die wir lieben, das Wichtigste für uns ist, dann liegt es an uns, für ihr Wohlergehen zu sorgen. Dann hilft uns die praktische Vernunft, diese Liebe als Grund anzuerkennen und die Folgen einzusehen. Manchmal intuitiv, manchmal durch Nachdenken komme ich zu dem Schluss: Weil

*Etwas mehr Sinn, bitte!*

ich diesen Menschen liebe, muss ich dafür sorgen, dass etwas Bestimmtes geschieht.

Vielleicht habe ich Angst oder Zweifel. Vielleicht bin ich erschöpft, willensschwach oder einfach faul. Dann muss ich mich auf diese Liebe besinnen. Dann muss ich handeln, und zwar mit praktischer Vernunft. Das ist die kraftvolle Verbindung von Liebe und Vernunft. Die Liebe ist die Quelle; die praktische Vernunft ist der Strom des Handelns.

Vielleicht wird so auch verständlich, dass Liebe und Vernunft keine Gegensätze sind. Menschen mit einer hochentwickelten Vernunft unterdrücken nicht ihre Liebe. Das weiß jede Mutter, die ihrem Kind konsequent etwas verbietet, was schlecht für es ist. Natürlich kommt es vor, dass Menschen ohne Verbindung zu ihren Wichtigkeiten vernünftig handeln – was einseitig, manchmal sogar schädlich ist. Es mag vernünftig sein, einen Job anzunehmen, der einen Karrieresprung bedeutet – die neuen Chancen, der neue finanzielle Spielraum. Aber wenn mir das nicht wichtig ist und ich dadurch weniger Kontakt zu den Menschen habe, die mir wichtig sind, dann führt dieser Schritt von meinen Wichtigkeiten weg.

Auf der anderen Seite gibt es Menschen, die voller Liebe sind und zum Wohlergehen anderer handeln wollen – aber wenn sie ihre praktische Vernunft nicht ausreichend entwickelt haben, dann sind ihre Handlungen nicht unbedingt dem Wohlergehen förderlich. Sie handeln unklug oder wissen nicht um den Schaden, den sie unbeabsichtigterweise verursachen.

Die Fähigkeiten des Liebens und der Vernunft können ungleich entwickelt sein. Das heißt aber weder, dass «Herzensmenschen» unvernünftig sind, noch dass «Vernunftmenschen» nicht aus Liebe handeln. Beides gemeinsam führt zu vernünftigem Handeln aus Liebe.

## Was wichtig ist, auch wichtig nehmen

Sagen wir, es sei Ihnen Ihre eigene Gesundheit und die Ihrer Familie bedingungslos wichtig. Falls jemand schwer erkrankt oder ein Pflegefall wird, wollen Sie die bestmögliche medizinische Behandlung oder Pflege. Nun ein entscheidender Schritt: *Wenn* es Ihnen unhinterfragbar wichtig ist, dann haben Sie keinen Spielraum, keine Wahl, keine Ausrede: *Es liegt an Ihnen*, dass es dazu kommt. Sie *müssen* dafür sorgen, dass es geschieht. Wenn wir diese tiefe Wichtigkeit gefunden haben, dann können wir nicht anders.

Daraus folgt nicht, dass Sie es *allein* bewerkstelligen müssen. Doch Sie sind in der Verantwortung. Es liegt an Ihnen. Und das ist mehr als eine Motivations-Floskel. Es ist ein zentraler Satz für selbstbestimmte Wesen. Warum?

Der deutsche Philosoph Ernst Tugendhat nennt den Satz «Es liegt an mir» einen Ausdruck der *Selbst-Aktivierung*. Unser Handeln stehe in einer Spannung zwischen Versuchen und Gelingen. Ich habe etwas als notwendig erkannt und mache es mir zum Ziel. Ich habe nun (soweit ich es vermag) dafür zu sorgen, es zu erreichen. Ob ich dafür meine Möglichkeiten voll ausschöpfe, hängt von mir ab. So erfahre ich mich als den *Ort der Verantwortung*. Ich fühle mich, wie wir auch sagen, *angesprochen* oder *aufgerufen*. Dies verdichtet sich in dem Satz: «Es liegt an mir.»

Mache ich einige halbherzige Versuche – oder werde ich alles daransetzen, meine ganze Wirkung entfalten und nicht aufgeben, bis es geschafft ist? Hier hat Willenskraft ihren Platz. Hier steigere ich meine willentliche Aktivität, ohne andere Kategorien meines Handelns, wie unwillentliche Aktivität oder freiwillige Passivität, zu vergessen.

Beachten Sie: Häufig sagen wir: «Es liegt an mir», und meinen damit, etwas sei unsere Schuld. Wir machen uns Vorwürfe. Vielleicht erstarren wir in der Frage «Was stimmt nicht mit mir?» Diese destruktive Stagnation ist hier nicht gemeint.

Vielmehr soll der Satz «Es liegt an mir» der Auftakt zu einer produktiven Dynamik sein. Wir sind nicht schuldig, sondern verantwortlich. «Sorge ist das Verhältnis zum Leben», schrieb der dänische Philosoph Sören Kierkegaard. Doch hier zählt ein feiner Unterschied: Wir sollten uns nicht *um* etwas Sorgen machen und grübeln. Wir müssen *für* etwas sorgen und tätig werden.

Wie viel Einsatz zeigen wir? Werden wir, was uns *wichtig ist*, auch *wichtig nehmen*? Es muss uns bis in jede Faser klarwerden: «Ich bin wichtig dafür, dass es passiert – es liegt an mir.» Aus diesem Verantwortungsgefühl heraus gründen Menschen gegen untragbare Umstände eine Initiative oder gehen auf die Straße. Und wegen dieses Verantwortungsgefühls sich selbst und anderen gegenüber beschließen Menschen, in ihrem Leben etwas zu ändern.

Nun können wir die Frage nach einer sinnvollen Lebensweise neu stellen.

Fassen wir vorher noch mal zusammen: *Wenn* Ihnen etwas wichtig ist, dann *müssen* Sie dafür sorgen, dass es passiert. Wenn Sie das müssen, dann ist die weitere Überlegung, ob Sie das wollen, sinnlos. Was wir tun *müssen*, müssen wir unabhängig davon tun, ob wir es gerade wollen oder nicht, ob wir keine Lust haben oder Angst.

Ab hier werde ich das Wort «Sinn» etwas anders gebrauchen. Ich lehne mich an unseren alltäglichen Gebrauch an, wenn wir etwa sagen: «Was du da tust, ergibt doch keinen Sinn!» Oder wenn jemand das Vorgehen bei einem Projekt erklärt und die anderen zustimmend nicken und sagen: «Ja, das macht Sinn.»

Also fragen wir im Hinblick auf das, was uns so wichtig ist, dass wir dafür sorgen müssen: Handle ich derzeit sinnvoll? Wie müsste ich am besten handeln? Ergibt diese oder jene Handlung mehr Sinn für das, wofür ich sorgen muss?

*Etwas mehr Sinn, bitte!*

Plötzlich achten wir weniger darauf, ob wir etwas effizient tun oder dabei perfekt sind. Wichtiger ist, ob wir das *Richtige* tun. Und was ist das Richtige? Das, womit wir bestmöglich dafür sorgen, dass das Wichtige geschieht.

Merken Sie, wie konkret die Frage sinnvollen Lebens plötzlich wird? Sie führt direkt in praktische Überlegungen: «Wie kann ich mit wenig Aufwand etwas erreichen, das große Wirkung hat?» «Was kann ich *jetzt* sofort dafür tun?» Die Ratlosigkeit bei der Frage nach dem Sinn des Lebens ist verschwunden. Und wir haben eine wichtige Entwicklung vollzogen: Wir nehmen gegenüber unseren unmittelbaren Impulsen eine neue Einstellung ein. Lassen Sie mich etwas genauer erklären.

Nehmen Sie einmal an: Eine Situation entwickelt sich schlecht für alle Beteiligten (stellen Sie sich eine konkrete Situation vor, die Sie erlebt haben oder gerade erleben). Es gibt unausgesprochene Schuldzuweisungen, vielleicht Ressentiments. Ihnen ist sehr wichtig, dass sich die Situation schnell verbessert – Sie halten es nicht mehr aus, und es hängt einiges davon ab. Also müssen Sie ein klärendes Gespräch mit einer bestimmten Person führen. Allerdings sind Sie schon mehrmals aneinandergeraten. Die Gefahr ist groß, dass dies nun wieder passiert. Und Sie hätten keine schlechte Lust, dieser *Person* gegenüber sehr deutlich zu werden.

Kaum hat das Gespräch begonnen, hören Sie schon wieder diese Sticheleien, die mehr oder weniger versteckten Vorwürfe und diese ekelhafte Selbstgerechtigkeit. Ihr Adrenalinpegel steigt, und Sie sind kurz davor, Ihrem Ärger Luft zu machen. Doch dann denken Sie: «Am wichtigsten ist mir, dass sich die Gesamtsituation verbessert – also *muss* ich dafür sorgen, dass das passiert. Egal wie ärgerlich ich gerade bin. Ist es also sinnvoll, dass wir uns hier anblaffen? Nein.»

Ihr Gegenüber wartet förmlich auf Ihre verbale Gegenoffensive – und ist überrascht, als Sie sagen: «Ich weiß, wir sind nicht immer einer Meinung. Aber wir beide wissen auch, dass es so nicht weitergehen kann. Also liegt es an uns, dafür zu sorgen, dass es besser wird. Wie können wir das, trotz unserer Differenzen, gemeinsam hinkriegen?» Danach beginnen Sie womöglich – nach langer Zeit zum ersten Mal – einen konstruktiven Austausch.

## Wie wir trotz unterschiedlicher Interessen Fürsorge entwickeln

Warum haben wir Schwierigkeiten, diesen Zusammenhang klar zu verstehen? Überall in unserer Kultur wird Freiheit und Selbstbestimmung besonders betont. Es macht den Eindruck, man lebe vor allem dann glücklich, wenn man tut, was man wirklich will, was einem Spaß macht oder einen begeistert. Und natürlich ist das wichtig. Unsere eigenen Impulse sind unverzichtbar für ein erfüllendes Leben. Aber wir drohen auch in einen Subjektivismus zu verfallen, bei dem wir alle Impulse als Einmischung ablehnen, die wir von außen empfangen.

Durch missverstandenen Subjektivismus graben wir uns die Ressourcen für ein sinnvolles Leben ab. Wenn ich mich nach dem Sinn des Lebens frage und damit immer nur meine: «Was will ich?» und «Was begeistert mich?», dann gehen mir die tieferen Ressourcen eventuell verloren.

Wir haben gelernt, es sei gut, kritisch zu denken. Vielleicht ist uns auch bekannt, dass Kants großer Beitrag seine Wende zur kritischen Philosophie war. Und dass laut Hegel Denken überhaupt nur durch Negation geschehen kann. Vielleicht haben uns auch die rebellischen Jugendbewegungen geprägt. Wir haben gelernt, dass wir selbständig sind, wenn wir etwas kritisieren. Wenn wir nicht mitmachen. Vielleicht denken wir im Umkehrschluss: Wer etwas voll bejaht, der ist unkritisch. Und unkritische Menschen denken nicht selbständig.

Dann kann folgender Konflikt entstehen: Wir mögen etwas oder sehen es als richtig ein. Es begeistert uns sogar, und wir merken, wie es uns anzieht und überzeugt. Nun sehen wir darin eine Verführung, eine Bedrohung unserer Selbständigkeit, weil wer bejaht, ja unkritisch ist. Und so haben wir eine Haltung zur Welt, in der wir uns Dingen, die für uns wichtig sind, nicht voll hingeben.

In diesem Moment sind wir noch Nietzsches Löwen. Wir müssen den nächsten Schritt zum Kind machen. Es ist gut, eigenständig zu denken, zu hinterfragen und Kritik zu äußern. Es ist gut, etwas nicht nur deshalb richtig zu finden, weil andere es tun. Aber den Verstand ohne Leitung eines anderen zu gebrauchen heißt auch, sich über bestimmte Dinge klarzuwerden und sie deshalb zu bejahen. Wenn man etwas einsieht, dann *darf* es einen begeistern. Dann ist Begeisterung keine Hemmung eigenständigen Denkens.

Wir haben genügend Alarmmechanismen, um aufmerksam zu werden, wenn etwas nicht stimmt. Wir dürfen also darauf vertrauen, dass wir unsere Eigenständigkeit nicht aufgeben, wenn wir uns einlassen.

Wir sollten uns auch nicht daran stören, wie jemand unsere Begeisterung beurteilt. Vielleicht ist dieser Jemand gerade in der Löwenphase und sagt: «Oh, wie unkritisch!» Das braucht uns nicht weiter zu beschäftigen. Er weiß nicht, *warum* wir es bejahen und dass wir durchaus kritisch waren.

Umgekehrt sollten auch wir diese Haltung kultivieren: Wenn andere von etwas begeistert sind, sollten wir sie nicht darauf reduzieren und für unselbständige, unkritische Menschen halten. Wir wissen ja nicht, aus welchen Gründen sie begeistert sind.

Natürlich gibt es Dinge, von denen man nicht begeistert sein sollte – von leeren Werbeversprechungen, von unlauteren Angeboten, von schädlichen Extremismen. Aber sich deshalb generell von nichts im Leben begeistern zu lassen, wäre ein Zeichen von mangelnder Selbständigkeit.

Wie beziehen wir konkret unsere gemeinsamen Wichtigkeiten in unsere individuellen Überlegungen ein? In etwa so: Wenn ich z. B. etwas tue, was der Familie als Ganzes nicht guttut, dann kann es mir als Mitglied dieser Familie auch nicht guttun, obwohl es mir als Tätigkeit Spaß macht. Wenn mein Hobby mich ständig von zu Hause fernhält und meine Familie mich dadurch kaum sieht, dann beeinträchtigt das früher oder später unser Familienleben. Wenn es der Familie schadet, dann schadet es auch mir.

In einer Familie ist das Thema Zeit enorm wichtig. Nicht nur, um den Alltag zu regeln. Es ist auch für jeden wichtig, Zeit für sich zu haben. Manche Menschen brauchen vielleicht mehr Zeit für inneren Ausgleich, andere weniger. Aber jeder braucht etwas davon. Wie regelt man das in einer Familie?

Auf der Kamel-Stufe übernehme ich alle Pflichten und nehme mir keine Zeit für mich selbst, für Ruhe, Muße, dafür, meinen Hobbys nachzugehen. Auf der Löwen-Stufe sehe ich nur, dass ich zu wenig Zeit für mich habe, und fordere sie vehement ein. Meine Frau will aber verständlicherweise auch Zeit für sich haben. Wir beide wollen und brauchen Freizeit, aber einer von uns muss sich um die noch kleinen Kinder kümmern. Wer bekommt also Zeit für was?

Unsere Interessen scheinen gegensätzlich. Es beginnt das Tauziehen um die freie Zeit. Wir versuchen eine Absprache, einen Kompromiss zu finden, wie jeder Zeit für sich bekommt. Aber wie es so ist: Das Leben grätscht dazwischen. Die Umstände ändern sich, und das muss aufgefangen werden – der Kompromiss konnte nicht eingehalten werden. Bekommt nun der Leidtragende die eingebüßte Zeit gutgeschrieben?

Viel Konfliktstoff. Zufrieden ist letztlich keiner, Zeit ist knapp, jeder fordert vom anderen seine Zeit ein – und Forderungen haben wir alle nicht gerne. «Jetzt nimmst du aber mal die Kinder!» Wer gerade viel zu tun hat und nicht damit rechnete, dem passt das nicht.

Wie würde sich diese Situation in der Kind-Phase darstellen? Ich habe meine Familie als meine Wichtigkeit anerkannt. Es ist mir wichtig, dass es der Familie und allen Einzelnen ihrer Mitglieder gutgeht. Deshalb laufen meine Überlegungen nun anders. Wenn etwas, das ich will, meinen Kindern oder meiner Frau nicht guttut, dann tut es auch mir nicht gut – und das kann ich nicht wollen. Und wie wichtig ist die Ausgeglichenheit der Eltern für die Partnerschaft, aber auch für die Erziehung und für die Grundstimmung der Familie! Die Grundstimmung ist für die Kinder zentral, sie nehmen sie gewohnheitsmäßig an. Wenn sie später eine Familie gründen, dann greifen sie (häufig unbewusst) auf diese Grundstimmung zurück, die sie im eigenen Elternhaus erfahren haben. Sie sind dem nicht ausgeliefert, aber es ist eine tiefsitzende Tendenz.

Mir ist es also wichtig, ein gutes Grundgefühl zu vermitteln. Außerdem möchte ich, dass es meinem Partner gutgeht. Also muss ich beim Thema Zeit dafür sorgen, dass auch mein Partner Zeit für sich bekommt. Es liegt in meiner Verantwortung.

Üblicherweise strahlt solches Handeln wieder zurück. So entsteht eine andere Art des Miteinanders – weg von den separaten Interessen und Kompromissen, hin zu gegenseitiger Fürsorge. Mit Tauziehen zeigen wir dem anderen, dass er uns stört, wir zwar seine Ansprüche respektieren, er unserer eigenen Zufriedenheit aber im Wege steht. Ganz anders bei fürsorglichem Denken und Handeln: Damit zeigen wir dem anderen, dass er selbst uns wichtig ist und sein Wohlergehen es auch für unsere eigene Zufriedenheit ist.

Das leben wir auch den Kindern vor. Wenn sie erleben, dass die Eltern füreinander wichtig sind und sie selbst für die Eltern wichtig sind, dann lernen sie, was es heißt, wichtig genommen zu werden

*Etwas mehr Sinn, bitte!*

und in der Interaktion andere wichtig nehmen zu können – und schließlich, sich selbst wichtig zu nehmen. Damit können sie das Wohlergehen anderer wichtig nehmen, ohne darin ein Risiko für das eigene Wohlergehen zu sehen.

## Freiheit als Autonomie:
## Wollen, was man tun muss

«Eigentlich bin ich ganz anders –
ich komm nur viel zu selten dazu.»
JAN DELAY / UDO LINDENBERG

Die Antwort auf die Frage nach einer sinnvollen Lebensführung liegt darin, dass wir etwas als wichtig anerkennen und die Folgen für unser Handeln, die wir als richtig einsehen, als unsere persönliche Pflicht begreifen. Das möchte ich eine *freiwillige Pflicht* nennen.

Sie mögen einwenden: «Wenn es freiwillig ist, ist es doch keine Pflicht.» Nun, das kommt auf den Standpunkt an. Eine Pflicht nenne ich es, wenn ich etwas für meine Wichtigkeit tun muss, auch wenn mir gerade nicht danach ist. Vielleicht würde ich nur allzu gerne noch im Bett bleiben, aber mir ist etwas anderes so wichtig, dass ich meine Müdigkeit ignoriere und aufstehe. Oder es ist mir unangenehm, mich bei einem Freund zu entschuldigen, aber das gute Verhältnis zu ihm ist mir wichtiger, und deshalb tue ich es. Das können Handlungen sein, die ich als solche nicht wertschätze oder aus anderen Gründen gerade nicht will. Trotzdem unterwerfe ich mich freiwillig ihrer Notwendigkeit. Diese Fähigkeit, gegen die eigenen momentanen Neigungen zu handeln, nannte

*Etwas mehr Sinn, bitte!*

Kant «Wille». Ein anderes Wort dafür ist «Autonomie» (griech. «auto» = selbst und «nomos» = «Gesetz»): «sich selbst das Gesetz geben».

Wenn wir über «Freiheit» nachdenken, dann meinen wir meistens die Freiheit von Hindernissen oder die Freiheit, etwas nicht tun zu müssen. Es gibt die Auffassung, dass sich unser freier Wille überhaupt nicht mit gesetzesgemäßem Handeln vertrage. Doch Kants Verständnis nach ist unser Wille oder unsere Autonomie die Freiheit, *zu etwas in der Lage zu sein*, seine selbstgesetzten Ziele auch verfolgen und erreichen zu können. Diese Freiheit, verstanden als Fähigkeit zur Autonomie, ist zentral dafür, unser Leben nach unseren Vorstellungen zu gestalten – besonders beim Thema unserer Gewohnheiten.

An unseren Gewohnheiten zeigt sich zu einem wichtigen Teil, wer wir derzeit sind. Wenn wir einige unserer Gewohnheiten nicht mehr gutheißen, ohne sie bisher geändert zu haben, dann sind wir nicht freiwillig diejenigen, die wir sind. Man könnte sagen: Wir sind nicht im Einklang mit uns selbst. Was wir tun müssen und was wir tun, klafft auseinander.

Manchmal sind nicht äußere Zwänge dafür verantwortlich, sondern es ist meine Lebensweise: meine Gewohnheiten des Fühlens, des Denkens und des Handelns, die ich gar nicht mehr will. Gewohnheiten sind oftmals wie eine schwere Kugel im Rollen, die ich nicht so einfach aufhalten kann. Wenn dazu noch äußere Umstände meine unfreiwillige Lebensweise stabilisieren, fühle ich mich wie gefangen.

So stark das Aufbäumen meiner Willenskraft auch ist, die Trägheit meiner zweiten Natur, meine gewohnte Art, emotional zu reagieren, zu denken und zu handeln, wird sie zermürben. Wie Thor, Donnergott mit dem mächtigen Hammer *Mjölnir*, letztlich von der alten Frau Elli («das Alter») besiegt wurde. Wenn wir gegen die eigene zweite Natur kämpfen, dann arbeitet die Zeit gegen uns. Je

*Etwas mehr Sinn, bitte!*

länger wir kämpfen, desto schwerer wird es, und früher oder später gehen wir in die Knie.

Meine Selbstbestimmung ist dann empfindlich eingeschränkt, nämlich dort, wo ich etwas verändern muss. «Selbstverwirklichung» könnte dann heißen, die Lebensform zu entwickeln, mit der ich im größeren Einklang leben kann. Anders ausgedrückt: in der mein Handeln in Bezug auf das, was mir wirklich wichtig ist, Sinn ergibt. Dann haben wir die Phase des Kindes erreicht.

Die Trägheit unserer zweiten Natur können wir jedoch auch für uns nutzen: wenn wir in der Lage sind, unsere zweite Natur – also unsere Gewohnheiten – im Sinne dessen zu formen, was uns wichtig ist. Einmal verankert, arbeitet sie für uns. Haben wir die richtigen Gewohnheiten angenommen, dann ist unsere Trägheit für Veränderungen unsere Verbündete.

Zu Beginn des Kapitels haben wir die Frage «Was ist der Sinn des Lebens?» als irreführend beiseitegelegt. Stattdessen haben wir eine Begründungsfolge entwickelt, die in die Einsicht einer sinnvollen Lebensweise mündet. Wir hinterfragten, was uns im Leben wichtig ist, so lange, bis die Frage selbst nicht mehr sinnvoll war und wir das gefunden hatten, dessen Wichtigkeit wir nicht bezweifeln konnten. Das bestand im Wohlergehen anderer und unserer selbst.

Dann konnten wir fragen, wie dafür zu sorgen sei. Die Selbstaktivierung, die Wahrnehmung unserer eigenen Verantwortung war zentral («Es liegt an mir»), um zu verstehen, dass *wir* es tun müssen. Was auch immer wir als das einsehen, was zu tun ist, es muss für uns im Leben Priorität haben – als freiwillige Pflicht. Aber begreifen wir dies nicht als Beschränkung, sondern als Ausübung unserer Freiheit als Autonomie.

Dabei ist zentral, zu wissen, *wofür* gesorgt werden muss. Das Wohlergehen anderer und unserer selbst ist an die Fähigkeiten für ein gutes Leben geknüpft. Wir müssen zumindest ausschließen, dass eine dieser Fähigkeiten gestört ist – wobei auch eine Verbesserung dieser Fähigkeiten mit einer Erhöhung von Lebensqualität einhergeht. Wir haben die Frage zu klären, ob den vielen verschiedenen Vorstellungen vom guten Leben gemeinsame Fähigkeiten zugrunde liegen.

Aber treten wir noch einen weiteren Schritt zurück: Liegt es überhaupt in unserer Hand? Sind wir unseres Glückes Schmied? Gibt es nicht Einflüsse, die wir nicht kontrollieren können, sodass das Erreichen eines guten Lebens nicht unser Verdienst ist, sondern Zufall, Schicksal oder Gnade (je nachdem, wie Sie es nennen)? Haben wir überhaupt die Fähigkeit, ein gutes Leben zu führen?

# KAPITEL IV

# SCHICKSAL, FREIHEIT UND DIE FÄHIGKEITEN FÜR EIN GUTES LEBEN

# Einer flog aus dem Hamsterrad

Er tritt näher an das Gemälde heran. Von ihm geht eine Stille aus, die ihn anzieht. Eine weiße Gestalt steht in einem Boot, das über glattes Wasser zu einer Insel fährt. Die Insel sieht felsig und wuchtig aus, wie eine Burg. Er bleibt länger stehen als gewöhnlich. Wie gerne wäre er dort im Boot, auf dem Weg zu dieser Insel. Er geht zum Ausgang des Museums. Morgen ist Montag.

Er arbeitet in einem Institut für Marktforschung. Alle sind per Du, aber Freunde hat er dort keine. Die Stelle sollte ein Schritt in eine neue Branche sein, nun ist er schon jahrelang dort – ohne Perspektive, mit drögem Alltag, immer im Stress, immer ist der Kaffee gerade alle, wenn er in die Küche kommt. Er hasst aufgesetzte Freundlichkeit und Smalltalk. Und das als Kundenbetreuer.

Bei Gruppendiskussionen muss alles perfekt laufen. Teilnehmer sollen in ausgedachten Szenarien neue Ideen liefern. «Stellen Sie sich vor, Sie sind eine Dosensuppe der Marke X, und Sie wollen den Konsumenten heiraten. Machen Sie ihm hier und jetzt einen Heiratsantrag!» Absurd. Die Ergebnisse sollen das Quartalsbudget der Auftraggeber rechtfertigen.

Heute dreht die empfindliche Kundin im Beobachtungsraum durch, weil sie ausdrücklich lauwarme Cola ohne Kohlensäure bestellt hatte. Sein Vorgesetzter bestellt ihn nach Schichtende zu sich.

Zu Hause ist er zynisch und aggressiv. Seine Freundin fragt lieber nicht, wie sein Tag war. Seine ständige Unzufriedenheit kann sie kaum noch ertragen. Wie er allen anderen die Schuld gibt, aber jede Veränderung aus tausend Gründen für unmöglich erklärt.

Einzig mit ihr ein Kind zu haben, das könnte er sich vorstellen. Aber sie will kein Kind – zumindest noch nicht. Ihre Karriere läuft gerade so gut, und sie hat noch einiges vor. Ihre Unbeirrbarkeit macht ihn noch verzweifelter.

Eines Tages sucht er in einem Buchladen ein Geschenk, da liest er auf einem Buchrücken: «Der Mensch ist das Wesen, das immer entscheidet, was es ist.»

«Wer's glaubt, wird selig», denkt er. Er bleibt aber doch stehen. Fast widerwillig klappt er diesen Ratgeber auf – und kann nicht mehr aufhören zu lesen. Angesichts der Lebensgeschichte des Verfassers braucht er sich über sein Leben nicht zu beschweren. Der Autor, Viktor Frankl, war in Ausschwitz interniert, seine ganze Familie ist ermordet worden. Er beschreibt alles im Detail, den Alltag im KZ, die täglichen Gräuel – aber mit dem geschulten Blick eines Psychologen.

Der Mann nimmt sich im Buchladen einen Kaffee aus dem Automaten, setzt sich in einen Sessel und liest. Schließlich kommt er zu der Stelle, wo Frankl bei der Zwangsarbeit innerlich zu zerbrechen droht. Doch dann wird ihm klar: Er hat selbst in dieser furchtbaren Situation eine innere Freiheit, eine Wahl der Einstellung. Das innere Bild seiner Frau lässt ihn überleben. Da war sie schon tot.

Wir können unsere Umstände nicht bestimmen. Wir sind dem Schicksal teilweise ausgeliefert. Wir sind «geworfen» in eine Welt, eine Zeit, ein Land, mit Eltern, die wir uns nicht aussuchen konnten. Aber wir sind kein Spielball äußerer Kräfte. Auch wenn uns unser Spielraum bisweilen minimal erscheint oder er es objektiv ist, haben wir eine innere Freiheit: die Haltung, mit der wir alldem begegnen.

Er starrt einen Moment lang vor sich hin. Dann klappt er das Buch zu. Als er sich aus dem Sessel erhebt, glaubt er, ein anderer geworden zu sein.

Leider kippt er sich dabei den Automatenkaffee über die Hose. Er will schreien: «Das kann doch nicht wahr sein! Die Becher sind viel zu leicht! Der Kaffee ist viel zu heiß!» Aber er wartet ab – und der Schrei bleibt aus. Er schaut das Buch an und hat den Eindruck, neuen Spielraum gewonnen zu haben. Er braucht sich nicht aufzuregen und sagt stattdessen entschuldigend einer Buchhändlerin Bescheid. Sie macht keine Umstände. Er kauft das Buch und geht nach Hause.

So intensiv dieses Erlebnis auch war, er muss wieder ins Hamsterrad. Seine Beziehung hat sich nicht verbessert, und es dauert nicht lange, bis er wieder in den Alltagsstress eingesponnen ist. Zwar liest er häufiger in Frankls Buch, aber er müsste mehr tun. Wieder und wieder kommt er an den Punkt des Verzweifelns.

Eine eigentlich frustrierte Kollegin erzählt ihm begeistert von ihrem Achtsamkeits-Workshop. «Wenn ich nur die richtige Einstellung finde, dann kann ich jeden Job machen, egal wie mies er ist.»

Soll das etwa die Lösung sein? Ist es das, was Frankl mit der inneren Freiheit zur Haltung meinte? Es kann doch nicht darum gehen, Tag für Tag Schlimmes erleben zu müssen, Jobs zu machen, die wir nicht mögen, mit Menschen zusammen zu sein, die uns unglücklich machen, Dinge zu kaufen, die wir nicht brauchen und dann resignierend zu sagen: «Es ist halt so, ich nehme das jetzt hin und lebe damit. Mehr ist halt nicht drin.» Das will er nicht akzeptieren. Er will etwas verändern.

Er stößt auf Marc Aurels *Confessiones*. Marc Aurel war ein römischer Kaiser, der zeit seines Lebens kaum Ruhe, kaum äußere Stabilität erleben durfte. Stattdessen Kriege, Krankheiten, Verrat und Verlust. Doch Aurel, der späte Stoiker, sprach von einem inneren Ort, einer «inneren Zitadelle». Eine Zuflucht, an die die Wechselfälle des Lebens nicht heranreichen. Eine innere Burg.

Er entnimmt Aurels *Confessiones* eine Übung: Jeden Morgen aus der Tür gehen und auf das Schlimmste gefasst sein. Wenn es dann eintritt, braucht man sich nicht mehr aufzuregen – denn sich über etwas aufzuregen, das zu erwarten war, wäre dumm. Er übt, und tatsächlich, der tägliche Wahnsinn setzt ihm weniger zu.

Er setzt sich in den Kopf, sich grundlegend zu verändern. Wenn er Kinder will, dann muss er seine negative Lebenseinstellung ablegen. Die kann er doch nicht in einer Familie ausleben.

Inzwischen hat seine Freundin auch Frankls Buch gelesen. Es regt sie dazu an, darüber nachzudenken, was sie im Leben will. Sie ist kurz davor, ihm zu sagen, dass sie doch ein Kind will. Sie bereitet ein schönes Abendessen vor. Er kommt nach Hause und sagt, er habe ihr etwas zu sagen.

Sie fragt überrascht, was los sei.

Er sagt ihr, er müsse dringend etwas an seiner Einstellung ändern. Deshalb wolle er, wenn sie das unterstütze, für ein Jahr in ein buddhistisches *Retreat*-Zentrum auf Irland gehen. Es sei ein wichtiger Schritt für ihn, mit dessen Hilfe er sich endlich von diesen quälenden Umständen befreien könne. Dann könne er wirklich eine «innere Burg» bauen. Das wäre ein Schatz fürs Leben – nie mehr verzweifeln zu müssen.

Sie sieht seine Augen leuchten und spürt seine Begeisterung. Sie will ihn nicht enttäuschen und antwortet, das sei eine tolle Idee, die sie voll unterstütze.

Er macht das Retreat. Die Zeit wird lang und länger. Er kommt voran und lernt sehr viel. Sein altes Leben verblasst, und er arbeitet so intensiv an sich wie nie zuvor. Allerdings lässt ihn auch die Sehnsucht nach seiner Freundin nicht los. Diese Sehnsucht wird langsam zur Angst, sie zu verlieren.

Was, wenn sie jemand anderen kennenlernt? Er bereitet sich innerlich darauf vor. Die stoische Übung des Pessimismus. Er muss auch diese Anhaftung überwinden. Er stellt sich vor, dass sie ihm sagt, sie habe jemanden kennengelernt. Das schmerzt und macht ihn traurig. Er versucht, nicht daran festzuhalten, sondern diese Gefühle ziehen zu lassen.

## Wie einer die innere Burg findet,
## aber es nichts nützt

Er sitzt an der Steilküste und schaut aufs Meer. Der Wind streicht durch seine Haare. Er ist verzweifelt und niedergeschlagen. Seine Freundin besuchte ihn und sagte ihm, dass sie sich verliebt habe und im dritten Monat schwanger sei. Sie wünschte ihm alles Gute. Er lässt seine Gefühle durch sich durchziehen wie den Wind durch das Haar. Er fragt sich, was nun werden soll.

Zurück in der Stadt, kommt ihm die Welt laut und rasend vor. Er taumelt durch die Tage, geht in den Buchladen, in dem er einst auf Frankls Buch stieß. Ihm fällt ein anderes Buch auf: Aristoteles' *Nikomachische Ethik*.

Er sitzt im selben Sessel wie damals, wieder einen dieser gefährlichen Kaffeebecher neben sich, und versucht, mit seinem Schicksal klarzukommen. Was ist hier die richtige Haltung? Die Gefühle flauen nicht ab. Wie ist es nun mit der inneren Burg, die ihn doch unangreifbar machen sollte gegen die Launen der Welt – warum kann er nicht glücklich sein?

Er schaut in Aristoteles' Buch und liest darin, es sei natürlich tugendhaft, dem Schicksal gegenüberzutreten. Mutig gegen die Angst, hoffnungsvoll gegen die Verzweiflung. Aber wir sollten auch akzeptieren, dass wir abhängig sind von den körperlichen Dingen, den Umständen und anderen Menschen. Deshalb handelt ein Großteil der *Nikomachischen Ethik* von der Freundschaft. Wir Menschen bleiben, selbst der Weiseste von uns, verletzlich.

Von einem Weisen, der besonders gut mit allem umgeht, der aber von den Tragödien des Lebens gebeutelt ist, von dem würden wir doch nicht sagen, er lebe ein glückliches Leben – egal, wie weise er ist.

*Schicksal, Freiheit und die Fähigkeiten für ein gutes Leben*

Plötzlich dreht sich alles um ihn. Kein Ausweg durch Weisheit? War es der falsche Weg, unabhängig und unverletzlich sein, sich eine innere Burg zum Schutz vor den Widrigkeiten des Lebens bauen zu wollen? Ein Jahr lang war er fern von ihr, von dem Menschen, der ihm am wichtigsten ist. Und nun ist sie weitergezogen im Leben, ohne dass ihr ein Vorwurf zu machen wäre. Hat mich die Suche nach der inneren Burg erst dazu gebracht, dass ich jetzt verzweifeln muss?

Was würden Sie sagen? Kann er nur noch verzweifeln? War das *Retreat* nichts wert, war es der falsche Weg? Oder war es ein guter Weg, der aber nun mal seinen Preis fordert, wie alles im Leben? Was meinen Sie?

Die Frage ist komplex. Ja, wir haben immer die Möglichkeit, unsere Einstellung zu dem zu wählen, was wir nicht beeinflussen können. Und ja, wir sind verletzliche Wesen, wir stehen nicht über allen Dingen. Wir sind vom Leben angreifbar und sollten uns nicht in Sicherheit wiegen.

Wir können unsere Einstellung und Haltung zum Leben ändern. Natürlich wollen wir die richtige Einstellung finden. Aber Frankls und Aurels Übungen sind dann sinnvoll, wenn wir etwas außerhalb unseres Einflusses hinnehmen müssen – nicht um unseren Einfluss aufzugeben.

Die Stoiker hielten an der Vorstellung einer uneinnehmbaren inneren Burg fest, sodass wir uns quasi sicher und gerettet fühlen können. Es gab sogar noch extremere Ansichten: Nach der asketischen Lehre machen wir uns gegenüber dem Schicksal unempfindlich, indem wir nicht nur auf das Angenehme, sondern auch auf das Notwendige verzichten. Der vorausschauende Gedanke ist: Wer kaum etwas hat, dem kann das Schicksal auch nicht viel nehmen. Vorsorglich ziehen sich Asketen aus der Welt zurück. Die Stoiker beschränkten sich auf einen inneren Rückzug mitten im Leben.

Aristoteles vertrat noch eine andere Auffassung. Er betonte

zwar ebenfalls, man könne zu den Wechselfällen des Lebens eine gute Einstellung finden – aber er ließ auch Raum für die menschliche Verletzlichkeit. Wir sind nicht unverwundbar, und wir können am Leben Schaden nehmen. Wir können nicht alles bewältigen.

Aber andererseits sind wir eben nicht *nur* passive Wesen. Wir können äußere Umstände gestalten. Wir sollten ungerechte oder schädliche Umstände nicht einfach akzeptieren, sondern sie ändern. Und manchmal macht uns unser eigenes Handeln gegenüber dem Schicksal besonders angreifbar.

Das ist die Einsicht des Aristoteles. Wir müssen akzeptieren, nicht allmächtig zu sein, sondern verletzlich. Deshalb müssen wir nicht nur unsere Haltung üben, sondern auch unsere Umstände genau betrachten. Das Glück unseres Lebens hängt eben auch davon ab, wie wir leben. Welche Ressourcen wir haben, mit welchen Menschen wir umgehen, in welchem Umfeld wir leben, wie wir unseren Körper behandeln. Deshalb sollten wir uns auf der Suche nach einem besseren Leben innerlich bilden und üben, aber andererseits auch konkret unsere Verhältnisse, soweit es in unserer Macht steht, zum Besseren verändern – und zwar mitten im Leben, nicht durch Rückzug oder Retreat.

Manchmal hat das Leben eine tragische Ironie, wie in Sophokles' antiker Tragödie *König Ödipus*: Jemand befürchtet etwas, tut etwas dagegen und ruft gerade durch die Vermeidung das hervor, was er befürchtet. Auch durch übertriebenes Glücksstreben verhindern Menschen manchmal ihr Glück. Vielleicht vergessen sie im Optimierungswahn schlicht, das Leben auch zu genießen.

Doch abgesehen von manchen Übertreibungen können wir einen entscheidenden Unterschied dafür machen, ob wir ein gutes Leben führen oder hohe Lebensqualität genießen. Es gibt ganz konkrete Beispiele, wie unsere Überlegungen unser Leben verbessern können, weit über unser eigenes Leben hinaus – wie im folgenden Abschnitt.

*Schicksal, Freiheit und die Fähigkeiten für ein gutes Leben*

# Wie ein indischer Junge
## der UNO auf die Sprünge half

Vor einiger Zeit besuchten meine Familie und ich gute Freunde. Dort führten wir mit einem anderen Paar eine lockere Unterhaltung. Der Mann, Manager bei einem international operierenden Saatguthersteller, war bereits feucht-fröhlich gestimmt. Als er hörte, ich sei Philosoph, amüsierte er sich darüber. Dann wurde er ernst. Es sei ihm unverständlich, wie man sich in der heutigen Zeit, wo so viel Leid und Hunger in der Welt herrschten, mit *Philosophie* beschäftigen könne.

Er hielt Philosophie für ein elitäres, eitles Spekulieren ohne Bezug zum Leben. Ich versuchte erst gar nicht, ihm verständlich zu machen, dass Philosophen Grundgedanken wie Menschenrechte, Gewaltenteilung, Gleichberechtigung, individuelle Freiheit oder Wissenschaftlichkeit formuliert hatten, die uns heute selbstverständlich geworden sind. Ich sagte nichts darüber, dass Immanuel Kant in seiner *Schrift zum ewigen Frieden* im Jahre 1795 erstmalig die Idee eines internationalen Völkerrechts festgehalten hatte, auf dessen Grundlage 1945 die *Charta der Vereinten Nationen* verfasst wurde. Auch sagte ich nichts über den philosophischen Ur-Impuls, uns von schädlichen Annahmen zu heilen und so unser aller Leben zu verbessern. Stattdessen gab ich ihm Argumente aus seiner eigenen Welt: Zahlen.

Armutsbekämpfung und Krisenprävention sind zentrale Aufgaben des *Entwicklungsprogramms der Vereinten Nationen*. Jedes Jahr erscheint der *Bericht über die menschliche Entwicklung*. Das zentrale methodische Werkzeug ist der *Human Development Index* (*Index der menschlichen Entwicklung, HDI*). Nach letzten Daten (2015, 188 Länder erfasst) liegt Österreich auf Rang 23,

Deutschland auf Rang 6 und die Schweiz auf Rang 3 – also alle relativ hoch.

Bis in die 1990er Jahre wurde der Entwicklungsstand eines Landes nach dem durchschnittlichen Pro-Kopf-Einkommen gemessen. Der HDI hingegen bezieht auch Bildungsgrad und Lebenserwartung ein. Daraus wurde ersichtlich: Die Lebensumstände haben sich in den letzten 40 Jahren für die meisten Menschen weltweit verbessert – häufig unabhängig von der wirtschaftlichen Entwicklung des jeweiligen Landes.

Diese Einsicht hat große Auswirkungen für die internationale Entwicklungspolitik. Rein finanzielle Entwicklungshilfe hebt vielleicht das Pro-Kopf-Einkommen – doch das sagt weder etwas über die *Verteilung* des Einkommens im Lande aus noch über die realen Chancen, die Menschen zur Lebensgestaltung haben. Deshalb setzt der HDI komplexer an.

Wie kam dieses Umdenken zustande? Es begann 1941 im subtropischen Dhaka, mit damals ungefähr 400 000 Einwohnern eine wichtige Stadt im britischen Verwaltungsbezirk Bengalen im östlichen Indien (heute Bangladesch).

Dort wohnte ein aufgeweckter Junge von acht Jahren. Er kam aus einer wohlsituierten Familie, sein Vater war Professor für Chemie an der Universität Dhaka. Eines Tages musste der Junge einen schlimmen Vorfall miterleben, der seine Weltsicht für immer veränderte. Ein Verletzter suchte Schutz im Haus der Familie. Er war Muslim, und gewalttätige Hindus hatten ihn in den Rücken gestochen. Auf der Fahrt zum Krankenhaus erzählte er, dass er sich der Gefahr, als Muslim in diesem Viertel aufzutauchen, bewusst gewesen war. Aber um seine Familie durchzubringen, *musste* er hier arbeiten. Im Krankenhaus erlag er seinen Verletzungen.

Der Junge war tief erschüttert und nahm die Erkenntnis mit, dass soziales Elend direkt die Freiheit von Menschen begrenzt.

Diese Erkenntnis trieb ihn an, etwas zu verändern. Er studierte und wurde ein Philosoph und Ökonom von Weltruhm, der u.a. in Stanford, Berkeley, Harvard und Oxford lehrte. Immer kreiste sein Denken um die Verbesserung der Chancen von Menschen, ihr Leben zu gestalten; er brachte der Weltöffentlichkeit den wesentlichen Unterschied von Lebensstandard einerseits und Lebensqualität andererseits zu Bewusstsein. Es gehe nicht primär um die Verteilung von Gütern, sondern um die Herstellung gleicher Chancen. Im Rückgriff auf Aristoteles, Kant, John Stuart Mill und R. Tagore legte er den theoretischen Rahmen für einen neuen Ansatz in der Entwicklungspolitik der Vereinten Nationen – den HDI.

Lebensqualität, so zeigte er, hat mehrere Aspekte. Deshalb brauchen wir zu ihrer Messung nicht eine einzelne Kennzahl, sondern ein ganzes Bündel. Für diesen Neuansatz erhielt er im Jahre 1998 den Nobelpreis für Wirtschaftswissenschaften. Heute lehrt er wieder in Harvard. Sein Name ist Amartya Sen.

Sen hat seinen Ansatz vor allem im Hinblick auf Entwicklungsländer formuliert, aber auch wir Westler können daraus Wichtiges lernen. Die Unterscheidung von Lebensstandard und Lebensqualität erinnert uns daran, dass Reichtum und Glück nicht notwendig zusammenfallen (übrigens fallen sie auch nicht notwendig auseinander). Wenn wir unsere Lebensqualität einschätzen wollen, dann wäre es ein Irrtum, lediglich auf Bankkonto, Haus und Wagenklasse zu schauen. Erfolg und Erfüllung sind zwei Paar Schuhe.

Ich weiß nicht, ob meine Ausführungen den Manager überzeugten – aber letztlich freute ich mich, den philosophischen Beitrag zur Verminderung von Leid in der Welt auf den Punkt bringen zu können.

Was meinen wir eigentlich mit «Lebensqualität»? Sie umfasst eine Vielfalt von Aspekten. Dies liegt nicht etwa darin begründet, dass – wie so oft gesagt – «jeder etwas anderes darunter versteht». Für jeden Einzelnen von uns hat Lebensqualität verschiedene Aspekte: frei von körperlicher Bedrohung zu sein, ein gesundes

Leben führen zu können, unser Leben nach unseren Vorstellungen gestalten zu können, unsere Lebensumstände mitgestalten zu können und vieles mehr. Ein gutes Leben kann auch – wenn die Person es selbst frei wählt – eine niedrige Lebensqualität haben.

Sens Ansatz hat noch eine Besonderheit: Sie kennen vermutlich die Listen der menschlichen «Grundbedürfnisse». Am bekanntesten ist vielleicht die Maslow'sche Bedürfnispyramide. Dort werden auf drei Ebenen körperliche Grundbedürfnisse, Sicherheit und schließlich soziale Beziehungen genannt. Ein glückliches Leben würde dann in der Erfüllung dieser Bedürfnisse bestehen. Doch Sen grenzt sich von dieser Sichtweise ab und möchte erst gar nicht von «Bedürfnissen» sprechen. Warum nicht?

Wenn wir von Bedürfnissen ausgehen, dann klingt es so, als sei es die Aufgabe von Regierungen, Eltern, Partnern etc., diese zu erfüllen. Das stellt die Menschen als Empfänger dar, als passiv. Sen hingegen möchte die Menschen als eigenständige Akteure verstanden wissen, deren Chancen nur nicht ungerecht begrenzt werden dürfen. Doch ob jemand seine Chancen wahrnimmt und sein Potenzial ausschöpft, ist seine eigene Aufgabe als freies Wesen.

Also sollten wir nicht fragen: Inwieweit sind meine Bedürfnisse erfüllt? Stattdessen sollten wir fragen: Welche Fähigkeiten bin ich in der Lage zu entfalten und auszuüben? Welcher Mensch bin ich in der Lage zu sein? Werden meine eigenen Fähigkeiten z. B. durch Bildung angemessen entfaltet? Sind die materiellen, sozialen, rechtlichen Bedingungen vorhanden, damit ich diese Fähigkeiten wirklich ausüben kann?

Sind sie vorhanden, dann spricht Sen von «substanziellen Freiheiten».

Ob wir diese substanziellen Freiheiten nutzen, bleibt uns überlassen. Wir können frei entscheiden, welche Fähigkeiten wir nutzen möchten, was wir tun möchten und welches Leben wir anstreben.

Was bedeutet hier «freie Entscheidung»? Sen stützt sich ebenfalls auf die Ethik des Aristoteles, die Sie schon im Kapitel II kennengelernt haben. «Frei» ist eine Entscheidung, wenn sie nicht durch Zwang oder aus Unwissenheit getroffen wird. Deshalb liegt es in unserer Verantwortung, vor allem die Zwänge zu beseitigen und durch Bildung unsere Unwissenheit zu vermindern.

Lebensqualität hat in dieser Sichtweise also vor allem mit Fähigkeiten zu tun. Dem möchte ich hier folgen. Aber *welche* Fähigkeiten sind für ein gutes Leben besonders wichtig? Diese Frage wurde von Sen in Zusammenarbeit mit der US-amerikanischen Philosophin Martha Nussbaum bearbeitet.

Allerdings unterscheiden sich die Ansätze von Sen und Nussbaum. Sen möchte die Frage nach den wichtigsten Fähigkeiten lieber offenlassen. Man soll nicht darum herumkommen, sich in den jeweiligen kulturellen Kontext zu begeben und vor Ort zu schauen, welche Fähigkeiten *speziell dort* besonders wichtig sind. Die Situation einer Kita-Erzieherin in Berlin unterscheidet sich von der einer Näherin in Bangladesch. Deshalb sind jeweils unterschiedliche Fähigkeiten für ein gutes Leben nötig.

Aber Sen ist kein Kulturrelativist, der meint, man könne nichts Kulturübergreifendes, Allgemeingültiges sagen. Er räumt Konzepten wie menschlicher Würde einen hohen Stellenwert ein, aber er leitet keine konkreten Anweisungen daraus ab. Anders Nussbaum.

Nussbaum meint, dass die menschliche Würde und eine minimale Entwicklung bestimmter Fähigkeiten unhintergehbar sind, wenn ein gutes Leben überhaupt möglich sein soll. Schon aus pragmatischen Gründen, z. B. bei der Ausarbeitung politischer Maßnahmen, brauche man eine konkrete Liste mit Fähigkeiten. Infolgedessen hat sie eine Liste mit zehn Grundfähigkeiten für ein gutes Leben erstellt.

# Vier Fähigkeiten, die Sie für ein gutes Leben brauchen

Ich werde diese Fähigkeiten noch genauer erläutern – zunächst ein Überblick über Nussbaums Liste:

1. Leben
2. Körperliche Gesundheit
3. Körperliche Selbstbestimmung
4. Sinnlichkeit, Phantasie und Denken
5. Emotionen
6. Praktische Vernunft
7. Gemeinschaftlichkeit
8. Andere Spezies
9. Spiel
10. Kontrolle über die eigene Umgebung.

Nussbaum behauptet nicht, diese Liste sei vollständig. Sie dürfen Sie bei Bedarf gerne ergänzen. Aber wenn eine dieser Fähigkeiten nicht gewährleistet ist, ist Nussbaum zufolge würdevolles menschliches Leben eingeschränkt.

Das erinnert nicht zufällig an die Einsicht, die Amartya Sen als Junge hatte. Dort ging es darum, dass wir menschlichen Wesen (wie andere Wesen auch) von Grundbedingungen abhängig sind. Ob die erfüllt sind oder nicht, hat direkte Auswirkungen darauf, ob wir unser Leben als glücklich und unsere Lebensqualität als hoch empfinden.

Um den Ansatz auf unsere konkrete Lebenswirklichkeit zu beziehen, müssen wir Nussbaums Denken etwas besser verstehen. Nussbaum unterscheidet zwischen drei Arten von Fähigkeiten: 1. Die *angeborene* Ausstattung, die wir biologisch mitbringen.

2. Die *inneren* Fähigkeiten, die wir durch Bildung, Erziehung, Training etc. erst entwickeln und entfalten. 3. Die *kombinierten* Fähigkeiten, also die äußeren Bedingungen, die dafür wichtig sind, dass wir die inneren Fähigkeiten ausüben können.

Warum ist es wichtig, zwischen diesen Fähigkeiten zu unterscheiden? Weil es sein kann, dass wir zwar eine Kategorie gut entwickelt haben, eine andere aber nicht – dann bringt es uns nichts. Jemand kann eine innere Fähigkeit entwickelt haben, z. B. sich politisch zu beteiligen. Aber weil er sich gesellschaftlich nicht beteiligen darf, kann er diese Fähigkeit nie ausüben.

Umgekehrt kann es sein, dass jemand unter sehr guten Bedingungen lebt, aber nicht die inneren Fähigkeiten entwickelt hat, diese Bedingungen fruchtbar zu machen. Vielleicht hat jemand zu Hause ein High-End-Küchensystem italienischen Designs mit State-of-the-Art-Geräten – aber kann gar nicht kochen. So entfaltet er das Potenzial nicht. Dies macht die Unterscheidung zwischen inneren und kombinierten Fähigkeiten sichtbar.

Wenn man die Literatur von Sen, Nussbaum und die dazugehörigen Diskussionen liest, dann geht es vor allem um sozialpolitische Verhältnisse in Entwicklungsländern, in denen die Standards dieser Fähigkeiten teilweise dramatisch unterschritten sind. Dieses Buch ist allerdings für den deutschsprachigen Kulturraum geschrieben. Tatsächlich haben wir viele Probleme der Entwicklungsländer nicht – etwa Hungersnöte, hohe Kindersterblichkeit, niedrige Lebenserwartung, hohes Analphabetentum. Doch unsere Zivilisation hat neben vielem Guten und vielen Lösungen auch neue Probleme erzeugt – Zivilisationskrankheiten wie Rückenleiden oder Diabetes Typ 2, Bürokratisierung, eindimensionales Nützlichkeitsdenken oder übertriebene Technisierung. Durch das Überangebot an Informationen und manchmal hemmungslos lügenden Werbeversprechungen verlieren wir den Überblick und die Neugier und handeln dann häufiger aus Unwissenheit, als uns lieb ist. Deshalb ist es auch für uns verwöhnte Europäer durchaus sinnvoll, in Bezug auf unsere Lebensqualität die Grundfähigkeiten anzuschauen.

Nehmen wir die bisherigen Einsichten zur Hand, um Strategien zu finden, unsere Lebensweise zu ändern und unsere Lebensqualität dauerhaft zu verbessern.

Wie steht es um Ihre Lebensqualität? Wir sind gemeinsam bereits durch verschiedene Phasen gegangen. Im Hier und Jetzt zu leben; die eigenen Handlungen strukturell besser zu verstehen; einer sinnvollen Lebensweise auf die Spur zu kommen; zur Einsicht zu gelangen, dass vieles nicht unserem Einfluss unterliegt und wir damit umgehen müssen, aber wir das, was unserem Einfluss unterliegt, gestalten sollten.

Wer immer noch nicht davon überzeugt ist, dass Philosophie etwas mit dem Leben zu tun hat, der darf sich freuen: Ich werde die Liste der zehn Fähigkeiten konkret aufs Leben anwenden.

Allerdings ist mein Thema hier nicht politisch oder juristisch. Deshalb lasse ich die Fähigkeiten außen vor, die entweder im deutschsprachigen Kulturraum als weitgehend gesichert gelten können oder eher eine Frage politischer Aktivität sind. Nicht, dass sie deshalb weniger wichtig wären. Aber ich konzentriere mich hier auf jene Fähigkeiten, die für die persönliche Entwicklung zentral sind. Einiges fasse ich dabei zusammen und komme so auf vier Basisfähigkeiten:

1. Praktische Vernunft / Klugheit,
2. Gesundheit,
3. Emotionen,
4. Gemeinschaftlichkeit.

Jeder Fähigkeit widme ich eines der folgenden Kapitel. Doch Menschen gewichten die Fähigkeiten unterschiedlich. Dem einen ist die Gesundheit nicht so wichtig, dafür aber kluges Planen mittels praktischer Vernunft. Ein anderer findet das wiederum unwichtiger als die menschlichen Bindungen. Für einen Dritten ist beides zwingend miteinander verbunden.

Wie zufrieden wir in unserem Leben sind, hängt direkt mit dieser Gewichtung zusammen. Es kann passieren, dass manche Fähigkeiten gut entwickelt sind, andere nicht. Manchmal achten wir besonders auf diesen Notstand. Dann tritt eine unterentwickelte Fähigkeit für uns in den Vordergrund, und wir fühlen uns gestresst, genervt, frustriert. Es kann z. B. sein, dass jemand einen ständigen Konflikt mit einem Kollegen hat und dieses ihn über Monate, vielleicht Jahre belastet. Er lässt dadurch sein ganzes Lebensgefühl negativ beeinflussen – obwohl es vielleicht um seine Gesundheit, seinen Lebensplan, seine Partnerschaft und Freundschaften besser bestellt ist als bei manch anderem.

Eine wichtige Einsicht besteht darin, dass allein der Wechsel dieses gewohnheitsmäßigen Fokus uns zu einem erfüllteren Leben führen kann. Wir sind so privilegiert und manchmal derartig an die Sonnenseite des Lebens gewöhnt, dass uns aus dem Blick gerät, wie gut es uns in vielerlei Hinsicht geht. Es fällt uns nicht mehr auf, und wir sehen keinen Grund, besonders glücklich oder dankbar zu sein oder uns des eigenen Lebens zu freuen. Wie können wir diese Selbsttäuschung auflösen?

Hier kann uns die Fähigkeit zum situationsunabhängigen Denken helfen: Wir können uns negative Situationen vorstellen, die zum Glück nicht eingetreten sind. Vielleicht können wir sogar im Konjunktiv fühlen, wie sie sich angefühlt hätten. Und können umgekehrt Erleichterung und Dankbarkeit empfinden, dass es *nicht* so gekommen ist. Negative Möglichkeiten der Vergangenheit machen uns dankbar für die weniger negativen Tatsachen der Gegenwart. Manchmal kann das unsere Augen öffnen für das Gute in unserem Leben, das wir nicht mehr gesehen haben.

Aber diese Fähigkeit des Einstellungswechsels ist kein Allheilmittel. Es wäre ein Missbrauch dieser Fähigkeit, wenn wir uns in Zustände der Zufriedenheit brächten, ohne jemals die weltlichen Gründe von Unzufriedenheit zu beheben. Wenn diese Gründe unserem Einfluss unterliegen, wir keine anderen guten Gründe haben, es dabei zu belassen und wir die konkrete Gelegenheit haben, etwas zu ändern, dann sollten wir uns nicht fortlaufend beruhigen. Dadurch würden wir gleichgültig, vielleicht lethargisch. In extremen Fällen kann das eine Form der Weltflucht sein. Dann müssen wir zumindest unzufrieden genug sein, um etwas zu ändern. Den Konflikt mit dem Kollegen sollten wir nicht schlicht vergessen wollen, sondern unser Leid daran spüren, um zu verstehen, wie dringend wir diesen Konflikt aus der Welt schaffen müssen.

Das umgekehrte Phänomen gibt es in Entwicklungsländern. So sind etwa in manchen indischen Provinzen der Bildungsgrad und der Gesundheitszustand von Frauen deutlich schlechter als der von Männern. Dennoch zeigen Befragungen, dass diese Frauen recht zufrieden sind. Warum? Weil bei Menschen der Grad ihrer Zufriedenheit nicht nur von den Tatsachen abhängt, sondern vor allem von ihren *Erwartungen*. Diese Frauen passen ihre Erwartungen den Umständen von Frauen ihrer Umgebung an (nicht den Umständen der Männer). In diesem Fall sind Bildung und Vergleich mit anderen Gesellschaften wichtig, um diese Frauen einsehen zu lassen, wie sehr sie im Vergleich zu den Männern in ihrer Fähigkeit eingeschränkt werden, ein gesundes, langes Leben zu führen. Wo wir manchmal das Gute nicht sehen, sehen sie das Schlechte nicht. In beiden Fällen können wir uns vorstellen, was sein *könnte*, um die Tatsachen neu zu betrachten.

Ob wir an Unzufriedenheit oder mangelnder Erfüllung verbittern oder sie als Impulse nutzen, etwas in unserem Leben zu verändern, hängt entscheidend von den Fragen ab, die wir immer wieder stellen. Wie wir fragen, hat entscheidende Auswirkungen darauf,

wie wir unsere praktische Vernunft gebrauchen und unsere Klugheit entwickeln. Wenn wir unsere Fragen besser verstehen, können
wir vieles über uns lernen. Deshalb ist es an der Zeit, unsere Fragen
zu hinterfragen.

KAPITEL V

# FRAGEN ÜBER FRAGEN: FÜR MEHR PRAKTISCHE VERNUNFT UND KLUGHEIT IM LEBEN

«Das sind die Weisen,
die durch Irrtum zur Wahrheit reisen.
Die bei dem Irrtum verharren,
das sind die Narren.»

FRIEDRICH RÜCKERT

**E**norm wichtig für ein gutes Leben sind praktische Vernunft und Klugheit. Beides verstehe ich hier als Aspekte der Fähigkeit, sich eine eigene Vorstellung eines guten Lebens zu bilden, Pläne für dessen Verwirklichung zu schmieden und konkret anzugehen.

Dafür müssen wir herausfinden, was uns so wichtig ist, dass es nicht mehr verhandelbar ist. Wie das gelingen kann, haben wir in Kapitel III gesehen. Doch wie können wir daraus die besten Strategien entwickeln?

Die Vorstellung eines guten Lebens beinhaltet für einige Menschen, sich einem guten Zweck zu widmen – etwa dem Tierschutz oder der Unterstützung Benachteiligter. Anderen ist es wichtig, etwas Bestimmtes zu verhindern, oft aufgrund eigener, negativer Erfahrungen. Sie sagen: «Ich werde nicht zulassen, dass andere dies erleben müssen!» Für wieder andere ergibt sich Lebensqualität aus einem Geflecht von Gewohnheiten, die insgesamt eine sinnvolle Lebensweise ergeben. Diese Vorstellungen können sich nicht nur bei Menschen unterscheiden, sie können sich auch im Laufe eines Lebens verändern. Der eine bereist mit *Ärzte ohne Grenzen* ferne Länder, ein anderer empfindet hohe Lebensqualität bei der Pflege des eigenen Gemüsegartens.

Schon Aristoteles schrieb, dass wir zwar alle glücklich werden wollen, aber sehr unterschiedliche Vorstellungen davon haben,

*Für mehr praktische Vernunft und Klugheit im Leben*

was das heißt. Dennoch kam er in der *Nikomachischen Ethik* zu einer allgemeinen Antwort, dem sogenannten *Ergon*-Argument, nach dem ein Wesen dann ein gutes Leben führt, wenn es seine natürlichen Anlagen entwickeln und ausüben kann. Besonders gut lebt es, wenn es seine Anlagen auf gute Weise entwickeln und ausüben kann. Ein gutes Leben ist gewissermaßen «artgerecht».

Ein «gutes» Leben zu führen meint hier nicht, ein «moralisch gutes» Leben zu führen (obwohl sich das nicht widerspricht). Zunächst geht es Aristoteles um eine Einstufung von «besser» oder «schlechter» bei verschiedenen Tätigkeiten. Gitarre zu spielen oder *gut* Gitarre zu spielen. Sich zu kleiden oder *gut* zu kleiden (was immer das heißt). Ein Arzt zu sein oder ein *guter* Arzt zu sein.

Menschen besitzen von Natur aus die Fähigkeit, sich eine Vorstellung von einem guten Leben zu machen, dieses zu planen und vorgegebene Pläne zu hinterfragen. Tatsächlich zeigt sich diese Fähigkeit in allen bekannten Kulturen, wenn sie auch nicht immer allen Mitgliedern gleichermaßen zugestanden wird. Unser Ziel muss es sein, genau diese Fähigkeiten zu entwickeln und auszuüben – am besten auf gute Weise. Werden wir in der Entwicklung oder Ausübung gehindert, ist unsere natürliche Freiheit eingeschränkt. Umstände, unter denen das systematisch passiert, sind nicht «artgerecht».

Am deutlichsten schränken äußere Zwänge diese Fähigkeit ein. Wo es keine Religionsfreiheit gibt, können die Andersgläubigen oder Konfessionsfreien ihre eigenen Vorstellungen von einem guten Leben weder frei planen noch umsetzen. Und wenn ich Leibeigener bin, dann mag ich mich nach einem guten Leben sehnen, habe aber darüber keine freie Entscheidung.

Über Jahrhunderte wurde auch in Europa solcher Zwang zum Beispiel auf Frauen ausgeübt. Auf dem Papier frei, waren Frauen faktisch nicht befugt, die wichtigen Entscheidungen ihres Lebens zu treffen – wo sie lebten, welcher Tätigkeit sie nachgingen, wen

*Für mehr praktische Vernunft und Klugheit im Leben*

sie heirateten. Von Bildung und Politik waren Frauen lange ausgeschlossen, weil man behauptete, sie seien nicht intelligent genug. Tatsächlich waren Frauen deshalb häufig weniger gebildet und ihre Intelligenz weniger trainiert, *weil* sie von Bildung ausgeschlossen waren. Und wären Frauen von Natur aus weniger intelligent, hätte man sie von Bildung ja nicht ausschließen brauchen. So ist es häufig im Leben: Was in einer Person steckt, finden wir erst heraus, wenn sie es tut.

Manchmal sind es keine äußeren Zwänge, die uns davon abhalten, unsere Vorstellung von einem guten Leben umzusetzen. Manchmal ist es eine innerlich begründete Unfreiheit durch das, was wir als Kinder – oder auch zeitlebens – von anderen vermittelt bekommen haben. Mir ist in diesem Zusammenhang eine berührende Geschichte in Erinnerung geblieben, die sich bei einer meiner Lesungen zutrug. Eine ältere Dame war unter den Zuhörern und lauschte, wie ich über Träume vom erfüllten Leben las. Als ich im Anschluss mit dem Publikum ins Gespräch kam, saß die Dame wie versteinert da, blass und betroffen. Dann meldete sie sich vorsichtig zu Wort und erzählte leise von ihrem Leben. Sie habe fast kein Mitspracherecht gehabt. Eine Ausbildung habe sie nicht machen dürfen, eine Vernunftehe sei sie auf Anraten ihrer Eltern eingegangen, Kinder und Haushalt hätten alles von ihr gefordert. Sie blickte auf ihre faltigen Hände und endete mit den Worten: «Ich habe überhaupt nicht so gelebt, wie ich es wollte. Es ging nicht nach mir.»

Weshalb hatte sie ihr Leben nicht anders geführt? Es gab doch spätestens seit den 1970ern auch andere Rollenmodelle für Frauen – aber so einfach ist es häufig nicht. Der soziale Wandel ging langsam vor sich, und es blieb der soziale Druck, die neuen Möglichkeiten nicht zu nutzen. Als Frau mit Kindern berufstätig sein wollen – «Rabenmutter» hieß es dann hinter vorgehaltener Hand.

*Für mehr praktische Vernunft und Klugheit im Leben*

Warum ist es manchmal so schwer, sich von äußeren oder inneren Zwängen zu befreien? Weil wir uns nicht in der Position dazu fühlen. Was auch immer wir als gutes Leben sehen und planen: Es hängt damit zusammen, wie wir unsere Situation sehen. Wie wir die Welt sehen und unseren Platz in ihr. Davon ausgehend erscheint es uns sinnvoll, etwas zu planen oder nicht, etwas anzustreben oder nicht, etwas zu beginnen oder nicht.

«Unrealistisch» ist ein Urteil, das wir auf Grundlage unserer Weltsicht fällen. «Für mich unerreichbar» ist ein Urteil, welches wir aufgrund unseres Selbstbildes fällen, das wir teilweise durch Erziehung vermittelt bekamen. Unbewusst tragen wir ein ganzes Arsenal solcher Annahmen mit uns herum: Das und das kann ich nicht. So bin ich nicht. So bin ich eben. Wenn ich dies oder jenes tue, dann passiert etwas Schlimmes. Unterschwellig bahnen uns solche Annahmen die Denkwege, nach denen wir handeln.

Als Menschen haben wir die Fähigkeit, unsere Vorstellung eines guten Lebens selbst zu formen und zu planen – aber wir sind durch unsere Kultur geprägt. Nicht nur wirken diese Vorstellungen stark in uns nach – sie limitieren manchmal unseren Mut oder unsere Fähigkeiten, uns weiterzuentwickeln.

Wenn wir unsere eigene Vorstellung eines guten Lebens formen und den Weg dahin planen, dann stellen wir vor allem Fragen. Manche Fragen eröffnen neue Wege, andere Fragen zementieren den Status quo. Wenn die Situation stagniert, dann hängt das häufig mit den Fragen zusammen, die wir regelmäßig stellen. Welche Fragen stellen Sie selbst sich immer wieder im Leben?

*Für mehr praktische Vernunft und Klugheit im Leben*

# Unser Leben hängt von den Fragen ab, die wir stellen

**B**omben fielen auf Königsberg. Meine Urgroßmutter, damals eine reife Frau, kniete auf der Straße und beugte sich über ihren verletzten Mann. Er starb. Verzweifelt rannte sie los, hilfesuchend, dabei war es schon zu spät. Als sie zurückkam, war sein Leichnam verschwunden.

Wie benommen irrte sie durch die brennenden Häuserschluchten, auf der Suche nach ihm. «Wo werden die Toten hingebracht?», fragte sie Leute immer wieder. Keiner wusste es. Warum nur hatte sie ihn zurückgelassen?

Diese Frage ließ sie ihr Leben lang nicht mehr los.

Kennen Sie das, wenn eine Frage Sie unerbittlich quält und Sie nicht von ihr lassen können? Schon die Richtung, die die Frage andeutet, setzt Ihnen zu, weil sie die Antwort bereits spüren, bevor Sie sie explizit denken: «Warum habe ich das nur getan?»

Oft kennen wir, wenn nicht die konkrete Antwort, so doch schon die *Art* der Antwort: «Wer hat das getan?» – eine Person. «Wie weit ist es noch?» – eine Entfernung. «Warum habe ich das getan?» – ein Grund.

Fragen sind alles andere als unschuldig. Deshalb machen sie uns manchmal betroffen oder ärgerlich. Dann hebt Ihr Gegenüber vielleicht beschwichtigend die Hände und sagt: «Entschuldigung, man wird doch mal fragen dürfen.» Aber wir wissen intuitiv: Fragen sind mehr als neutrale Bitten um Information. Die Frage «Bist du eigentlich immer so rücksichtslos?» ist eine Beleidigung. «Für wen hältst du dich eigentlich?» ist ein Angriff. Die Frage «Wollt ihr euch das länger bieten lassen?» ist ein Aufruf. Und die Frage «Glauben Sie, wir fallen darauf herein?» eine Entlarvung.

*Für mehr praktische Vernunft und Klugheit im Leben*

Fragen können in die tiefsten Bereiche unseres Selbstverständnisses reichen, wie schon Augustinus es in den *Bekenntnissen* ausdrückte: «Ich war mir selbst zur Frage geworden.»

Fragen sind nicht unschuldig, weil sie unsere Aufmerksamkeit oft auf die Antwort richten statt auf die Art der Frage. Sie führen uns in ein Gebiet, das wir vielleicht nicht überblicken. Und sie beeinflussen, wie wir uns selbst wahrnehmen. Wir fragen uns: «Was stimmt nur nicht mit mir? Warum bekomme ich das nicht hin?» Dann grübeln wir über die Sorte Antworten nach: Ich bin zu langsam, unfähig, dumm, ich habe einen mentalen Defekt. Durch die Frage selbst haben wir schon akzeptiert, *dass* es so ist. Wir sind der Frage gefolgt wie einem Irrlicht in die Dunkelheit.

Philosophen haben ein zwiespältiges Verhältnis zu Fragen. Einerseits haben die einflussreichsten Denker vor allem neue Fragen erfunden. Sokrates zum Beispiel war ein Meister der gezielten Fragen, mit denen er Leute zum Nachdenken brachte. Kant hatte Fragen wie «Was können wir wissen?», «Was sollen wir tun?» und «Was können wir hoffen?» als Grundfragen der Philosophie bezeichnet, die in der Frage «Was ist der Mensch?» zusammengefasst seien. Manche Fragen der Philosophie sind überhaupt schwer zu verstehen. Vor Kant hatte niemand gefragt, was die «Bedingungen der Möglichkeit eines Wissens vor aller Erfahrung» sein könnten. Die Frage war so ungewöhnlich und vertrackt, dass Kants Zeitgenossen damit kaum etwas anfangen konnten. Selbst der von Kant hochgeschätzte Moses Mendelssohn hatte seine Schwierigkeiten.

Den umgekehrten Weg, von kompliziert zu genial einfach, ging Wittgenstein. Inmitten komplexer Debatten über Theorien zur Bedeutung von Wörtern verblüffte er die Fachwelt mit einer schlichten, aber revolutionären Frage: «Wie haben wir das Wort gelernt?»

Diese Beispiele zeigen: Philosophieren heißt häufig, völlig neue Fragen zu stellen.

Andererseits haben Philosophen oft vor irreführenden Fragen

gewarnt. Die ersten Sätze von Kants einflussreicher *Kritik der reinen Vernunft* lauten: «Die menschliche Vernunft hat das besondere Schicksal in einer Gattung ihrer Erkenntnisse: dass sie durch Fragen belästigt wird, die sie nicht abweisen kann, denn sie sind ihr durch die Natur der Vernunft selbst aufgegeben, die sie aber auch nicht beantworten kann, denn sie übersteigen alles Vermögen der menschlichen Vernunft.» (Kant 1974, S. 11)

Das heißt: Manche Fragen beschäftigen uns, obwohl wir sie nicht sinnvoll beantworten können, zum Beispiel: «Gibt es ein höheres Wesen?» oder «Was ist der Ursprung des Universums?». Sie ergeben sich aus unser Fähigkeit, Kausalketten bilden zu können, also immer weiter zu fragen: Welche Ursache hat das? Jedoch können wir das nur tun, solange wir dabei auf unsere erfahrbare Welt zurückgreifen können. Jenseits dessen, was wir überhaupt jemals erfahren können, laufen diese Fragen ins Leere.

Viele Philosophen des 20. Jahrhunderts, darunter Wittgenstein, Gilbert Ryle oder Ernst Tugendhat, haben Frageformen verändert. Sie hatten bemerkt, dass Was-Fragen wie «Was ist Gerechtigkeit?» oder «Was ist Bewusstsein?» zu Streitigkeiten darüber führen, welche Antwort *wahr* ist. Deshalb formulierten sie Was-ist-Fragen um in Was-nennen-wir-Fragen. «Was *nennen* wir Gerechtigkeit?» oder «Was *nennen* wir Bewusstsein?» Ein kleiner Schritt, mit umfassenden Folgen.

Plötzlich geht es nicht mehr um die einzige Wahrheit, sondern darum, die Äußerungen des anderen zu verstehen. Das heißt, es ist wichtiger, zu welchem Zweck jemand etwas «Bewusstsein» oder «Gerechtigkeit» nennt und was ihm das zu sagen erlaubt. In diesem Geist vollzogen Wittgenstein und viele andere Philosophen die methodische Wende zur Sprache – nicht etwa, weil alles angeblich aus Sprache bestünde oder wir nicht aus der Sprache heraus können. Wir setzen einfach methodisch am besten bei unseren Redeweisen an, um unsere Gedanken zu klären.

*Für mehr praktische Vernunft und Klugheit im Leben*

Auch wenn wir uns ein Bild vom guten Leben machen und Pläne schmieden, lenkt die Art der Fragen unsere Überlegungen. Manchmal betonen sie einen bestimmten Aspekt einer Situation. Dann reagieren wir vornehmlich auf *diesen* Aspekt, nicht auf andere. Wenn wir eine Frage zu einer der wichtigsten unseres Lebens machen – gewollt oder ungewollt –, färbt sie die Art, wie wir unser Leben als Ganzes sehen, was wir darüber denken, wie wir uns fühlen, wie wir erinnern und was wir planen.

Beherzigen wir diese Einsicht und wenden sie scharfsinnig auf unsere Fragen an, sind wir ihnen weniger ausgeliefert und können unsere Weltsicht mit etwas Geschick modellieren. Andere Fragen machen andere Wege sichtbar. Die Prioritäten verschieben sich, *unsere Rolle* in der Welt sieht anders aus.

Nehmen Sie Fragen wie «Was kann ich schon tun?» oder «Warum haben Sie mir das angetan?»: Es sind Fragen, mit denen ich meine Verantwortung abgebe. Weil für Menschen das, was sie über sich selbst glauben, direkt praktische Relevanz hat, werden diese Fragen Antworten produzieren, durch die ich nichts ändern kann, weil sie implizieren, ich sei hilflos der Situation ausgesetzt und könne nichts zu meinem Vorteil bewirken. Ich erzähle mir, dass ich bereits alles versucht habe. Neue Vorschläge erreichen mich nicht, weil meine Einstellung sie unschädlich macht: ich resigniere.

Ich kann diese Einstellung an mir bemerken und dagegen ankämpfen. Aber ich kann das Problem schwer lokalisieren, weil es in einer unscheinbaren Frage verankert ist. Ich versuche verzweifelt, die Gründe herauszufinden, und grüble immer weiter: «Warum vermassele ich immer alles?» Nicht die Antwort darauf, sondern die Frage selbst ist das Problem – schauen wir sie uns näher an.

*Für mehr praktische Vernunft und Klugheit im Leben*

# Wie ich eine Frage entlarve,
## die das Leben zur Hölle macht

«Ein Weiser lernt mehr aus einer dummen Frage
als ein Narr aus einer weisen Antwort.»
BRUCE LEE

**W**enn wir uns nach Tatsachen richten wollen, dann müssen wir Fragen, die wir in zentralen Momenten unseres Lebens stellen, genau untersuchen. Wenn wir dort aus Unwissenheit über die Frage entscheiden, dann ist diese Entscheidung nicht frei. *Richten wir unser Leben trotzdem nach dieser Entscheidung, haben wir diese Lebensweise nicht freiwillig gewählt.* Lassen Sie uns durchleuchten, wie eine simple Frage das schafft.

Die Frage enthält die unscheinbaren Wörter «immer» und «alles». Damit sind *alle* Situationen gemeint. Also setzt die Frage die Annahme voraus, dass ich jede Situation vermassele. Die für das Scheitern verantwortliche Konstante bin folglich ich.

Also muss bei mir etwas Grundsätzliches nicht stimmen. Mein «Versagen» hat nicht mit einzelnen Situationen, mit diesen oder jenen Menschen, diesen oder jenen Handlungen zu tun. Es muss eine generelle Eigenschaft sein, ein Charakterzug, der «immer» «alles» vermasselt.

Entlarven wir die Annahme. Sie brauchen bei derlei allgemeinen Aussagen nur ein einziges Gegenbeispiel zu finden, dann sind sie widerlegt. Ich bin überzeugt: Wir finden im Leben *jedes* Menschen mindestens eine Situation, in der er etwas nicht vermasselt hat. Vielleicht ist es nicht die Situation, die uns als Gegenbeispiel vorschwebt, aber es gibt sie: einen Kaffee zu kochen, ohne ihn zu verschütten, ein Buch aufzuschlagen, ohne die Seite einzureißen, zu frühstücken, ohne dass etwas umfällt. Damit ist die Annahme widerlegt.

Das ist ein kleiner Anfang, aber ein entscheidender Punkt, denn damit eröffnet sich eine neue Perspektive: Jetzt kann ich die Frage neu stellen. Ich frage nicht mehr: «Warum vermassle ich immer alles?» Ich kann jetzt unterscheiden zwischen Situationen, in denen ich es vermasselt habe, und solchen, in denen ich es nicht vermasselt habe. Ich kann konkreter formulieren, in welchen Situationen ich was vermasselt habe. Welchen Anteil hatte *ich* überhaupt daran, dass die Situation nicht das gewünschte Ergebnis brachte? Dadurch werden Unterschiede zwischen Situationen sichtbar, und ich kann eine Annahme darüber formulieren, woran es gelegen haben könnte. Diese Annahme kann ich *testen*.

Wie? Je häufiger die Situation eintritt, desto besser. Je mehr ich jetzt darunter leide, desto größer ist die zu erwartende Erleichterung, wenn ich etwas verändere. Wir verändern in einer gleichen Situation genau den entscheidenden Faktor. Vielleicht beseitigen wir eine Unwissenheit, durch die wir uns unzulänglich gefühlt haben, vielleicht einen Mangel an Konzentration, der unsere Entscheidungen beeinträchtigt hat, vielleicht unterlassen wir eine Handlung, weil wir ihre Konsequenzen im Nachhinein bereut haben, oder bleiben ruhiger als sonst, da unsere emotionale Reaktion einen Konflikt verschärft hat. Leichter gesagt als getan – aber es ist möglich.

Verläuft die Situation diesmal anders, war Ihre Annahme über die Gründe vermutlich richtig, wenn nicht, war die Annahme falsch, und Sie formulieren eine neue. Vielleicht lag der Grund für den Situationsverlauf nicht allein bei Ihnen. Je genauer Sie die Faktoren isolieren, desto klarer können Sie Verantwortung übernehmen, etwas zu ändern.

Selbst wenn wir es wieder vermasseln, stehen wir besser da als vorher: Wir haben etwas gelernt, wir können es weiter versuchen – mit neuem Wissen. Wir rollen uns nicht verzweifelt in einer Ecke

*Für mehr praktische Vernunft und Klugheit im Leben*

zusammen, sondern übernehmen Verantwortung, um etwas zum Besseren zu verändern. Also, auf ein Neues!

Im Nachhinein können wir sehen, warum die Verwendung des «Immer» so fatal war. Da wir keine Unterschiede der Situationen sahen, nahmen wir jede vermasselte Situation als *Beweis* der Annahme, dass mit uns etwas nicht stimmt. Wir suchten den Fehler bei uns und bekamen immer neue Bestätigung – wir *konnten* die Annahme gar nicht widerlegen. Die Frage, die uns eigentlich bei der Erkenntnis helfen sollte, führte uns gerade von einer konkreten Lösung weg. Einzelne Situationen schienen uns unwichtig, denn wir suchten nach einem allgemeinen, persönlichen Defekt.

Und noch mehr als das: Wie kann ich wissen, ob ich auf meine wahre «Vermasselungs-Eigenschaft» gestoßen bin? *Nie*, denn alles, was ich finde, müsste ich in *allen* Situationen erproben. Wir kennen aber weder alle zukünftigen Situationen, noch können wir alle vergangenen Situationen in der Erinnerung hinreichend verlässlich testen. Das heißt: Durch die Frage «Warum vermassele ich immer alles?» gebe ich nicht nur die Möglichkeit auf, am Widerstand der Wirklichkeit zu wachsen, sondern begebe mich auch auf einen Weg, der nie ans Ziel führt. Und dann scheint mir der ganze Schlamassel auch noch *wahr* zu sein – dabei ist es nur die Brille, durch die ich mein Leben betrachte.

Das Perfide an solchen Fragen ist, dass wir sie nicht dauernd präsent haben. Gerade in emotional schwierigen Situationen beschäftigen wir uns zwar mit ihnen, aber häufig zu oberflächlich – und schon sind sie wieder aus dem Bewusstsein verschwunden, während wir uns weiterhin auf ihre Wege einlassen. Alles, was wir in der Folge mit großer Energie in Bewegung setzen, bewegt sich im Fahrwasser dieser Frage. Es ist, als wären wir unwissentlich auf den falschen Dampfer gestiegen, von dem Michael Ende feststellte: «Auf dem falschen Dampfer kann man nicht sehr weit in die richtige Richtung fahren.»

*Für mehr praktische Vernunft und Klugheit im Leben*

## Wie Sie mit Fragen besser durchs Leben steuern

**M**anchmal kommt die rettende Einsicht, auf dem falschen Dampfer gewesen zu sein, erst, wenn es fast zu spät scheint. Als die ältere Dame bei der Lesung ihre Erfahrungen teilte, stand die Frage klar im Raum: Was fängt man so spät im Leben mit einer solchen Einsicht an?

Ein reifer Umgang sollte die Einsicht anerkennen und – auch wenn sie zunächst bitter ist – für eine neue Richtung im Leben integrieren. Es kann weder um bloßes Vergessen noch um kurzfristige Aufmunterung gehen. Was das Leben uns auch für Karten zuspielt – wir haben (bis auf bestimmte Grenzfälle) die Möglichkeit, daran zu wachsen.

Allein, dass die Dame ihre Erfahrungen geteilt hat, kann für andere im Publikum wie ein Weckruf gewirkt haben. Ich habe sie ermuntert, von ihrem Leben und ihrer Einsicht zu erzählen – vielleicht Jüngeren, die Gefahr laufen, einen ähnlichen Fehler zu begehen. Vielleicht, um andere zu bestärken, ihr Leiden ernst zu nehmen und die Konsequenzen nicht länger aufzuschieben. Oder um jene mit mehr Freiraum daran zu erinnern, wie wertvoll dieser ist und dass sie ihn nicht leichtfertig verspielen sollten.

Wir selbst sollten uns daran erinnern, welche Chancen zur Lebensgestaltung wir haben. In vieler Hinsicht könnten unsere Bedingungen kaum besser sein. Immerhin leben wir weitgehend frei von körperlicher Bedrohung, es gibt Meinungsfreiheit, Religionsfreiheit, Recht auf Freizügigkeit, Recht auf Eigentum, freie Berufswahl, soziale Absicherung, Bildung, medizinische Grundsicherung und vieles mehr – in anderen Ländern oder zu anderen Zeiten nicht selbstverständlich. Für uns ist es so alltäglich geworden, dass wir darin keinen Grund zur Zufriedenheit mehr sehen. Erinnern wir uns daran, seien wir dankbar und nutzen wir unseren Spielraum.

Bei aller gelegentlichen Unklarheit darüber, was praktische Vernunft oder was kluges Handeln genau heißt, und bei allem, was mich vom Handeln abhält, wie Angst, Bequemlichkeit oder die Urteile anderer, so sollte doch eines klar sein: Am wenigsten vernünftig oder klug ist es, anders leben zu *wollen*, aber es nicht zu tun, obwohl man es könnte.

Wenn wir also besser leben wollen, dann sollten wir bessere Fragen stellen. Hier einige Fragen, die ich besonders hilfreich finde:

- ❖ Was ist mir das Wichtigste im Leben?
- ❖ Wofür muss ich also sorgen?
- ❖ Was muss ich können, um dafür sorgen zu können? Was muss ich lernen?
- ❖ Welche meiner Annahmen sind falsch? Worin irre ich mich?
- ❖ Wie sehen andere dieselbe Situation?
- ❖ Welche Fragen stellen sich andere, die das gut erreichen, was ich erreichen will?
- ❖ Was kann ich jetzt sofort dafür tun?
- ❖ Was sollte ich zukünftig unterlassen, um es zu fördern?
- ❖ Abgesehen vom Wissen und Planen – welche Erfahrungen muss ich machen, um die richtigen Fähigkeiten zur Umsetzung meines Vorhabens zu entwickeln?

Welche Pläne wir machen, wie wir unsere Fähigkeiten entwickeln und wie wir gute Bedingungen schaffen, wie wir Hindernisse beseitigen oder in Chancen umwandeln und darin immer besser werden – das sind Fragen, die für alle Fähigkeiten eines guten Lebens eine Rolle spielen. Viele Menschen kennen zumindest einen Teil der Fragen aus ihrem Beruf oder der Urlaubsplanung – nur die wenigsten nutzen sie systematisch bei ihrer Lebensplanung.

*Für mehr praktische Vernunft und Klugheit im Leben*

Wenn wir solche Fragen stellen, die auf ein besseres Leben hinwirken, dann stoßen wir allein dadurch neue Türen auf. Wir wechseln auf den richtigen Dampfer. Es sind die Momente der Weichenstellung, auf die wir besonders achten sollten. Hier können wir viel bewirken. Der Wechsel von einer unproduktiven zu einer klügeren Frage kann unseren Ausblick neu ordnen. Wie bei den bekannten Kippbildern sehen wir dieselbe Situation plötzlich mit anderen Augen. Oder wie bei den Palindromen, jenen Wörtern, die vorwärts und rückwärts gelesen eine Bedeutung haben: Zunächst lesen Sie «Nebel» – und dann?

Hier eine kleine Übung, damit Sie bessere Fragen stellen lernen. Seltsamerweise ist uns meistens ziemlich klar, wie wir uns schnell in einen negativen, frustrierten Zustand bringen könnten. Wir *können* unsere Zustände also bis zu einem gewissen Grad beeinflussen – und damit unsere Fähigkeit, ein gutes Leben anzustreben und unsere Lebensqualität zu erhöhen. Also können wir es auch im Guten – und zwar nicht als leere Motivationsfloskel, sondern in unseren tiefen Gewohnheiten und Überzeugungen.

(Zustand 0) Überlegen Sie, welche Fragen Sie stellen, wenn Sie richtig frustriert sind und die Welt als feindlich und ungerecht erleben. «Warum passiert das immer mir?» «Warum kümmert sich keiner darum, wie es *mir* geht?» «Warum legen mir alle immer Steine in den Weg?»

Nehmen Sie sich fünf Minuten Zeit und notieren Sie die Fragen, die Sie in diesem negativen, traurigen, depressiven, aggressiven und destruktiven Zustand stellen.

(Zustand 1) Nun überlegen Sie einmal, welche Frage Sie stellen, wenn Sie richtig gut drauf sind, Hindernisse leicht überwinden und unvorhergesehene Ereignisse Sie kaum in Ihrem Flow stoppen. Oder wenn Sie eine Situation gut gestalten: «Wie kann ich helfen?», «Wie bekomme ich das hin?», «Warum sind heute alle so freundlich?»

*Für mehr praktische Vernunft und Klugheit im Leben*

Schreiben Sie für fünf Minuten einmal genau die Fragen auf, die Sie in einem positiven, verändernden, hilfsbereiten, liebevollen und tatkräftigen Zustand stellen.

Wie wir alle werden auch Sie ab und zu an die dunklen Orte des Lebens verschlagen – das gehört zum emotionalen Spektrum des Lebens. *Der Unterschied zwischen Verzweiflung und Hoffnung besteht darin, nicht an diesen dunklen Orten zu verharren.*

Überlegen Sie: Wie gestalten Sie den Übergang von Zustand 0 (Frustration) zu Zustand 1 (Elan)? Helfen dabei die Fragen, die Sie in Zustand 1 üblicherweise stellen? Welche Fragen helfen Ihnen in einem frustrierten Zustand besonders gut? Mit welchen Fragen können Sie sich selbst in den Zustand 1 bringen? Und wenn Sie sich die Fragen vergegenwärtigen, die Sie sich häufig, vielleicht regelmäßig stellen – welchem Zustand wären sie eher zuzuordnen?

Übrigens ist Zustand 1 kein Zustand «positiven Denkens» oder des frohgemuten Optimismus. Ein gesunder Pessimismus nach Vorbild der Stoa, der mit dem Schlimmsten rechnet und ihm gut zu begegnen weiß, gehört dazu. Es geht auch nicht darum, «negative» Gefühle oder Stimmungen einfach zu verdrängen, denn auch sie sind ein wichtiger Teil unseres emotionalen Spektrums. Es geht darum, Stagnation im Leben aufzulösen – wie im «Alles fließt» des Heraklit. Es geht darum, eine Dynamik der Veränderung zu fördern, die unsere begründete Unzufriedenheit ernst nimmt und die Konsequenzen zieht, indem wir etwas verändern. Viel zu häufig suchen wir nur die richtigen Antworten; dabei brauchen wir die richtigen Fragen.

## Warum wir manchmal besser nachdenken und manchmal besser handeln

**W**arum verwende ich die zwei Ausdrücke «praktische Vernunft» und «Klugheit»? Weil es um zwei Aspekte praktischen Denkens geht. Mit «praktischer Vernunft» meine ich die Fähigkeit zur Selbstgesetzgebung. In diesem Sinne verstand Kant «Autonomie». Es geht nicht um einzelne Handlungen, darum, einen Entschluss in die Tat umzusetzen. Es geht um die Fähigkeit, sich *Prinzipien*, also allgemeine Grundregeln des Handelns zu geben und nach ihnen leben zu können.

Wenn uns etwas wichtig ist und wir überlegen, wie wir am besten dafür sorgen, dann können wir *einsehen*, welche Prinzipien, welche Gewohnheiten und Routinen förderlich sind. Ebenso, welche hinderlich sind.

Praktisch vernünftig überlegen heißt zwar innezuhalten, aber doch mit dem Leben befasst zu sein. Ich *wünsche* dann nicht, dass es besser wäre. Ich verliere mich auch nicht in angenehmen Tagträumen von einem besseren Leben. Ich plane konkret mein Verhalten, um von hier zum Ziel zu kommen, beginnend mit den nächsten Schritten.

Was ist ein Prinzip des Handelns? Prinzipien sind grundlegende Ausrichtungen unseres Handelns. Ein Beispiel: Wenn mir das Wohlergehen meiner Familie und Freunde und meiner selbst fundamental wichtig ist, dann ist *Fürsorge* ein Prinzip meines Handelns. Ich handle auf sehr unterschiedliche Weise, aber meine Entscheidungen treffe ich aus Fürsorge.

Oder: Ist mir meine körperliche Gesundheit wichtig, kann ich folgendes Prinzip als praktisch vernünftig einsehen: Handle so, dass du täglich ausreichend Bewegung hast.

*Für mehr praktische Vernunft und Klugheit im Leben*

Ein letztes Beispiel: Ist es mir wichtig, andere gut zu verstehen, kann ich dem Prinzip der wohlwollenden Interpretation folgen: Ich unterstelle anderen nicht Irrationalität oder böse Absichten, wenn ihr Verhalten auch als rational und moralisch einwandfrei erklärt werden kann.

Die Zielformulierung ist dabei bereits Teil der Planung. Ich muss schon das Ziel so fassen, dass ich meinen Weg konkret planen kann. Dabei darf ich mich nicht unterschätzen, sonst bleibe ich unter meinen Möglichkeiten. Auch darf ich mich nicht überschätzen, sonst kann ich nicht realistisch planen. Wie pendelt man sich zu einer guten Selbsteinschätzung ein? Versuch macht klug.

Das Metier der praktischen Vernunft ist es, zeitübergreifende Prinzipien einzusehen. Dadurch gebe ich mir selbst Orientierung inmitten der vielen Situationen, Verführungen und Schwankungen meines momentanen Willens. Die Umstände werden dabei nie völlig ignoriert. Nicht umsonst nannte Kant das Festhalten an den eigenen Prinzipien gegenüber momentanen Neigungen *Wille* – könnten wir momentane Impulse völlig abschalten, bräuchten wir diesen Willen nicht.

Und natürlich muss es sich um eine *Selbst*gesetzgebung handeln. Sie ist nicht zu verwechseln mit der ersten Phase bei Nietzsche, der des Kamels, das blind allen Pflichten folgt. Gerade für Menschen in der Löwen-Phase, die zu allem nein sagen und jedes Sollen ablehnen, ist die Autonomie der dritten Phase häufig unverständlich und ein Gräuel. Da Löwen *jede* Pflicht ablehnen, unterscheiden sie nicht zwischen äußerlicher Pflicht des Kamels und der freiwilligen Pflicht des Kindes. Den Willen, den eigenen Prinzipien zu folgen (man könnte es *Integrität* nennen verwechseln sie mit kleinlicher Prinzipienreiterei.

Aber ohne guten Grund dürfen wir nicht von unseren *selbstgewählten* Prinzipien abweichen, sonst handeln wir nicht autonom. Nur durch diese Selbstgesetzgebung sind wir in der Lage, unserer

eigenen Vorstellung von einem guten Leben tatsächlich zu folgen –
und uns nicht von den Erwartungen anderer oder unserer eigenen
Wankelmütigkeit davon abbringen zu lassen. Wie heißt es? «Selbsterkenntnis ist der erste Schritt zur Besserung». Aber nachhaltige
Veränderung geschieht nur durch Kontinuität.

## Wie ich beim Sparring
## etwas auf die harte Tour lerne

Piff, piff-poff! Die Schläge treffen mein Gesicht. Ich weiche zurück, versuche meine Deckung zu schließen, abzuwehren, aus-
zupendeln, weiche weiter zurück. Paff-paff, poff-paff! «Komm, du
musst mit schlagen!», ermuntert mich mein Gegner, Boxtrainer
Jens. Ende vierzig, rasierte Glatze, stämmig, mit einem herzlichen
Lachen und einer Vorliebe für Leberhaken. Und nun Sparring.
Er ist nicht nur technisch viel besser. Trotz seines höheren Ge-
wichts ist er auch flinker, und obwohl er kleiner ist als ich, wagt er
sich dicht an mich ran. Kleinere Partner im Sparring bleiben häufig, von meiner Reichweite beeindruckt, auf Distanz und wagen nur
einzelne Vorstöße. Jens aber setzt mich beständig unter Druck und
lässt mich nicht entkommen. Er pendelt meine Schläge aus und
trifft mich nach Belieben. Aber er will mir nichts beweisen und
mich nicht beeindrucken – er will mich etwas Bestimmtes lehren.
Eine der wichtigsten Lektionen, die ich überhaupt jemals bekam:
Läuft man weg, werden die Probleme noch schlimmer. Man muss
in der Situation bleiben und Gegendruck entwickeln – «mitschla-
gen!»
Natürlich ist es erst mal angenehmer, wenn wir uns aus der
Bedrängnis zurückziehen und alles in Ruhe durchdenken können,

*Für mehr praktische Vernunft und Klugheit im Leben*

neues Wissen sammeln, Pläne schmieden. Aber manchmal können wir der Bedrängnis nicht entfliehen – und müssen nicht nur Mut beweisen, sondern jene Fähigkeit entwickeln, die sich nur unter Bedrängnis, mitten im Leben entwickeln lässt: praktische Klugheit. *Phronesis* hieß dieses Vermögen im antiken Griechenland. Während die praktische Vernunft uns überlegen lässt, treffen wir kluge Entscheidungen spontan, im Moment.

Was ist Klugheit? Kluge Menschen haben Situationsgespür. Sie sind in der Lage, auf feine Nuancen angemessen zu reagieren. Kluge Menschen haben Taktgefühl – sie unterlassen bestimmte naheliegende Handlungen oder Äußerungen, weil sie die Gesamtsituation im Blick haben. Zur Klugheit gehört auch Menschenkenntnis. Sie haben aus ihren Erfahrungen nicht starre Vorurteile gebildet, sondern die Fähigkeit gewonnen, andere Menschen schon bei einer ersten Begegnung richtig einzuschätzen. Diese Fähigkeiten erwerben wir nicht aus Büchern, sondern nur durch das Leben selbst. Das gilt auch für die Fähigkeit, den richtigen Zeitpunkt einzuschätzen, das richtige *Timing* zu haben. Übrigens ist Jens' Timing beim Sparring hervorragend.

Jens treibt mich in die Ecke, bis ich nicht mehr zurückweichen kann. Seine Schläge hören nicht auf. «Komm», ruft er durch seinen Mundschutz, «du musst Gegendruck aufbauen!» Er macht mich nicht platt, sondern boxt nur besser als ich. Er will, dass ich verstehe: Aus dem Kampf kann ich nicht aussteigen. Wenn ich aussteige, ist er verloren. Ich kann keine Auszeit nehmen, mich an den Rand des Boxrings stellen, erst mal Atem schöpfen und mir in Ruhe eine neue Strategie überlegen, wie ich Jens schlagen kann (praktische Vernunft!). Ich muss mich in der Situation selbst *trotz der Bedrängnis* sammeln. Alle meine Kräfte zusammennehmen. Nicht später. Hier und jetzt wird es entschieden. «Komm jetzt!»

Es gibt eine lange Tradition in der Philosophie, *learning by doing* in den Mittelpunkt zu stellen. Schon Aristoteles meinte, man würde vor allem dadurch ein guter Handwerker, indem man das Handwerk ausübe. Die Vorstellung, wir könnten durch die Kraft der Vernunft alle Lebensprobleme quasi im Vorhinein lösen, ist verführerisch. Und in der Nachfolge Kants wurde das Praktische von Philosophen überwiegend nach dem Vorbild der theoretischen Vernunft gedacht. Doch das reine Nachdenken über Prinzipien und das Planen läuft Gefahr, zu einer Vermeidungsstrategie zu werden. Manchmal müssen wir innehalten, hinterfragen, überlegen – aber manchmal müssen wir handeln und uns dem Schicksal aussetzen.

Das wussten die Stoiker sehr genau. Deshalb sprach etwa Seneca uns Mut zu, unsere Scheu und Furcht zu überwinden: «Versuchst du dich dem zu entziehen, was dich bedroht, was dich drückt und drängt, dann wird es sich an dich heften und dich umso schwerer belasten: Setzt du dich dagegen zur Wehr und entschließt dich zum äußersten Widerstand, dann wird es dir das Feld räumen. [...] So lass uns denn aller Schwierigkeiten Herr werden!» (Brief 78, S. 332)

Ich vergesse meinen Respekt vor den kommenden Schlägen und gehe direkt in den Druck hinein. Ich hole von irgendwo mehr Energie, ich schlage schneller als vorher, bewege mich flinker und weiche nicht mehr zurück – ich stemme mich dagegen. Natürlich lässt Jens den Druck mit meinem Gegendruck ansteigen, das ist Teil der Übung. Aber seine Steigerung der Schlagfrequenz zeigt mir, dass ich es für den Moment begriffen habe. Ich bin gewachsen.

Welche Einsicht haben Sie schon einmal auf die harte Tour gelernt?

*Für mehr praktische Vernunft und Klugheit im Leben*

## Wie Sie mit Descartes Ihre
## Lernkurve steigen lassen

Wie können wir klüger handeln? Irgendwann sollten wir nicht länger Informationen sammeln, Fortbildungen machen oder Pläne schmieden – sondern ins kalte Wasser springen. Dann, in der Situation selbst, sollten wir auf kluge Art lernen.

Klugheit ist nicht Schlauheit, denn diese kann in Verschlagenheit übergehen. Klugheit wird begrenzt durch moralische Prinzipien – vielleicht durch die Goldene Regel. Wer schlau ist, der ist nur auf den eigenen Vorteil bedacht und behandelt andere als Mittel zu seinem Zweck. Er wird mitunter später ebenso behandelt werden, und das kann nicht die Zwischenmenschlichkeit sein, die wir allgemein wollen.

Klugheit ist auch nicht gleich Intellektualität, etwa indem man ein Publikum mit Kenntnissen aus diversen Fachgebieten beeindruckt oder anderweitig intellektuelle Virtuosität zur Schau stellt.

Schon Aristoteles fiel auf, wie schwer es ist, Klugheit zu erklären. Man kann sie in groben Zügen andeuten, aber es ist wenig sinnvoll, genauere Aussagen zu machen, weil Klugheit eben Situationsgespür und den Blick für das Besondere einschließt. Deshalb gibt es keine allgemeinen Regeln der Klugheit. Ein kluger Schachspieler ist nicht zwingend ein kluger Wohnungseinrichter und ein kluger Logiker nicht unbedingt ein kluger Therapeut.

Durch Descartes' *Discours de la methode* aus dem Jahre 1637 können wir einen tieferen Einblick in unsere Lernprozesse bekommen. Dort geht es Descartes zwar um die Bearbeitung wissenschaftlicher Fragen, aber wir können vieles davon auf praktische Kontexte übertragen. Descartes nennt vier Schritte des Vorgehens:

1. Akzeptiere nur als wahr, was unbezweifelbar gewiss ist.

*Für mehr praktische Vernunft und Klugheit im Leben*

2. Zerlege jede Frage in Teilprobleme und einfache Fragen, die mit Gewissheit entschieden werden können.

3. Baue das Wissen der Reihe nach aus den Antworten auf diese einfachen Fragen auf und unterstelle für alle komplexen Fragen einen solchen einfachen Aufbau.

4. Überprüfe diese Elemente daraufhin, ob sie eine vollständige Ordnung bilden.

Wie können wir das auf Lernprozesse übertragen? Ich will hier keine Descartes-Exegese betreiben, sondern konzentriere mich auf den praktischen Nutzen dieser Methode für das Einüben von Fähigkeiten. Sie können es auf Handlungsabläufe jeder Art anwenden. Nehmen wir also an, Sie arbeiten sich in etwas Neues ein:

1. Schritt: Sie beginnen, indem Sie das Ganze sehen. Wenn Sie Tennis lernen, schauen Sie sich Spiele an. Lernen Sie Kochen, schauen Sie einem Koch zu. Wenn es Ihnen um ein Produkt geht, schauen Sie sich seine Herstellung von Anfang bis Ende an. Lösen Sie sich von Ihren Vorannahmen und dem, was andere Ihnen erzählt haben. Probleme entstehen häufig durch falsche Informationen, falsche Grundannahmen, Denkfehler. Halten Sie sich an das, was Sie wirklich beobachten und dabei einsehen.

2. Schritt: Beginnen Sie selbst. Früher oder später kommen Sie an schwierige Stellen oder Handgriffe. Zerlegen Sie die Fähigkeit in kleine Teile, klein genug, um sie zu überblicken. Dann vertiefen Sie sich in den ersten schwierigen Abschnitt oder den ersten Fehler, den Sie machen. Schaffen Sie dann genau dafür ein hochkonzentriertes Mini-Trainingscamp. Sie vollziehen diesen Teil des Gesamtprozesses wieder und wieder, in Zeitlupe. Sie wiederholen ihn, probieren vielleicht verschiedene Strategien, bis Sie den Teil beherrschen. Es geht nicht primär darum, die Lösung zu *kennen*. Es geht

darum, die bestmögliche Handlung oder Reaktion zu verinnerlichen. Wiederholung für Wiederholung schleifen Sie sie ein. Dass Sie am richtigen Hebel sind, merken Sie, wenn Ihre Lernkurve plötzlich rapide ansteigt.

3. Schritt: Nach und nach fügen wir Teile zusammen und wiederholen sie im Zusammenhang. Wichtig ist, nicht irgendwas zu tun oder plötzlich alles können zu wollen. Fügen Sie schrittweise Teile aneinander und wiederholen Sie es, bis es Ihnen in Fleisch und Blut übergegangen ist.

4. Schritt: Schließlich setzen Sie das Ganze nach und nach wieder zusammen und bewältigen es diesmal vielleicht ohne Fehler. Überprüfen Sie nochmals, ob das Ganze stimmig ist (nach den spezifischen Kriterien). Nehmen Sie wieder das Ganze wahr.

Zusammengefasst: Es geht darum, einzelne Komponenten zu isolieren, den bestmöglichen Ablauf durch Wiederholung einzuschleifen, um sie dann wieder einzubetten und schließlich das Ganze zu beherrschen.

Das mutet vielleicht recht kalkuliert an. Wenn Sie es wie Descartes auf die analytische Geometrie anwenden, dann ist es das auch (er erfand dadurch das Koordinatensystem). Aber in praktischen Situationen können wir auch intuitiv vorgehen. Nehmen Sie das Beispiel eines Gitarristen, der ein neues Musikstück lernt.

Zunächst hört er sich das Stück konzentriert an, vielleicht schaut er in die Noten bzw. Tabulatur. Dann beginnt er zu spielen. Er gerät an eine schwierige Passage. Er konzentriert sich und spielt sie wieder und wieder, bis er sie flüssig spielen kann. Dann geht er im Stück weiter. Er kommt zu einer weiteren schwierigen Passage. Er wiederholt sie, aber es klappt nicht. Er spielt sie langsamer und bemerkt, dass er bestimmte Griffwechsel nicht hinbekommt. Er achtet auf seine Finger und bemerkt, dass sein Ring- und sein kleiner Finger nicht gut genug greifen. Er sucht sich spezielle Übungen für diese Finger und trainiert sie nebenbei einige Tage. Die Passage klappt immer besser, und schließlich spielt er sie flüssig, im richtigen Tempo. Schließlich spielt er das ganze Stück, wieder und wieder. Dann hört er sich im Vergleich noch mal das Stück an und feilt hier und da noch an seinem eigenen Ausdruck beim Spielen.

Intuitiv ist der Gitarrist den vier Schritten gefolgt. Bei einem solchen Vorgang können wir sehen, wie wir «aus Fehlern klug werden». Es ist, als ob unser Handeln zunächst ein knitteriges Hemd wäre, das wir durch fehlerorientiertes Üben gezielt glattbügeln. Deshalb sind Fehler so wertvoll, weil Sie uns die konkrete Richtung unserer Verbesserung zeigen. Würden wir Fehler vermeiden wollen, würden wir uns wertvoller Impulse für unsere Entwicklung berauben und stagnieren.

Sie wollen klüger handeln? Machen Sie ein paar Fehler und bügeln Sie sie glatt!


## Warum wir mit einem gesunden Pessimismus glücklicher sind


Mit frogemutem Optimismus können wir Dinge beschwingt anpacken. Alles geht leichter von der Hand, während wir zuversichtlich ein Liedchen trällern. Auch im Beruf gilt es, motiviert und optimistisch aufzutreten. Dort planen wir streng zeitoptimiert und kostensparend und meinen, wir werden es schaffen, wenn wir nur daran glauben.

Gerade bei größeren Projekten, etwa Großbaustellen wie der Elbphilharmonie in Hamburg oder dem Berliner Flughafen, treten unvorhergesehene Ereignisse ein – was genauer betrachtet keine

Überraschung ist. Die Zeitplanung verschiebt sich, die Kosten steigen – und mit ihnen nicht nur der Unmut der Bauherren, sondern auch der der Öffentlichkeit und der Medien. Alle schimpfen: «Wie konnte das passieren?»

Der dänische Ökonom Bent Flyvbjerg forscht seit zwei Jahrzehnten zu diesem Problem. In *Megaprojects and Risk* von 2003 war sein Ergebnis: Bei den meisten Mega-Bauprojekten ist der Hauptgrund für die gescheiterte Planung Kostenunterschätzung und überzogene Gewinnerwartungen bei Vernachlässigung der Risiken. Mit anderen Worten: zu viel Optimismus.

Naiver Optimismus hat negative Effekte, bei Großprojekten ebenso wie bei unserer eigenen Lebensplanung: Wir übersehen oder unterschätzen Hindernisse und Risiken und erwarten zu großen Nutzen. Zudem bescheinigen Psychologen, dass ausgemachte Optimisten auf Krisen sehr viel empfindlicher reagieren als Pessimisten.

Das Problem scheiternder Planung kannte man bereits im alten Rom. Der bereits erwähnte Marc Aurel, römischer Kaiser von 161–180 n. Chr., hatte eine der härtesten Regierungsperioden überhaupt. Er galt als aufrechter Mensch und gerechter Herrscher, war aber zahlreichen Tragödien ausgesetzt: dem Tod seiner Frau, einem langen und entbehrungsreichen Leben an der germanischen Front, Seuchen und Umsturzversuchen. Nebenbei schrieb er die berühmten *Selbstbetrachtungen,* heute ein Grundtext der westlichen Tradition. Obwohl Marc Aurel philosophisch gelehrt war und Schüler des Stoikers Epiktet, sind die *Selbstbetrachtungen* kein Traktat. Es sind kurze, gut lesbare Bemerkungen, die hilfreiche Gedanken bereithalten und einen dann wieder ins Leben entlassen.

Marc Aurel hatte mit andauernden Herausforderungen zu kämpfen. Einer seiner Grundgedanken galt einer klugen Einstellung zu diesen Herausforderungen. Seiner Überzeugung nach bedeutet klug zu handeln, in schwierigen Situationen ruhig und besonnen zu bleiben.

*Für mehr praktische Vernunft und Klugheit im Leben*

Das, was uns täglich begegnet, von dem kann man ja erwarten, dass es vermutlich auch heute wieder eintritt. Es wäre also dumm, sich darüber aufzuregen. Es war ja abzusehen. Sehen Sie, wie konkret dieser Gedanke ist? Wir alle kennen das, diese kleinen oder großen Ereignisse, die uns täglich widerfahren. Jeden Morgen hat jemand im Büro den letzten Kaffee genommen, ohne neuen aufzusetzen. Jeden Abend hat jemand sein Fahrrad im Treppenhaus abgestellt. Langfristig können wir uns in einen Dauergroll hineinsteigern – bis uns diese kleinsten Begebenheiten, wie ein steter Tropfen, der unsere Geduld ausgehöhlt hat, zur *Weißglut* bringen.

So nachvollziehbar das erscheinen mag, so unklug ist Aurel zufolge die Tatsache, dass wir uns in diesen Zustand geraten lassen: Denn es sind nicht die Umstände, sondern unsere Passivität gegenüber den Umständen, die wir beeinflussen können. Aurel macht darauf aufmerksam, dass wir hier eine Wahl haben. Die Anlässe stellen sich uns zwar als Ursache unseres Ärgers dar, als nerviges Etwas. Dabei sind wir das *genervte* Etwas.

Deshalb schlägt Aurel eine Übung vor, wie wir Klugheit im Umgang mit diesen Dingen trainieren können. Es ist die Übung eines gesunden Pessimismus. Damit ist keine negative Lebenseinstellung gemeint. Wir sollen dem Schlimmsten und Unvorhersehbaren mit der *richtigen* Haltung begegnen. Wir verzweifeln nicht über die Schlechtigkeit der Welt, aber wir stolpern auch nicht mit naivem Optimismus voran, um uns dann zu ärgern, wenn es anders kommt als gedacht.

Wir gehen morgens aus der Tür und stellen uns vor: Heute wird das, was mich regelmäßig nervt, wieder passieren: Natürlich wird der Bus wieder zu spät kommen, ich werde mir versehentlich Kaffee über das Hemd kippen, ich werde den Zug verpassen oder es werden sonstige Dinge passieren, die mich in negativen Stress geraten lassen könnten. Dieser Zustand würde dazu führen, dass ich hochemotional und dadurch unaufmerksam und fahrlässig werde. Ich werde vielleicht etwas tun, das ich hinterher bereue, und es wird mir dabei nicht gutgehen.

Ich aber werde alldem mit der richtigen Einstellung begegnen. Egal, was passiert: Ich werde der sein, der nicht aus der Fassung zu bringen ist. Ich werde der sein, dessen Herz so groß ist, dass es durch kleinliche Beleidigungen nicht die Sympathie für Menschen verliert. Ich werde der sein, der mit den Widrigkeiten des Lebens souverän umgeht, den nichts umwirft.

Diese Haltung hat Marc Aurel nötig gehabt. Und auch wir können sie uns zu eigen machen.

Wir werden diese Haltung nicht sofort verinnerlichen, wir werden sie zwischendurch vergessen. Vielleicht denken wir: «Warum muss immer *ich* ruhig bleiben?» Erinnern Sie sich dann daran, dass es *Ihnen* guttut, *Sie* dadurch klüger handeln und Ihre Gelassenheit Sie auszeichnet. Andere werden das bald zu schätzen wissen.

Diese Einstellung können Sie regelmäßig üben, vielleicht die Übung mit einer bestimmten Tätigkeit verbinden (aus der Haustür gehen, ins Auto einsteigen). Diese Grundhaltung wird dazu führen, dass Sie in einen souveränen Zustand gelangen und trotz der Widrigkeiten klug und mit Übersicht handeln können – ohne negativen Stress.

Wir können diese Haltung des gesunden Pessimismus schon in unsere Planungen einbeziehen. Hier einige Fragen, die sie unterstützen:

❖ Welche Hindernisse oder Schwierigkeiten werden vermutlich auftreten? Was wäre das Schlimmste?
❖ Wie kann ich diese Hindernisse oder Schwierigkeiten konkret vermeiden?
❖ Wie kann ich den möglichen Schaden begrenzen?
❖ Wie kann ich so planen, dass die Hindernisse mir nützen?
❖ Wie kann ich eine Unternehmung so planen, dass, auch wenn sie scheitert, es mir etwas bringt?

*Für mehr praktische Vernunft und Klugheit im Leben*

- Wie kann ich Unvorhersehbares als Gelegenheit für mich nutzen?
- Was kann ich aus Unglück oder Scheitern lernen? Wie kann ich daran wachsen?

Was kann Philosophie zur praktischen Vernunft und Klugheit beitragen? Sie kann uns helfen, die Entwicklung dieser Fähigkeiten klarer im Auge zu behalten und zu fördern. Sie kann uns helfen, praktisch vernünftig zu denken, aber die Grenzen der praktischen Vernunft zu erkennen. Sie kann uns helfen, Klugheit nicht am falschen Ort zu suchen und nicht mit Schlauheit, Virtuosentum oder Gebildetsein zu verwechseln. Auch die Ähnlichkeiten und Unterschiede von Situationen können wir uns mit philosophischen Mitteln klarer machen, wo sonst Verwechslungen drohen.

Meine praktische Vernunft gut zu entwickeln bedeutet, Begriffe klären zu können, bestimmte Denkfehler nicht zu machen. Das können wir gut trainieren – zum Beispiel, indem wir einen Einführungsband zur Logik lesen, aufmerksam diskutieren oder Schach spielen.

Eine Empfehlung: Haben wir unser Verständnis einer Situation entwickelt und Strategien geplant, dann suchen wir häufig Bestätigung von anderen. Wir erklären ihnen Schritt für Schritt unseren Plan und sind beruhigt, wenn sie zustimmen. Vielleicht stimmen die anderen uns sogar besonders deutlich zu, weil sie meinen, sie würden uns dadurch unterstützen. Das ist gut gemeint, aber wenn wir *nur* Zustimmung bekommen, verlieren wir ein wertvolles Korrektiv: die wohlbegründete andere Auffassung.

Also: Wir sollten das Gespräch mit jemandem suchen, der intelligent und wohlinformiert ist, *aber eine zu unserer eigenen konträre Auffassung hat*. Wir sollten offen zuhören und versuchen, seine Sichtweise und Argumente zu verstehen. Das kann uns entscheidend voranbringen: Entweder wir stärken unsere Auffassung, weil wir sie aus einer anderen Perspektive sehen. Manchmal fallen uns dann Schwächen auf, die wir vorher übersehen hatten. Oder der andere hat uns überzeugt und dadurch vielleicht vor einem folgenreichen Irrtum bewahrt.

Die Strategie, uns «starke Gegner» zu suchen, können wir in vielerlei Hinsicht verfolgen. Wenn wir unsere Klugheit gut entwickeln wollen, dann müssen wir uns in Situationen bringen, die das von uns fordern – auch wenn uns diese Situationen manchmal unangenehm sind oder wir fürchten, sie nicht zu bewältigen. Und selbst, wenn wir sie nicht (gleich) bewältigen, können wir aus ihnen etwas Wichtiges lernen. So wie ich im Sparring mit Jens.

Letztlich ist jede der Fähigkeiten, die ich in den folgenden Kapiteln behandle, von der praktischen Vernunft und Klugheit abhängig. Entwickeln wir sie gut, werden wir in allen Bereichen des Lebens davon profitieren.

In diesem Kapitel haben wir uns dafür sensibilisiert, wie gute Fragen den Gebrauch unserer praktischen Vernunft und Klugheit fördern. Wenn wir uns besser kennengelernt haben (Kapitel 2), und wissen, was uns wirklich wichtig ist (Kapitel 3), dann können wir mit den richtigen Fragen besser für das sorgen, was uns wichtig ist.

Wohlgemerkt: Planung hat eine Grenze. Nicht nur müssen wir unsere Pläne für das Unvorhersehbare offenhalten. Auch entwickeln wir unsere Fähigkeit praktischer Klugheit erst im Handeln. Achten wir also darauf, nicht zu überplanen, sondern früh zu handeln, um aus kleinen Fehlern zu lernen, statt später groß zu scheitern.

Bei aller Planung und geistigen Entwicklung können wir leicht die physiologische Grundlage vergessen, ohne die nichts funktioniert: unser *Körper*. Schlechte Gesundheit kann nicht nur unsere Pläne zunichtemachen, sie vermindert auch unsere allgemeine Lebensqualität und beschneidet sogar die Zeit, in der wir überhaupt die Früchte unserer Bemühungen um ein gutes Leben genießen können. Wie wichtig nehmen Sie Ihre Gesundheit?

# KAPITEL VI

# WARUM GESUNDHEIT AUCH FÜR PHILOSOPHEN ZÄHLT

**M**orgens erhebt sich dreckiger Dunst über der *Cité Soleil*, der «Sonnenstadt». Hier, im Slum von Port-au-Prince auf dem Inselstaat Haiti, leben etwa 400 000 Menschen. Es gibt keine Kanalisation, praktisch keine Elektrizität, keine Geschäfte. Die Arbeitslosenquote beträgt neunzig Prozent, und die beiden Gesundheitszentren können täglich nur zwanzig Menschen behandeln.

Die Sonnenstadt gilt damit als eine der ärmsten und aufgrund von Bandengewalt als eine der gefährlichsten Gegenden der gesamten westlichen Hemisphäre. So gefährlich, dass es als Fortschritt gefeiert wurde, als die Polizei Haitis 2006 die Cité Soleil mit der Unterstützung von UN-Soldaten das erste Mal nach drei Jahren betreten konnte – für eine volle Stunde. Seitdem ist die Situation kaum besser geworden.

Wie privilegiert sind wir Deutschen, wir Österreicher, wir Schweizer. Leben wir im Vergleich zur Cité Soleil nicht auf einer Insel der Seligen? Ja, auch hier war es im 19. Jahrhundert noch anders. Aber in den letzten 150 Jahren haben wir in vielen Bereichen einen Entwicklungsstand erreicht wie nie zuvor in der Geschichte der Menschheit. Bei uns ist die Kindersterblichkeit niedrig, die Lebenserwartung hoch, die ärztliche Versorgung gut, Medikamente sind überall verfügbar, die Analphabetenquote sinkt und im Internet ist jedem Einzelnen mehr Wissen zugänglich als jemals zuvor.

Doch unsere moderne Lebensweise ist nicht unbedingt gesund. Ein Großteil von uns – und das ist keine Einbildung oder Leiden auf hohem Niveau – fühlt sich permanent müde, erschöpft. Es sind nicht nur Depression und Burnout, sondern auch Rückenprobleme, Hüftleiden und Krebs, Knieschmerzen und Herzschwäche, Osteoporose und Diabetes Typ 2, die vielen Menschen zu schaffen machen. Lange hielt man diese Erkrankungen für Alterserscheinungen. Doch zunehmend zeichnet sich ab, dass sie mit unserer Ernährung und unserer bewegungsarmen Lebensweise zusammenhängen.

Wenn wir nun ein «gesünderes» Leben anstreben – was genau heißt das? Gibt es überhaupt verlässliche Standards von Gesundheit? Oder ist das alles subjektive Wahrnehmung? Vielleicht ist «Gesundheit» auch eine soziale Konstruktion? Beide Fragen treffen wichtige Aspekte, aber nicht alle. Natürlich ist das subjektive Erleben bei der Einschätzung eigener Gesundheit ein wichtiger Punkt. Ebenso sind die Standards für «Gesundheit» von sozialen Umständen geprägt. Immer spielen jedoch auch physiologische Tatsachen eine Rolle. Das zeigt folgendes Beispiel und gibt uns gleichzeitig Hinweise auf die richtige Perspektive:

In einigen Provinzen Indiens ist der Gesundheitszustand der Frauen statistisch signifikant schlechter als der der Männer. Studien zeigen aber, dass Frauen mit ihrer Gesundheit gleichzeitig *zufriedener* sind als Männer. Ohne die nötige Bildung in gesundheitlichen Fragen und ohne den Vergleich zu Frauen anderer Regionen entspricht ihre Gesundheit ihren Erwartungen – deshalb sind sie zufrieden. Das Zusammenspiel subjektiver Wahrnehmung und sozialer Prägung stützt diese Einschätzung. Und damit die Umstände.

Martha Nussbaum argumentiert hier mit Aristoteles, dass den Frauen die Bildung und die Vergleiche bereitgestellt werden müssen, damit sie überhaupt ein informiertes Urteil über ihre Gesundheit fällen können. Kulturelle Besonderheiten hin oder her – wenn Menschen die Fähigkeiten zu dieser Selbsteinschätzung verwehrt wird, blockiert man ihr natürliches Potenzial und missachtet damit ihre menschliche Würde.

Insofern benötigen wir keine strenge Definition von Gesundheit, um eine gesündere Lebensweise anzustreben. Nehmen wir ein Beispiel: Menschen vertragen Lebensmittel so unterschiedlich, dass es wenig sinnvoll wäre, in diesem Bereich einzelne Dogmen

zu verkünden. Menschen haben so unterschiedliche Bewegungs-
profile, dass allgemeine Empfehlungen kaum weiterhelfen. Die
Leitidee ist also nach wie vor, durch Klärung von Gedanken und
Ablegen schädlicher Annahmen Menschen in die Lage zu versetzen, ihr Leben zu verbessern. Ob eine Veränderung der Lebensweise gesundheitsfördernd war, kann nur jeder selbst entscheiden:
Fühlt er sich danach besser – und sieht er das auch noch nach längerer Zeit so?

## Wie man Rückenschmerzen durch eine kopernikanische Wende heilt

Ich stand im Bad und umklammerte den Handtuchhalter. Wenn
ich meine Hände dabei nach unten presste, ließen die Schmerzen etwas nach. Mein Rücken krampfte erneut, ich presste stärker. Eigentlich wollte ich ein warmes Bad nehmen, um meine
Schmerzen zu lindern. Aber ich konnte mein Bein nicht hoch
genug anheben, um in die Badewanne zu steigen. Und wenn das
Bad nicht geholfen hätte, wäre ich vielleicht nicht mehr herausge-
kommen. Ich starrte auf die Fugen zwischen den weißen Kacheln.
Verdammt.

Was hätte mir die Philosophie in dieser Situation konkret ge-
nutzt? Nicht nur bezweifelte ich, dass die Weltweisen gewusst hätten, wie ich es zum Telefon hätte schaffen können. Darüber hinaus konnte ich selbst vor Schmerz kaum einen klaren Gedanken
fassen.

In der Philosophie wurde tatsächlich eher selten über körperliche Gesundheit geschrieben. Das ist bedauerlich, denn schlechte
Gesundheit geht bisweilen mit einer signifikanten Einschränkung

der Freiheit des Geistes einher – und das möchte kein Denker gerne hinnehmen.

Dennoch hat die Trennung von Geist und Körper bekanntermaßen eine lange Tradition. Genauer: die *begriffliche* Trennung (die faktische Trennung von Geist und Körper ist auch Philosophen bisher nicht gelungen). Obwohl die alten Griechen ein eher unverkrampftes Verhältnis zu Körper und Sinnlichkeit hatten, gab es schon bei Platon die Tendenz, alles Körperliche nur als Manifestation einer höheren Sphäre zu verstehen – der ewigen Ideen.

Von Platon ausgehend hatte vor allem Plotin im 3. Jh. n. Chr. großen Einfluss mit seiner Auffassung, die Seele weile nur vorübergehend in der Körperwelt. Der Abstieg der Seele koste sie einiges an Erkenntnisfähigkeit. Durch gutes, asketisches Leben könne sie allerdings wieder in das *Eine* der geistigen Welt aufsteigen.

Die Kirchenväter Augustinus und Ambrosius nahmen Plotins Gedanken auf und prägten dadurch das christliche Mittelalter. Der schmutzige, sündige Körper sollte ignoriert und abgetötet werden, um die reine Seele zu befreien und sie zurück ins Licht Gottes zu führen.

Meine eigene Lebensweise als fortgeschrittener Student passte zu dieser Haltung: Am Schreibtisch, inmitten von Büchern und Textkopien, hatte ich meinen Körper vergessen und mich nur noch von Tiefkühlpizza und gefriergetrocknetem Kaffee ernährt. Das rächte sich jetzt.

Leibniz, der deutsche Universalgelehrte, hatte im Alter durch beständiges Sitzen solche Schmerzen in den Beinen, dass er erst nicht mehr laufen, dann nicht mehr sitzen und schließlich kaum noch liegen konnte. Um aber dennoch weiterarbeiten zu können, wollte er die Schmerzen betäuben – also ließ er sich hölzerne Schraubstöcke anfertigen, die er an allen schmerzenden Stellen anschraubte. Vermutlich verletzte er dadurch seine Nerven und konnte deshalb seine Beine kaum noch gebrauchen.

*Warum Gesundheit auch für Philosophen zählt*

Inzwischen lag ich wie das Insekt aus Kafkas *Verwandlung* auf dem Rücken und versuchte mich vom Flur ins Wohnzimmer zu schieben. Warum nur hatte ich mich für Teppich im Flur entschieden statt glatten Laminats! «Nächstes Mal muss ich besser planen», dachte ich. Gibt es von *Schöner Wohnen* vielleicht eine Ausgabe «Einrichten für Rückenkranke»? Schließlich krabbelte ich.

Nach einem Anruf und einer qualvollen Autofahrt kam ich auf dem Parkplatz des nächsten Orthopäden an. Ich stieg aus dem Auto und ging drei Schritte, dann fiel ich aufs Pflaster wie nach einem Rückenschuss im Actionfilm. Während ich auf allen vieren in die Arztpraxis kroch, konnte ich mich schon nicht mehr entscheiden, ob ich vor Schmerzen jaulen sollte oder lachen über die groteske Situation. Der Orthopäde bearbeitete mich etwas und gab mir die stärkste verfügbare Schmerztablette. Sie wirkte – und *wie* sie wirkte. Mein Rücken entspannte sich, und ich grinste nur noch vor mich hin.

Das wollte ich nicht noch einmal erleben. Zwar war ich Rückenschmerzen gewöhnt, aber so schlimm war es noch nie gewesen. Bei der Musterung war ich bereits wegen meines «kaputten Rückens» vom Wehrdienst freigestellt worden (dass ich als Schüler zweifacher Hamburger Karate-Meister gewesen war, hatte ich nicht erwähnt). Die Diagnose «kaputter Rücken» hatte ich akzeptiert wie ein Schicksal, in das ich mich zu fügen hatte.

Nach der Kafka-Episode hatte der Orthopäde noch eine Kernspintomographie angeordnet. Dabei wurde ein Bandscheibenvorfall gefunden, den er als die Ursache meiner Beschwerden diagnostizierte.

War es nicht selbstverständlich, dass ich dieser Einschätzung glaubte? Als einst Galileo Galilei dem Dogen von Venedig sein «Teleskop» erklärte und dessen Nutzen für die Astronomie, hatte der Doge lieber seinen Experten am Hofe geglaubt und nicht den

Erzählungen dieses schrulligen Wissenschaftlers. Der Doge glaubte seinen Experten, und ich glaubte meinen.

Die Grundannahme «mein Rücken ist kaputt» beeinflusste mein ganzes Leben: Ich bewegte mich meist wie auf Eierschalen, immer mit der latenten Angst vor dem nächsten Hexenschuss. Vor allem mied ich «falsche Bewegungen», weit bis ins Erwachsenenalter hinein. Selbst als mein Sohn geboren wurde, versetzte es mich immer in leichte Panik, ihn aus dem Gitterbett zu heben. Ich hatte oft Rückenschmerzen, ging dann zu einem Orthopäden, der mich an einen Physiotherapeuten überwies, wo meine Rückenschmerzen vorübergehend kuriert wurden. Dieses Spiel spielte ich mehrmals im Jahr.

Als es wieder einmal besonders schlimm war, gab ich gerade Seminare über Wissenschaftstheorie. Unter den klassischen Ansätzen behandelte ich auch Karl Popper und den Falsifikationismus (von lat. *falsificare*: «als falsch erkennen»). Poppers Grundauffassung zufolge können wissenschaftliche Hypothesen niemals *bewiesen* werden. Niemals könne man mit Recht behaupten, eine Theorie sei absolut wahr. «Beweise» gebe es für vieles, und häufig stützen sich verschiedene Theorien auf dieselben Beweise. Zudem könne ja die Zukunft immer noch andere Daten hervorbringen – den berühmten «schwarzen Schwan». Deshalb, meint Popper, funktioniere Wissenschaft nur anders, nämlich, indem Wissenschaftler ihre Hypothesen rigoros testen und versuchen, sie zu *widerlegen*. Nur was die striktesten Tests übersteht, daran dürfen wir festhalten. Wird es widerlegt, müssen wir es fallenlassen.

Eines Abends fragte ich mich, ob die Hypothese des Bandscheibenvorfalls als Ursache meiner Rückenprobleme überhaupt getestet worden war. Vielleicht war alles ganz anders?

Ich hatte ein besonders schmerzhaftes Erlebnis gehabt und war danach im Kernspintomographen gelandet. Auf den Bildern fand der Arzt einen Bandscheibenvorfall, und der galt fortan als Ursache. Aber ist dieser Schluss zulässig, so plausibel er auch klingen mag? Nicht zwingend: Es gab ein Ereignis, dann den Kernspin. Aber der Bandscheibenvorfall konnte ja auch schon vorher unbemerkt da gewesen sein und keine größeren Probleme verursacht haben.

Vielleicht war er nur eine Randerscheinung, und meine Rückenprobleme hatten eine andere Ursache? Zudem hörte ich damals davon, dass Oliver Kahn mit einem Bandscheibenvorfall weiter Fußball spielte. Plötzlich kam ich auf eine neue Möglichkeit: Vielleicht war mein Rücken gar nicht kaputt? Vielleicht hatte das ständige Schonen, das Meiden von «Belastung» etc. die Probleme erst derartig verschärft?

Hier zeigte sich für mich, wie lebensnah Philosophie sein kann. Ihr Ziel ist es ja unter anderem, unsere Gedanken zu klären und schädliche Annahmen zu hinterfragen – und genau das hatte ich getan. Es sollte sich auf meine ganze Lebensweise und meine Lebensqualität auswirken.

Wie testete ich also, ob ich meine Rückenprobleme nicht doch in den Griff bekommen und meine Lebensqualität erhöhen konnte?

## Wie ich ein aufgeklärter Patient wurde und gesünder lebte

Wer seine Lebensweise aus gesundheitlichen Gründen verändern will, für den ist die Fähigkeit zentral, sich nach Tatsachen zu richten. Wie schockiert war ich, als mir klarwurde, wie wenig ich über meinen Rücken, meinen Körper und meine Lebensweise wusste. Ich war nahezu ungebildet.

Zum Glück fand ich eine Osteopathin mit umfassendem Wissen, eine Koryphäe auf ihrem Gebiet. Bereitwillig erläuterte sie mir das Zusammenspiel von Muskeln, Knochen, Sehnen, Gewebe und Organen und gab Hilfe zur Selbsthilfe. Sie klärte mich erstmalig über die Bedeutung der «Faszien» auf, des Bindegewebes.

Ich bin kein Arzt, deshalb kann und will ich hier nicht näher auf die physiologischen Zusammenhänge eingehen. Ich schreibe hier auch nicht über die Heilung von Krankheiten. Ich schreibe alles aus Perspektive eines Philosophen, der ein aufgeklärter, verantwortlicher Patient werden und eine gesündere Lebensweise annehmen will. Hier gibt es auch unter Medizinern und Forschern großen Dissens.

Haben wir auch hier den Mut, uns des eigenen Verstandes zu bedienen. *Sapere aude!* – So lautet ja das bekannte Motto des Lukrez, das Kant so übersetzte: «Habe Mut, dich deines Verstandes ohne Leitung eines anderen zu bedienen.» Und ich hatte viel zu lernen. Nicht nur hatte ich mich den Entscheidungen anderer unhinterfragt ausgeliefert, ich war auch ein schlechter Patient gewesen. Allzu schnell habe ich die Verantwortung auf andere geschoben, war noch nicht mal in der Lage gewesen, meine Symptome genau zu beschreiben. «Ich habe Rücken» war so ungefähr alles, was ich zu meinen Schmerzen zu sagen hatte. Diese Unwissenheit begrenzte meine Möglichkeiten: Ich konnte mich nicht nach den Tatsachen meines Körpers richten, weil sie mir nicht bekannt waren.

Nun erwachte mein Wissensdurst. Ich kaufte mir einen Anatomie-Atlas, las alles, was mir zum Thema in die Finger kam, und löcherte die Physiotherapeuten mit Fragen. Ich lernte, dass die muskuläre Ursache von Schmerzen nicht immer dort liegt, wo es weh tut. Also besorgte ich mir ein Arbeitsbuch über «Triggerpunkte», das zeigte, welche Schmerzen häufig durch Verspannungen in welchen Muskelbereichen bedingt sind. Morgens ein verspannter unterer Rücken? Ursache vielleicht verspannte *Waden*. Rückenschmerzen im Bereich der Brustwirbel? Ursache vielleicht verhärtete obere Bauchmuskeln und Zwerchfell, z. B. durch ständiges, krummes Sitzen. Behandlung: Wärmflasche auf den Bauch. Übrigens soll Aristoteles abends häufig nach einer Wärmflasche für den Bauch verlangt haben – behandelte er so vielleicht Rückenschmerzen?

Aber nicht nur vermehrte ich mein Wissen der Zusammenhänge. Ich lernte auch, meine Körperwahrnehmung zu differenzieren und als Indikator zu benutzen. Meine Osteopathin klärte mich nicht nur auf, sondern sie animierte mich zum eigenen Ausprobieren und Urteilen. Immer wieder sollte ich genau wahrnehmen, wie genau der *Tonus* meiner Muskeln war. Erst genau spüren, dann eine gezielte Übung, etwas Selbstmassage, und dann wieder spüren.

Ich lernte, was half und was nicht. Ich suchte meine Muskeln und Faszienstränge, mit Fingern, Ellenbogen, Bällen oder Türrahmen. Wenn ich jetzt eine Vermutung über die Ursache einer Verspannung hatte, konnte ich sie sofort testen. Zustand vorher – Eigenbehandlung – Zustand nachher.

Hier fand gleichsam eine kopernikanische Wende meiner Körperwahrnehmung statt: Dieselben Phänomene können wir unterschiedlich deuten. So, wie es für uns genau gleich *aussieht*, unabhängig davon, ob sich die Erde um die Sonne dreht oder die Sonne um die Erde. Wir brauchen weitere Beobachtungen und eine gute Theorie, um zu entscheiden, welches die brauchbarere Beschreibung ist.

Was ich früher einfach «kaputten Rücken» nannte, beschreibe ich jetzt als Verspannungen einzelner Muskel- und Faszienstränge. Die laufen zusammenhängend durch den ganzen Körper.

Haben die Rückenschmerzen früher ins Gesäß und in die Beine ausgestrahlt, befürchtete ich, operiert werden zu müssen. Heute sehe ich es anders: Ich sitze fast den ganzen Tag am Schreibtisch. Dadurch sind Lendenwirbel, Gesäß und Beine ständig unterversorgt. Diese zähen, verkürzten Faszienstränge üben Zug auf den

*Warum Gesundheit auch für Philosophen zählt*

unteren Rücken aus, der dann zu schmerzen beginnt. Was also tun? Massage, Wärme und Bewegung.

Alle drei kann ich inzwischen selbst anwenden und kombinieren – und die Schmerzen verschwinden. Telefonate erledige ich jetzt, sooft es geht, beim Spazierengehen. Außerdem habe ich mir ein kleines, zehnminütiges Übungsprogramm zusammengestellt und es in meinen Tagesablauf integriert.

Mir ist klargeworden: Ich bin ein lebendiger Organismus, der durch die moderne Lebensweise geprägt ist. Mein Rücken ist gar nicht kaputt. Mein Körper ist kein defektes Skelett, das gestützt und geschont werden müsste. Mein Rücken ist durch den Bandscheibenvorfall nicht außer Funktion. Ich bin nicht zu einem Leben mit chronischen Rückenschmerzen und gelegentlichen Totalausfällen verdammt. Mit dem neuen theoretischen und praktischen Wissen habe ich meine Lebensweise viel gesünder gestalten können.

Ich bin inzwischen lockerer geworden und habe mehr Bewegungsfreude. Ich kann meine Kinder auf den Arm nehmen, mit ihnen Fußball spielen oder über einen Zaun springen. Beim Sport kann ich mich richtig verausgaben, ohne Angst und Zurückhaltung. Ich kann mich auf die Betätigung einlassen und habe dadurch wieder ein anderes Selbstbild: Ich kann meinen Körper fordern und genieße es.

Und das wirkt sich letztlich auch auf meine philosophische Arbeit aus: Ich bin weniger abgelenkt, meine Laune ist weniger durch Schmerzen getrübt, und ich bin belastbarer, wenn nötig.

Natürlich habe ich gelegentlich Muskelschmerzen, was normal ist – aber ich verfalle nicht mehr in Panik. Natürlich gibt es Krankheiten, bei denen man ärztliche Hilfe braucht – aber meistens sind Verspannungen, so schmerzhaft sie auch sind, keine Krankheit. Ich reagiere gelassener darauf und habe nach ein bis zwei Tagen alles wieder im Griff. Einen Orthopäden oder Physiotherapeuten brauchte ich seit Jahren nicht mehr.

Überlegen Sie: Wie sieht Ihr eigenes Bewegungsprofil aus? Welche Geschichte erzählen Sie sich über ein regelmäßiges Leiden? Falls Sie häufige Kopfschmerzen, Kreislaufbeschwerden, Knieprobleme oder Ähnliches haben – wie lautet Ihre übliche Erklärung? Haben Sie Grundannahmen, die Sie von einer positiven Veränderung Ihrer Lebensweise abhalten? Haben Sie gezielt vorbeugende Gewohnheiten und Routinen für eigenständige Diagnose und Behandlung entwickelt? Aber noch mal: Natürlich ist es wichtig, bei ernsthaften Beschwerden zum Arzt zu gehen – nur eben als aufgeklärter Patient.

Zum Abschluss des Themas noch mein persönlicher Tipp für eine Gewohnheit, der der Gesundheit zuträglich ist: die «Gedankengänge». Ich gehe täglich eine gute halbe Stunde in beschwingtem Tempo spazieren – möglichst in Barfußschuhen. Dabei nehme ich mir eine Frage oder ein Thema vor, denke im Gehen laut darüber nach und nehme das mit der Sprachmemo-Funktion meines Smartphones auf. So kann ich gute Gedankenstränge gleich festhalten (außerdem sieht es so aus, als würde ich telefonieren, sodass andere Spaziergänger sich nicht wundern). Häufig entwickle ich auf diesen «Gedankengängen» neue Zusammenhänge, skizziere Schreibideen oder mache konkrete Pläne.

Diese Gewohnheit fördert also nicht nur die Gesundheit, sondern auch die praktische Vernunft – und dadurch wiederum alle anderen Fähigkeiten.

## Wie ich weniger Kaffee trinken wollte und mein Leben veränderte

Überall in Europa gehen morgens als Erstes die Kaffeemaschinen an. «Erst mal einen Kaffee.» Wenn ich auf Twitter Kurzmitteilungen lese, bin ich immer wieder erstaunt über die dort zum Ausdruck gebrachte Kaffee-Fixierung. Viele schreiben «Guten Morgen – erst mal Kaffee!» Wessen Kaffeemaschine kaputt ist, der darf mit viel Mitleid rechnen. Manche Leute tweeten ansprechende Fotos von Kaffeespezialitäten und schreiben dazu «Guten Morgen ... ich habe Ihnen Kaffee gemacht». Andere reden auf Twitter sogar mit ihrem Kaffee – und glauben Sie mir, der Kaffee gibt ziemlich gute Antworten. Hier ein Tweet von @Marcel Dykiert: «An den Grenzen meiner Möglichkeiten ...» beginne ich, aber mein Kaffee unterbricht mich lachend: «Als ob du da je gewesen wärst.»

Man könnte meinen, Kaffee sei so wichtig wie die Luft zum Atmen. Auch ich lebte lange nach dieser Devise. Aber eines Tages fragte ich mich, ob ich meinen Kaffeekonsum nicht reduzieren sollte. Ein guter Espresso war zwar ein Genuss. Aber häufig trank ich ihn einfach aus Gewohnheit, automatisch, zum Wachhalten, als reines Ritual. Mein Magen mochte die Säure mit der Zeit überhaupt nicht mehr, aber ich meinte, den Leistungsschub zu brauchen. Vor allem aber war ich erschrocken darüber, wie abhängig ich mich von dem Getränk machte. Die folgende Episode zeigte mir das deutlich.

Im Urlaub hatten wir einmal vergessen, Kaffee zu kaufen. Es war Sonntag, und die Geschäfte waren geschlossen. Das dämpfte meine Laune sehr, und ich dachte: «Wenn ich keinen Kaffee kriege, dann bin ich nicht ich selbst. Dann laufe ich auf niedrigem Akku» – obwohl ich im Urlaub nichts zu leisten hatte. Zusätzlich spürte ich körperlich den Entzug: Ich hatte Kopfschmerzen, fühlte mich er-schöpft und konnte kaum klar denken.

Am Nachmittag fanden wir ein Café, und ich trank einen Cap-puccino. Ich seufzte erleichtert auf wie ein Junkie, obwohl Koffe-in erst nach zwanzig Minuten wirkt. Der direkte Effekt war reine Selbstbelohnung. Ich fühlte mich zwar besser, war aber nachdenk-lich geworden. Wollte ich einer nicht lebensnotwendigen Substanz erlauben, mich zu bestrafen, wenn ich sie nicht konsumierte?

Ich beschloss, meinen Kaffeekonsum zu vermindern. Aber wie sollte ich das angehen? Ich fragte mich, wie wohl ein Philosoph über Ernährung nachdenkt. Wittgenstein, dessen Philosophie mich tief geprägt hat, ist in dieser Frage nicht besonders hilfreich. Er sagte in den 1920er Jahren über seine Ernährung: «Es ist mir völlig egal, was ich esse. Hauptsache, es ist immer das Gleiche.» Und das waren Haferflocken mit Kakao und Milch. So klug Menschen auch sein mögen, sie können fast nur auf der Grundlage des Wissens ihrer Zeit handeln. Die meisten Vitamine wurden erst in den 1920er und 1930er Jahren entdeckt – und erst da wurde ihre Wichtigkeit für den menschlichen Organismus verstanden.

Aber Wittgensteins Ansatz der *Philosophischen Untersuchungen* stellte sich in anderer Hinsicht als enorm hilfreich für mich heraus: Er hatte darin weniger das «Wesen» von Dingen oder unser Bewusstsein in den Fokus gerückt, wenn es um die Behandlung von Problemen ging, sondern unser Handeln. Es ging ihm vor al-lem darum, den eigenen Denkstil zu ändern – und das hieß, Ge-wohnheiten zu ändern, die in eine Lebensform eingebettet sind.

Was bei jeder Veränderung ein sinnvolles Vorgehen ist, wen-dete ich hier auf dieses alltägliche Problem an. Ich hatte schon früher versucht, weniger Kaffee zu trinken. Nun wurde mir klar, warum ich gescheitert war: Ich hatte nicht das Netz von Gewohn-heiten bedacht, von dem der Kaffee nur ein Teil war. Ich musste erst herausfinden, «wer ich bin» – also Tatsachen über mich herausfinden, um konkret in Richtung einer Veränderung ansetzen zu können. Ich wollte Schritt für Schritt verstehen, warum der Kaffee so wichtig für mich war. Dann wollte ich mich durch *reverse engeneering* davon frei machen, durch das Dekonstruieren meiner Gewohnheiten. Wenn ich es richtig anstellte, würde der Kaffee überflüssig werden.

Ich begann also damit, meine Gewohnheiten zu durchleuchten. Ich stehe morgens auf, bin müde und trinke erst mal Kaffee, esse Müsli oder Brötchen mit Marmelade. Ich beginne zu arbeiten, bekomme aber nach spätestens zwei Stunden wieder Hunger, werde müde und unkonzentriert. Ich denke: «Ich brauche noch einen Kaffee.» Der folgende Kaffee hemmt meinen Appetit, aber das Hungergefühl kehrt schnell wieder. Also trinke ich gleich noch einen.

Um bis zum Mittag durchzuhalten, esse ich einen süßen Snack («Morgens halb zehn in Deutschland!»), mit Glück einen Apfel, häufig noch ein Brötchen oder Kekse (vormittags!). Mittags dann Nudeln oder Pizza, danach ein Powernap, sonst geht gar nichts mehr. Nachmittags ein Stück Kuchen und noch mehr Kaffee, abends Brot oder Müsli.

Dann ist Feierabend. Ich habe den ganzen Tag gearbeitet oder mit den Kindern und Sonstigem zu tun gehabt. Ich bin erschöpft, habe aber auch Interessen, die mir wichtig sind. Also möchte ich vor dem Schlafen noch Zeit für mich haben. Wenn ich einfach ins Bett gehen würde, hätte ich das Gefühl, völlig zu kurz zu kommen. Dabei habe ich noch Glück, weil mich meine Arbeit sehr erfüllt. Wie mag es Menschen gehen, bei denen das anders ist?

Ich schaffe es gerade noch, die Spülmaschine einzuräumen oder den Kater zu füttern. In dieser Phase treffe ich aus Müdigkeit keine guten Entscheidungen mehr. Ich gebe meiner Lust auf Schokolade nach, lege mich auf die Couch und schaue etwas auf Netflix oder YouTube, etwa eine Stunde. Dann muss ich noch mal aufstehen, um ins Bett zu gehen. Im Bett lese ich noch ein wenig und schlafe gegen halb zwölf Uhr ein.

Am nächsten Morgen, wenn um Viertel vor sechs der Wecker klingelt, ist mir das viel zu früh. Ich bin willensstark genug, um trotzdem aufzustehen und mich in Gang zu bringen. Erst mal Kaffee.

So weit der Status quo. Aber um die Zusammenhänge und meine Möglichkeiten zur Veränderung besser zu verstehen, musste ich mehr über Ernährungsphysiologie erfahren. Dass Philosophen sich mit empirischen Wissenschaften auseinandersetzen, ist übrigens keine Seltenheit. Aristoteles, Albertus Magnus, Descartes, Leibniz, Kant, Ernst Mach oder Wittgenstein – sie alle hatten selbst naturwissenschaftlich gearbeitet oder sich mit naturwissenschaftlicher Forschung ihrer Zeit beschäftigt. Von Wittgenstein, dem ehemaligen Studenten der Ingenieurswissenschaften, stammt der methodische Hinweis: «Denk nicht, sondern schau!» Ja, Sie haben richtig gelesen: Ein Philosoph empfiehlt, nicht zu denken.

Ich war anthropologisch vorgebildet, aber nur zu den Ursprüngen menschlicher Kultur und Kognition sowie Moralität – nicht aber, was Ernährung und Stoffwechsel angeht. Das wollte ich ändern, und nach einiger Zeit stieß ich auf die Arbeiten von Daniel Lieberman, Professor in Harvard und leidenschaftlicher Barfußläufer. In *Born to Run* und *The Story of the Human Body* entwirft er eine evolutionäre Perspektive auf unsere moderne Lebensweise.

Manchmal heißt es, wir Menschen hätten uns seit 200 000 Jahren genetisch nicht weiterentwickelt. Manche sagen, wir hätten ein Steinzeitgehirn und kämen deshalb in der modernen Welt nicht klar. Wenn man etwas mehr über Genetik weiß, kann man jedoch zu einem anderen Schluss kommen.

Lieberman zufolge sind unsere Gene keine unflexiblen Programme. Viele Gene werden in den Umständen, unter denen wir aufwachsen und leben, an- oder abgeschaltet. Welche Wesen wir sind, welche Fähigkeiten wir ausbilden und auch zu welchen Krankheiten wir neigen, entwickelt sich mit der Umwelt und unserer damit zusammenhängenden Lebensweise.

Vor allem in den letzten 10 000 Jahren haben wir als *Homo faber* («der schaffende Mensch») unsere Lebensumstände stark verändert. Auf diese Änderungen reagieren unsere Gene. Wir vererben diese Veränderung nicht in unseren Genen, denn so schnell ändert sich die in unseren Chromosomen enthaltene genetische Information nicht. Schneller kann sich allerdings ändern, wie diese genetische Information in Erscheinung tritt, die sogenannte «Genexpression». Diese kann sich den Umständen entsprechend ändern, unter denen der Organismus aufwächst – und wir geben dies als eine Lebensweise weiter: wie wir schlafen, was wir essen und wie wir uns bewegen. Diese Lebensweise kann tatsächlich die Genexpression beeinflussen – und manchmal auch negativ.

Aus evolutionärer Perspektive überlebt nicht zwingend der, der am gesündesten ist, sondern der, der sich am besten an seine ökologische Nische anpasst. Durch die gute medizinische Versorgung überleben heutzutage Gewohnheiten, die für uns zwar bequem sind, aber nicht gesund (z. B. überwiegendes Arbeiten im Sitzen). Wir erforschen diese Probleme und stellen technische Lösungen, Medikamente und Therapien bereit, aber diese beseitigen nicht die Ursache. Das könnte nur eine Veränderung unserer Art zu leben – und das ist sehr schwer.

Wir wollen unsere moderne Lebensweise nicht komplett aufgeben. Müssen wir auch nicht. Wir brauchen nicht zu leben wie die Menschen der Steinzeit. Wenn wir aber das Leben in der Steinzeit verstehen und einiges über Physiologie wissen, dann können wir herausfinden, wie wir manche schädlichen Auswirkungen unserer modernen Zeit vermeiden können.

Das heißt nicht: Weil die menschliche Natur so und so ist, sollen Sie so und so leben. Das wäre ein *naturalistischer Fehlschluss*.

Seit dem schottischen Philosophen David Hume ist dieser unter Philosophen bekannt. Nur weil etwas so *ist, soll* es nicht unbedingt so sein. Wenn jemand also das Leben zur Steinzeit als «Natur des Menschen» darstellt, dann folgt daraus nicht zwangsläufig eine Abwertung der modernen Lebensweise als «falsch». Es ist Ihre freie Entscheidung, wie Sie leben möchten. Nur sollten Sie, und dies war ein zentrales Argument von Aristoteles bis Martha Nussbaum, das nötige Wissen haben, um die Entscheidung treffen zu können. Sie sollten nicht nur deshalb bei einer Lebensweise bleiben, weil Sie die Alternativen nicht sehen, die Sie selbst besser finden würden.

Aber brauchen wir nicht jede Menge Willenskraft und Disziplin, um unsere Lebensweise zu ändern? Manchmal ja, aber nicht immer. Wir können intelligent mit unseren eigenen Gewohnheiten arbeiten und lernen, die Dinge, die uns sonst verführen, anders zu *sehen*. Wie ich das geschafft habe, erzähle ich Ihnen gleich. Aber erst etwas zur Geschichte der Ernährung.

## Vom Nutzen und Nachteil der modernen Ernährung für das Leben

Vor 200 000 Jahren lebten die Menschen in Gruppen. Sie sammelten und jagten. Überwiegend aßen sie Fleisch von Tieren, grüne Blätter, gelegentlich Obst. Dabei waren Blätter und Obst im Übrigen nicht mit heutigem zartem Salat oder süßen Äpfeln zu vergleichen. Sie waren strähniges, hartes Zeug, das man lange kauen musste.

Hin und wieder fanden unsere Vorfahren Beeren, vor allem im Herbst, wenn sie für den Winter Fettreserven brauchten. Auf süße Beeren hatten sie Heißhunger, wegen der zusätzlichen Energie. Aus

*Warum Gesundheit auch für Philosophen zählt*

evolutionärer Sicht haben wir deshalb noch heute Heißhunger auf Süßes: weil es *damals* wertvoll und selten war. Heute nicht. Heute können wir in jedem Supermarkt Süßes kaufen. Unser Heißhunger ist also – im wörtlichen Sinne – fatal.

Nach der letzten Eiszeit vor etwa 11 400 Jahren war das Klima sehr mild geworden. Besonders gut lebten die Menschen damals in der Levante, im heutigen Syrien. Es war warm, und es gab gute Umweltbedingungen für Pflanzen und Tiere. Aber nach etwa tausend Jahren kam es durch die Erwärmung in der Antarktis zu einem gewaltigen Schmelzwasserimpuls, der wieder zu einer globalen Abkühlung führte. Für die Menschen der Levante bedeutete das einen abrupten Kälterückfall. Recht schnell wurden die Ressourcen knapper. Diese sogenannte Jüngere Tundrazeit dauerte von etwa 10 700 bis 9700 v. Chr., also etwa tausend Jahre. Vermutlich kamen Menschen in dieser Zeit erstmalig darauf, Getreide anzubauen und Schafe und Ziegen zu halten – es begann die *Neolithische Wende*. Die neue Sesshaftigkeit mit Viehzucht und Ackerbau wurde ein Erfolgsmodell – doch mit Schattenseiten.

Vor der Neolithischen Wende stillten Frauen ihre Kinder länger und mussten sie beim Herumziehen betreuen. Deshalb bekamen sie «nur» etwa alle drei bis vier Jahre ein Kind – bei hoher Kindersterblichkeit. Aber mit der Sesshaftigkeit gab es mehr Nahrung und kürzere Wege, also weniger Strapazen. Die Frauen stillten früher ab und bekamen alle zwei bis drei Jahre ein Kind. Das war der Beginn eines Bevölkerungswachstums, das bis heute andauert.

Nun besaßen die Menschen kostbare Felder und Vorräte. Um die Felder und Vorratshütten bildeten sich größere Siedlungen als zuvor. Die nun über hundert zusammenlebenden Menschen formten ihre Umgebung um. Doch ihre Vorräte konnten sie nur in Maßen mit anderen teilen. Rousseau beschrieb dies bereits 1755 in seinem *Diskurs über den Ursprung und die Grundlagen der Ungleichheit unter den Menschen*. Das Leid des Verbrechens und der

Kriege habe begonnen, als das erste Mal ein Mensch ein Stück Land umzäunte und sagte: «Dies ist meins.» Rousseaus Beschreibung ist zwar etwas pittoresk, aber vielleicht nicht ganz falsch.

Mit den Umständen änderte sich die menschliche Lebensweise. Es wurde mehr gearbeitet als vorher. Ein Feld zu bestellen ist anstrengender als zu jagen oder zu sammeln, auch für die Kinder. Vermutlich hatten die Cro-Magnon-Menschen vor 50 000 Jahren noch mehr Freizeit als die Ackerbauer und Viehzüchter der Levante. Zudem gingen diese neue Risiken ein.

Die Menschen waren nun auf die Ernteerträge angewiesen. Ernteausfälle zogen Hungersnöte nach sich. Man hatte wenig Erfahrung mit Lagerung. Vermutlich starben viele Menschen damals an Vergiftungen durch schimmelige Vorräte. Die neuen Siedlungen zogen zudem Mäuse und Ratten an. Erstmalig in der Menschheitsgeschichte kam es zu Seuchen. Für herumziehende kleine Gruppen war die Ansteckungsgefahr gering gewesen. Aber nun lebten viele Menschen eng zusammen – ohne Kanalisation oder sanitäre Anlagen. Erst die medizinischen Forscher und Ingenieure des 20. Jahrhunderts haben einige dieser Probleme in den Griff bekommen.

Das erzähle ich, um zu veranschaulichen, wie stark sich die Neolithische Wende insgesamt ausgewirkt hat. Doch mich interessiert vor allem die Ernährung, denn durch die neue Bevorzugung von Getreide kam es zu Mangelerscheinungen. Auch Karies trat vermutlich erstmalig in dieser Zeit auf. Doch gerade der Ackerbau wurde technisch immer weiterentwickelt: mit der Erfindung des Pfluges, Bewässerungsgräben, Dreifelderwirtschaft, Landmaschinen, Düngemitteln und Schädlingsbekämpfung. Heute leben wir immer noch mit dieser Umstellung: Die moderne Ernährung besteht vorwiegend aus Brot, Müsli, Pizza, Nudeln, Teigtaschen, Kuchen, Keksen – Getreide. Mit der industriellen Produktion von Lebensmitteln wurden die Nährstoffe reduziert und die wertvollen und seltenen Zutaten Salz und Zucker nahezu überall zugesetzt.

Der Hauptbestandteil unserer Ernährung ist also: einfache Kohlenhydrate.

Lieberman zufolge haben wir in unserer Ernährung eine *Dysevolution* entwickelt: Durch eine Veränderung unserer Ernährung setzen wir genetische Programme frei, durch die wir zwar besser überleben, aber kränker werden. Aber welche Alternative haben wir?

Ich bin zum Beispiel mit dem Gedanken aufgewachsen, dass das Gehirn Glukose braucht. Dann wurde ich auf die Krebsforschung aufmerksam. Manchmal wird dort eine ketogene Diät angewandt, um das Wachstum von Krebszellen zu verlangsamen (es gibt dazu unterschiedliche Expertenmeinungen, aber das ist hier nicht relevant). Wenn also Krebspatienten auf Kohlenhydrate verzichten können, sagte ich mir, wie kommen dann ihre Gehirne damit klar?

Tatsächlich können Menschen überleben, fast ohne Kohlenhydrate zu sich zu nehmen. Der Körper verfügt über *zwei* Energiesysteme. Das eine ist das mir damals schon bekannte: Nahrungsmittel, die *insulinogen* sind, also zu hoher Insulinproduktion führen, werden aufgenommen, der Blutzucker steigt. Dann wird Insulin von der Bauchspeicheldrüse ausgeschüttet, das den Blutzucker in Glukose umwandelt. Ist er ausreichend gesunken, wird die Insulinproduktion wieder heruntergefahren. Wenn dann kein Nachschub an Blutzucker kommt, ist zu wenig Glukose vorhanden – und wir werden unkonzentriert und müde. Bei Menschen mit Diabetes kann das lebensbedrohliche Folgen haben. Heute meinen Ernährungswissenschaftler, Diabetes Typ 2 sei eine Folge zu insulinogener Ernährung.

Was mir bis dato unbekannt war: Es gibt noch ein zweites Energiesystem. Fett und Protein werden aufgenommen, es werden Ketonkörper gebildet, die Fette und Protein in Energie umwandeln. Ketonkörper entstehen in der Leber und gelangen dann im Blutplasma zu den Muskeln, dem Gehirn und anderen Organen. Dort werden sie abgebaut und setzen dabei Energie frei – ohne Glukose. Die längste Zeit der Menschheitsgeschichte haben wir vermutlich mit dem ketogenen System überlebt, vor allem in Hungerperioden zur Winterzeit. Neugeborene haben durch den hohen Fettgehalt der Muttermilch eine höhere Konzentration an Ketonkörpern im Blutplasma. Das musste ich erst mal verdauen.

Meine Annahme war: Mein Gehirn braucht Glukose. Das ist auch richtig – allerdings hatte ich nun gelernt, dass das Gehirn weit über die Hälfte seines Energiebedarfs durch Ketonkörper decken kann und nur gut ein Drittel Glukose benötigt.

Mehr über meinen Energiestoffwechsel zu wissen, trug direkt dazu bei, dass ich ein gesünderes Leben führen konnte. Vielleicht waren die einfachen Kohlenhydrate – Zucker, Weißmehl – die Ursache meiner Hungerattacken, der Übelkeit und schließlich der Müdigkeit, die ich mit Kaffee bekämpfte? Ich beschloss, auf eine Ernährung mit wenig Zucker und Weißmehl umzustellen.

Das neue Wissen veränderte meinen Blick auf die Wirklichkeit. Ich lernte, Lebensmittel auf eine andere Art sehen. Diese Entwicklung des eigenen Blicks kennen Sie vielleicht von einem Museumsbesuch. Wir «sehen» Kunstwerke erst richtig, wenn wir uns mit ihnen etwas beschäftigen. Das gilt auch für Lebensmittel.

Wenn ich heute eine Bäckerei betrete, sehe ich vor allem einfache Kohlenhydrate in unterschiedlichen Darreichungsformen, einige noch mit Zuckerglasur. Wenn ich jetzt unterwegs hungrig werde, gönne ich mir stattdessen Bratwurst, einen Wrap oder einen Salat (alles am liebsten bio).

Ich hatte meinen Kaffeekonsum einschränken wollen und hatte nun eingesehen, dass die Ursachen für meinen hohen Kaffeekonsum teilweise in meiner Art der Ernährung lagen. Was ist zentral für eine gute Ernährung? Unser Zustand im *Supermarkt*. Warum? Sind wir hektisch, hungrig und müde, kaufen wir unüberlegt – und finden die Resultate dann in unserem Kühlschrank. Das nächste Mal betrat ich den Supermarkt ausgeruht, mit genügend Zeit und neuem Wissen. Kommen Sie mit.

## Wie ich im Supermarkt meine Freiheit wiederfand

Ich eilte nicht mit Einkaufszettel drauflos wie sonst, sondern flanierte durch die Gänge wie Baudelaire durch die Einkaufsstraßen von Paris. Menschen schossen an mir vorbei, grelle Verpackungen buhlten um meine Aufmerksamkeit. Ich nahm Verschiedenes aus den Regalen und schaute auf die Nährwertangaben. Grundsätzlich bevorzuge ich fair gehandelte Bio- und Ökoprodukte, aber jetzt ging es mir nur um den Anteil von Fett, Eiweiß und Kohlenhydraten. Ich kam aus dem Staunen nicht mehr heraus.

Cranberries fürs Müsli. Ich dachte: natürlich und lecker, sogar bio. Aber sie enthalten mehr Zucker als *Nutella*! Ich beschloss, *Nutella* als Referenzwert zu nehmen für «haltlos überzuckert» (55,9 % Zucker). Nicht nur Milchschokolade hat ähnlich viel Zucker, sondern auch Trockenobst, Ketchup, süße Müslis. Ich sah ein: Obstsäfte sind Junk-Food.

Ich machte mir einen Spaß daraus, im selben Supermarkt für das gleiche Produkt eine Alternative mit weniger einfachen Kohlenhydraten zu finden. Statt Nutella lieber Erdnussbutter oder Mandelmus – fast keine Kohlenhydrate, viele ungesättigte Fettsäuren, viel Protein. In der Kühlabteilung schaue ich auf einen Trinkjoghurt mit Geschmack. Dagegen einfacher Joghurt mit hundertprozentigem Kakaopulver: fast kein Zucker. Statt Bananen lieber Avocado.

*Warum Gesundheit auch für Philosophen zählt*

Nach und nach stieß ich im Supermarkt in Gänge vor, in denen ich seit Jahren nicht gewesen war: Hülsenfrüchte, Walnüsse, Paranüsse, Pekannüsse, Mandeln, Macadamianüsse, Cashewkerne, Kürbiskerne – in Quark gerührt mit etwas Kakao, sehr sättigend, kaum Zucker.

Aus Neugier schaute ich bei den Diätshakes. Werbung: «die bestmögliche Ernährung kompakt». Je nach Marke des «Eiweißshakes» bestehen sie aus 20 bis 30 Prozent Zucker. Immerhin noch halb so viel wie *Nutella*. Ungläubig und leicht belustigt schlenderte ich weiter. Ich schaute zu, wie Leute Berge von Nudeln, Toastbrot, Tiefkühlpizza, Marmeladen, Keksen und Süßigkeiten in ihre Einkaufswagen luden. So wie ich bis vor kurzem.

Dann kam der Moment der Entscheidung: Ich stand an der Kasse bei den Schokoriegeln. Früher habe ich hier regelmäßig zugegriffen. Doch jetzt hatte sich nicht nur mein Blick verändert, sondern mit ihm auch mein Verlangen. Ich sah im Regal nur Zuckerblöcke liegen.

Früher, wenn meine Frau das Regal mit den Süßigkeiten leer fand, wusste sie: Das waren nicht die Kinder. Für mich war eine Tafel Milchschokolade *eine Portion*. Inzwischen habe ich weder Verlangen danach, noch genieße ich sie besonders, wenn ich mal ein Stückchen esse, noch fühle ich mich danach besonders gut. Stattdessen habe ich viel mehr Lust auf Gemüse aller Sorten, genieße bewusst und habe keine Heißhungerattacken mehr auf Süßes.

Das zeigt, wie wirkungsvoll es sein kann, wenn wir mehr wissen. *Unser Verlangen nach etwas hängt davon ab, was wir darüber wissen.* Wenn unser Verlangen da ist, dann erleben wir es als passiv, als seien wir dem ausgeliefert. Aber wir haben ein Maß an Kontrolle – denken Sie an die Kategorie der passiven Freiwilligkeit. Solange wir es nicht besser wissen oder uns in einer Zwangslage wähnen, sind wir tatsächlich ohnmächtig. Aber wenn wir mehr wissen und Alternativen kennen, dann können wir unser Verlangen beeinflussen –

oder zumindest die Umstände vermeiden, unter denen es auftritt (praktische Vernunft). Oder es vorbeiziehen lassen, ohne ihm zu folgen (Autonomie).

Können Sie bisweilen Ihr Verlangen schwer kontrollieren? Dann können Sie dies verändern, indem Sie sich klarmachen, was genau Sie verlangen und welche womöglich besseren Alternativen es gibt. Dann erringen Sie die Fähigkeit und die Freiheit, sich nach den Tatsachen zu richten, und die Autonomie, nicht Ihren momentanen Neigungen nachzugeben.

Und wie war das jetzt mit dem Kaffee?

Nach meinem Ausflug in die Ernährungswissenschaften konnte ich meine Gewohnheiten genauer verstehen. Meine Gewohnheit, Brötchen oder Müsli mit Milch zu frühstücken, führte zu einem Hochschießen und baldigen Absinken meines Blutzuckers. Dadurch fühlte ich mich müde und versuchte das durch Kaffee zu kompensieren. Da ich den aufkommenden Hunger wieder mit einfachen Kohlenhydraten besänftigte, war die nächste Hungerattacke vorprogrammiert. Und damit ein erhöhter Kaffeekonsum. Durch diesen Zirkel schwankte mein Zustand den ganzen Tag über rapide.

Seither habe ich meine Ernährung umgestellt. Ich esse nun morgens ein Omelette mit frischem Gemüse. Die schnelle Variante sind einige Spiegeleier. Danach bin ich gut gesättigt, sodass ich den gesamten Vormittag konzentriert arbeiten kann – bis zum Mittagessen. Schwankungen meines Blutzuckers bin ich dadurch weit weniger ausgesetzt, und ich fühle mich nicht mehr plötzlich müde oder hungrig.

Morgens trinke ich jetzt Wasser oder grünen Tee. Erst später, wenn ich Lust habe, mache ich mir einen Kaffee. Häufig vergesse ich ihn aber während der Arbeit und finde später die Tasse, noch halb voll. Das ist die eigentliche Errungenschaft: Ich habe mich nicht gezwungen, sondern ich habe das Netz der Gewohnheiten verstanden, das meinen Kaffeekonsum stützte. Das Netz ist zerrissen und das Muster gebrochen. Meine Freiheit hat sich konkret vermehrt.

Wenn Aristoteles' Auffassung des guten Lebens zutrifft, dann hier: Man wird ein guter Baumeister, indem man baut. Man wird ein guter Mensch, indem man gut lebt, ab sofort. Man erhält sich seine Bewegungsfähigkeit, indem man sich ausreichend bewegt. Man hat weniger Verlangen nach Süßem, wenn man weniger Süßes isst. Wir sind insgesamt bei besserer Gesundheit, indem wir eine gesunde Lebensweise annehmen.

Ich bin überzeugt, dass wir nicht nach der *perfekten* Lebensweise zu suchen brauchen. Es ist sinnvoller, wenn wir da ansetzen, wo wir sind. Bei welcher unliebsamen kleinen Gewohnheit wir auch beginnen, wir stoßen bald auf ein Netz an Gewohnheiten, das diese stabilisiert. Gehen Sie stets zu spät ins Bett? Das kann in ein ganzes Netz von Verhaltensweisen eingebettet sein. Wenn wir darüber gezielt neues Wissen sammeln, unseren Blick verändern, unser Begehren verändern und intelligent *mit* unserer Natur arbeiten anstatt gegen sie, dann werden wir am Ende mehr erreichen, als wir ursprünglich planten.

Welche ungesunde Gewohnheit wollten Sie schon lange abstellen? Ahnen Sie bereits, welches Netz an Gewohnheiten sich dahinter aufspannt? Was müssten Sie wissen, um es aufzuspüren? Wann ist der beste Moment, um die Veränderung einzuleiten?

Jetzt.

Gerade habe ich beim Thema Bewegung nur Verspannungen und beim Thema Stoffwechsel nur einfache Kohlenhydrate behandelt. Obwohl es mir nicht um Krankheiten, sondern um gesunde Lebensweise geht, gibt es in diesem Zusammenhang viele weitere Themen. Ziel war hier nie eine erschöpfende Darstellung, sondern zur Denkweise eines aufgeklärten Patienten anzuregen. Wenn Ihnen Gesundheit wichtig ist (und es ist schwer vorzustellen, dass sie das nicht ist), dann liegt es an Ihnen, eine gesunde Lebensweise anzunehmen. Unsere «Belohnung» ist nicht nur höhere Lebensqualität, sondern auch weniger Beeinträchtigung bei anderen Fähigkeiten. Wir sind ausgeglichener, belastbarer und können unsere Zeit unbeschwerter genießen.

Nun sprechen wir nicht nur von körperlicher, sondern auch von seelischer oder emotionaler Gesundheit. Wir alle sind uns im Klaren darüber, dass Emotionen eine zentrale Rolle in unserem Leben spielen. Manche identifizieren sogar ein glückliches Leben mit Glücksgefühlen. Andere sehen die Anerkennung des ganzen Spektrums unserer Gefühle als Teil eines erfüllten Lebens. Was können wir philosophisch zu einem guten Umgang mit Gefühlen beitragen?

# KAPITEL VII

# KLARER FÜHLEN UND MIT GEFÜHLEN GUT UMGEHEN

**B**ianca starrt auf den Bildschirm. Sie kann kaum glauben, was sie da liest. Sie hatte nur kurz vor der Mittagspause ihre E-Mails checken wollen, nicht ahnend, dass eine davon ihr Leben verändern könnte.

Seit acht Jahren arbeitet Bianca als Senior Recruiter in einer kleinen Personalberatung und sucht im Auftrag von Firmen die richtigen Leute für den richtigen Job. Mit ihren Anfang dreißig hat sie bereits gute Menschenkenntnis entwickelt, die in ihrem Job ein großer Vorteil ist. Zu Beginn war sie begeistert, doch in den letzten Jahren begann die Routine sie zu langweilen, das Unternehmen stagnierte, es gab für sie keine Perspektiven, und schließlich fühlte sie sich nur noch leer und irgendwie indifferent. Doch nun ist mit einem Schlag alles anders.

In letzter Zeit hatte sie häufiger mit dem einzigen Großkunden zu tun gehabt – einer internationalen Unternehmensberatung mit Sitz in London. Die Mail kommt direkt von deren Personaldirektion – mit einem kurzfristigen Angebot, im dortigen Personalbereich eine leitende Position zu übernehmen. Telefontermin morgen Vormittag. Whoa!

Gänsehaut überläuft sie und ihr Herz schlägt schneller. Sie kann es kaum glauben. Ihre Gedanken wirbeln ebenso durcheinander wie ihre Gefühle. Inneres Chaos.

In diesem Kapitel geht es um die emotionale Seite unserer menschlichen Existenz. Die Fähigkeit, Gefühle zu haben, auszudrücken und zu berücksichtigen, ist unverzichtbar, wenn wir ein gutes, erfülltes Leben führen wollen.

Philosophen haben seit eh und je über Gefühle nachgedacht: Aristoteles mit seiner Theorie der Gefühle; die Stoiker mit ihrer Lehre der Gemütsruhe; Epikur mit dem Ideal eines ausgeglichenen

Lebens; Descartes, der in seiner Schrift *Die Leidenschaften der Seele* Gefühle rein physiologisch-mechanisch erklären wollte; Adam Smith mit der *Theorie der ethischen Gefühle*; Rousseau, der die Rolle der Leidenschaften für die individuelle Lebensführung untersuchte; Nietzsche, der Gefühlen eine evolutionäre Bedeutung zuschrieb; Freud, der die Theorie der unbewussten, verdrängten Gefühle formulierte; Foucault und seine Kritik an der Freud'schen Theorie und schließlich Merleau-Ponty, der die *Leiblichkeit* als empfundene Körperlichkeit betonte.

Aber auch hier biege ich nicht Richtung Philosophiegeschichte ab, sondern lasse den Fokus auf den lebenspraktischen Fragen. Also: Wie können wir unsere Gefühle klären und wie können wir mit ihnen umgehen?

Manchmal sind unsere Gefühle klar und eindeutig. Wir erreichen etwas und sind stolz. Oder jemand schnappt uns den Parkplatz vor der Nase weg – und wir sind empört. Aber manchmal sind wir uns nicht sicher, was wir eigentlich fühlen. Vielleicht sind wir über längere Zeit in einen gleichgültigen Zustand hineingerutscht, in dem wir kaum sagen können, ob wir eigentlich zufrieden sind oder nicht. Oder die Ereignisse überschlagen sich, und wir stürzen in einen emotionalen Strudel. Wenn uns jemand fragt, wie es uns geht, antworten wir vielleicht höflich: «Danke, gut» – aber wirklich wissen tun wir die Antwort nicht.

Aber wie kann das sein, dass man nicht weiß, was man fühlt?

Tatsächlich gibt es Menschen, die an einer *Gefühlsblindheit* leiden, oder wie Psychologen es nennen: Alexithymie. Es handelt sich um ein nicht klar umrissenes Phänomen, aber kennzeichnend ist, dass die betroffenen Menschen zwar normale Gefühle haben und auch die Gefühle anderer verstehen, aber ihre eigenen Gefühle nicht adäquat wahrnehmen. Wenn ihnen vor Angst das Herz klopft und Schweiß ausbricht, dann deuten sie das rein körperlich. Üblicherweise werden Menschen mit Gefühlsblindheit als «expressiv gehemmt» beschrieben, d. h. sie sind nicht in der Lage, auch starke Gefühle wie Zorn oder Freude sprachlich oder mimisch auszudrücken. Das kann schlimme Folgen haben.

Einerseits kann Gefühlsblindheit somatoforme Störungen nach sich ziehen, d. h. körperliche Beschwerden, die nicht allein organische Ursachen haben und sich häufig in Müdigkeit, Erschöpfung, Magen-Darm-Beschwerden bis hin zu Herz-Kreislauf-Problemen äußern. Andererseits macht Gefühlsblindheit das Zusammenleben mit anderen schwieriger und kann sogar grundsätzlich die Fähigkeit stark beeinträchtigen, die eigene Vorstellung eines guten Lebens zu verfolgen. Wie sollen wir beurteilen, was uns wichtig ist und ob wir auf dem richtigen Weg sind, dafür zu sorgen, wenn wir nicht verstehen, wie wir uns fühlen?

Aber Bianca ist, wie die meisten von uns, von diesem psychischen Phänomen nicht betroffen. Nur weil wir mal nicht wissen, was wir fühlen, oder unsere Gefühle nicht richtig ausdrücken können, leiden wir nicht schon unter Gefühlsblindheit. Biancas emotionale Unklarheit hat ganz andere Gründe und ist Teil eines Prozesses: die eigenen Gefühle zu klären.

Sie antwortet wie im Traum auf die Mail und bestätigt den Telefontermin. Wie abwesend steht sie auf und geht zum Mittagessen. Sie ist wie aus dem Alltag gefallen. Die Kollegen verhalten sich wie immer, sie bemerken nicht, dass Bianca mit ihren Gedanken ganz woanders ist. Sie fühlt sich weder gut noch schlecht, sie wartet auf irgendetwas.

Später zu Hause räumt sie unschlüssig in der Wohnung herum. Sie ist ratlos – es ist, als würde sie im Nebel herumtappen und keine Richtung finden. Sie merkt, *dass* sie etwas intensiv beschäftigt, sie merkt den inneren Aufruhr, der ihre Aufmerksamkeit fordert – nur weiß sie nicht, *was* sie eigentlich fühlt. Kurz entschlossen zieht sie ihre Sportsachen und Laufschuhe an und macht sich auf den Weg.

Was Bianca in diesem Moment sucht, ist Selbsterkenntnis – die

Kenntnis von Tatsachen über sich selbst. Doch wie findet man heraus, was man fühlt? Es ging hier nicht darum, eine emotionale Gewohnheit zu erkennen, also etwa, dass sie in bestimmten Situationen regelmäßig bestimmte Gefühle hat. Sie hat auch kein klares, eindeutiges Gefühl, von dem sie nur nicht weiß, was es ist. Die Gefühle selbst sind unklar wie ein Glas, gefüllt mit Wasser und Sand, in dem ständig gerührt wird: Es ist trübe. Wenn man aber aufhört zu rühren, dann setzt sich der Sand langsam auf dem Boden des Glases ab, und das Wasser wird klar. Etwas in der Art hat Bianca vor.

Draußen läuft sie die Straße entlang in den Wald. Sie mag die alten Buchen, die Brauntöne des Waldbodens, den holzigen, etwas modrigen Geruch, die Stille. Ihr Atem geht gleichmäßig, und sie kommt in einen fließenden Laufrhythmus. Der Waldweg gleitet unter ihr dahin. Sie fragt sich: «Warum kann ich meine Gefühle nicht einordnen?»

Da Biancas Gefühle unklar sind, achtet sie zunächst darauf, was sie *empfindet*. Empfindungen sind z. B. Wahrnehmungen des eigenen Körpers – den eigenen Herzschlag spüren, die Atmung, Hunger, Durst, Schmerzen in einem Körperteil, die Lage der eigenen Gliedmaßen, Übelkeit. Zu den Empfindungen gehören auch Sinneswahrnehmungen – sehen, hören, riechen, schmecken, tasten.

Empfindungen sind meistens kausal ausgelöst, etwa durch das Licht, das von einem Gegenstand reflektiert wird, auf unsere Netzhaut fällt und schließlich im visuellen Kortex verarbeitet wird, sodass unser visueller Eindruck entsteht. Mit Gefühlen ist es anders. Sie gehen zwar mit Empfindungen einher, wenn uns etwa vor Wut heiß wird oder vor Angst flau im Magen. Aber Gefühle sind mehr als das.

Bianca spürt, dass ihr Herz klopft, was beim Joggen nicht verwunderlich ist. Es hat aber auch beim Lesen der E-Mail vorhin schneller als gewöhnlich geklopft. Was war das? *Aufregung*, kommt es ihr in den Sinn, sie fühlt sich total aufgeregt. Aufregung wegen einer plötzlichen, unerwarteten Anfrage, die sie vor die Entscheidung stellt, ihr Leben radikal zu verändern oder nicht. Ein internationales Unternehmen in London – was für eine Chance! Wer wäre da nicht aufgeregt?

Zuerst hat Biancas Gefühl sich zu Aufregung geklärt, und zwar während sie an die Situation gedacht hat, in der das Gefühlschaos begonnen hatte. Die Aufregung verstärkt den Fokus auf die E-Mail – aber die E-Mail ist nur ein Mosaikstein. Aufgeregt ist Bianca, weil der Inhalt der Nachricht für sie *bedeutsam* ist. Und die intensive Aufregung zieht sie mit sich, um zu klären und damit zu erkennen, warum das so ist. Ein Grund ist die Spannung, die das Jobangebot herstellt zwischen Biancas gegenwärtiger Situation und den Vorstellungen, die sie von einem guten Leben hat. Nicht jeder würde gerne ins Ausland gehen, Karriere machen oder auch bei genau diesem Unternehmen in diesem Job arbeiten wollen. Aber für Bianca wäre das ein *bedeutender* Schritt in die Richtung, die ihr wichtig ist.

An dieser Stelle können wir etwas über den komplexen Aufbau von Gefühlen verstehen. Einerseits gehen mit den Gefühlen Empfindungen einher. Darüber hinaus ist das Gefühl auf etwas bezogen. Bianca ist aufgeregt, *weil* das Jobangebot kam. Häufig sind Gefühle in dieser oder ähnlicher Weise gerichtet: Wir ärgern uns *über* jemanden, wir freuen uns *über* etwas, wir haben Angst *vor* etwas, sind stolz *auf* etwas oder schämen uns *wegen* etwas. Zwar erleben wir manchmal z. B. ungerichtete Wut, aber häufig sind Gefühle – wenn sie klar sind – mit etwas befasst. Und *womit*?

Mit allem, was in unserem Leben vorkommt: Dingen, Zusammenhängen, Ereignissen, Personen usw. Um unsere Gefühle zu verstehen, untersuchen wir unsere Situation und befassen uns mit verschiedenen Aspekten und Möglichkeiten. Je klarer uns die Aspekte werden, desto klarer werden unsere Gefühle dazu. Es ist, als ob wir bei einer Kamera die Linse scharfstellen.

Wieder zu Hause, denkt Bianca unter der Dusche über das Angebot nach. Mit geschlossenen Augen lässt sie das Wasser über ihr Gesicht rinnen. Bilder steigen auf – London als Arbeitsplatz – Big Ben, die großartigen Museen, die Cafés und Bars, die tollen Geschäfte – das wäre doch großartig! Sie wird euphorisch und könnte hüpfen vor Freude.

Aber wenn sie an die neue Aufgabe und die damit verbundenen Anforderungen denkt, dann hat sie doch ganz schön Respekt. Plötzlich wird ihr mulmig zumute.

## Wie sollen wir nach den Gründen für unsere Gefühle suchen?

Warum wird es Bianca mulmig, obwohl sie eben noch euphorisch war? An diesem Umschwung können wir uns etwas klarmachen, was manche Theorien, die Gefühle erklären wollen, verpassen. Betrachten wir aber zunächst einige solcher Erklärungen.

Fragen wir: «Warum wird Bianca mulmig?», könnte man meinen, das sei eine kausale Frage und wir wollten eine Ursache finden. Kausale Erklärungen zu geben, sind das Terrain der Naturwissenschaften – also könnten wir z. B. eine neurowissenschaftliche Erklärung heranziehen. Aber wäre das praktisch sinnvoll?

Was würde es Bianca nützen, wenn jemand ihr erklärte, dass ihr mulmiges Gefühl u. a. durch die Ausschüttung bestimmter Hormone der Amygdala im limbischen System ihres Gehirns ausgelöst wird? Es würde Bianca nichts nützen, weil sie dadurch zwar die physiologischen Vorgänge ihres Körpers besser versteht, aber nicht ihre Gefühle klärt und deren Bezug zur Situation. Diese kausale Erklärung hilft ihr nicht bei ihrer Entscheidung.

*Klarer fühlen und mit Gefühlen gut umgehen*

Eine andere Erklärung wäre das Konzept der sozialen Prägung. Diese Erklärung ist nicht streng kausal – zwar können bestimmte Verhaltensweisen, wenn sie vorliegen, durch z.B. frühkindliche Prägung durch die Eltern, bestimmte Umstände etc. erklärt werden. Aber daraus ergibt sich kein Determinismus: Nicht jeder, der unter diesen Umständen aufwächst, entwickelt später die gleichen Verhaltensweisen. Wenn also jemand Bianca erklären würde, ihr sei jetzt mulmig, weil sie als Kind geprägt worden sei, auf bestimmte Schlüsselreize mit diesem Gefühl zu reagieren, dann mag Bianca dadurch etwas über ihre Biographie lernen. Aber dadurch versteht sie die gegenwärtige Situation nicht besser, weil ja nicht geklärt ist, ob das Gefühl angemessen ist.

Solche Erklärungen durch soziale Prägung können manchmal eher hinderlich sein – sie werden zu einem Teil unserer Geschichte, die wir uns selbst immer wieder erzählen. Das kann uns verleiten, diese Geschichte vorschnell als Erklärung zu gebrauchen, anstatt unseren Gefühlen genauer nachzuspüren. Auch dieser Ansatz hilft Bianca also nicht bei der Frage weiter, was jetzt für sie das Richtige ist.

Eine dritte Erklärung könnte der Individualpsychologie Alfred Adlers entstammen: Bianca hat ein mulmiges Gefühl, weil sie einen *Minderwertigkeitskomplex* hat. Es ist für die meisten von uns normal, gelegentlich Minderwertigkeitsgefühle zu haben – dass wir uns mal klein und unbedeutend fühlen oder bestimmten Ansprüchen nicht zu genügen meinen, denen anderer oder unseren eigenen. Aber Adler nahm an, alle Menschen hätten angeborene Minderwertigkeitsgefühle, die ihr Verhaltensantrieb seien. In besonders starker Ausprägung nannte er dies einen Komplex.

Ich halte diese Erklärung für unwissenschaftlich und höchst zweifelhaft. Der Grund ist dieselbe theoretische Unzulänglichkeit, die wir schon früher kennengelernt hatten – bei der Theorie, jegliches Handeln sei egoistisch. Auch hier, bei der Unterstellung eines

Minderwertigkeitskomplexes, kann jegliches Handeln in Übereinstimmung mit der Theorie gedeutet werden. Genau das ist ihre Schwäche: Es entfällt die Möglichkeit, die Theorie zu testen und zu prüfen, ob sie überhaupt haltbar ist. Lehnt Bianca das Jobangebot ab, dann aus einem Minderwertigkeitsgefühl, nicht zu genügen. Nimmt sie es aber an, dann um ihr Minderwertigkeitsgefühl zu *kompensieren*. Egal was sie tut, es lässt sich immer durch einen vermeintlichen Minderwertigkeitskomplex erklären. Deshalb kann die Richtigkeit dieser Erklärung nie überprüft werden, und damit ist sie wissenschaftlich gesehen als allgemeine Erklärung menschlichen Verhaltens disqualifiziert.

Welchen Weg soll Bianca also einschlagen, um zu klären, warum sie ein mulmiges Gefühl hat? Da Gefühle häufig auf bestimmte Aspekte einer Situation bezogen sind, bin ich davon überzeugt, dass wir unsere Gefühle bei der Beschäftigung mit der Situation klären können und wir das Verstehen der Situation und die Klarheit der Gefühle gemeinsam entwickeln. Bianca macht sich dafür folgende Gedanken:

«Ob ich das schaffe? Dort weht sicherlich ein anderer Wind als in unserer kleinen Firma, und ich würde viel mehr Verantwortung tragen. Ob mein Englisch dafür gut genug ist? Ob ich mich werde durchsetzen können?» In ihr steigen Zweifel auf – ob das Ganze nicht eine Nummer zu groß für sie ist?

Jede dieser Annahmen und Fragen stellt mögliche Situationen in Aussicht, und auf diese reagiert Bianca emotional. Das mulmige Gefühl tauchte mit diesen Fragen auf. Sie verknüpft die verschiedenen Szenarien mit ihrer eigenen Biographie, und was sie sonst noch über die Situation weiß. Bei der Frage «Werde ich mich durchsetzen können?» schießen ihr Bilder und Fetzen von möglichen Situationen durch den Kopf. Sie erinnert sich an Situationen, die sie in der Vergangenheit gemeistert hat – ja, sagt sie sich selbst, es ist ein Neuanfang wie damals, als ich als junge Studentin ohne Erfahrung ins Berufsleben einstieg. Aber heute *habe* ich Erfahrung, sowohl mit «herausfordernden» Mitarbeitern als auch mit «anspruchsvollen» Kunden. «Natürlich werde ich mich durchsetzen», denkt Bianca, «auf diese Gelegenheit habe ich nur gewartet!»

Hier können wir uns einen anderen wichtigen Aspekt von Gefühlen vergegenwärtigen: Wir erleben Gefühle als passiv, wie etwas, das uns zustößt oder das wir erleiden. Nicht zufällig spricht man auch von «Leidenschaften». Aber das heißt nicht, dass wir ihnen ausgeliefert sind wie einem unveränderlichen Schicksal. Biancas mulmiges Gefühl verstärkte ihre Aufmerksamkeit auf Aspekte der Situation, die vielleicht schwierig oder bedrohlich sein könnten. Doch während Bianca dem nachforscht, findet sie neue Antworten durch Erinnerungen und Möglichkeiten. So entwickelt sie ihr Verständnis der Situation weiter – und damit verändern sich auch ihre Gefühle. Das zeigt: Welche Gefühle wir haben, verändert sich mit den Tatsachen, von denen wir uns ansprechen lassen.

Wenn wir über Gefühle philosophieren, vergessen wir dies häufig, obwohl wir intuitiv schon danach handeln. Erinnern Sie sich an die Einsicht aus Kapitel II: Wir reduzieren häufig unser Weltverhältnis auf die Dualität von willentlicher Aktivität und ungewollter Passivität. Stattdessen habe ich zwölf Kategorien unseres Handelns vorgeschlagen – und zu Gefühlen können wir uns z. B. freiwillig passiv verhalten, also uns den als passiv erlebten Gefühlen freiwillig aussetzen. Diese Differenzierung klingt vielleicht theoretisch, aber tatsächlich ist es eine präzisere Beschreibung dessen, wie wir uns alltäglich verhalten. Wir gehen in die Geisterbahn, um uns zu gruseln – oder setzen uns dem lieber nicht aus. Wir gehen in eine Kunstausstellung, um ästhetische Erlebnisse zu haben. Und wenn wir richtig schlecht drauf kommen wollen, wissen wir meistens, auf welche Gedanken wir uns dafür einlassen müssen.

Auch hier spielt die Art der Fragen eine Rolle, die wir stellen. Fragt Bianca: «Was, wenn ich kläglich versage?», dann begibt sie sich auf emotionale Talfahrt. Aber Bianca hat Selbstvertrauen und Zuversicht geschöpft. Vor dem Spiegel trocknet sie sich die Haare und sieht sich selbst in die Augen. Sie fragt: «Will ich den Job? Was würde er für mich *bedeuten*?»

Sie stellt sich vor, sie würde ihn annehmen, es würde alles klappen, sie würde nach anfänglichen Schwierigkeiten ihren Groove finden. Sie würde jemand sein, der diese Verantwortung trägt, der dieses Leben lebt. Es wäre anstrengend, herausfordernd, aber sie würde daran wachsen, sie würde auf internationalem Parkett spielen. Ist das die Lebensweise, die sie sich vorstellt? Und nun passiert etwas, das die Situation für sie klärt.

## Wie Gefühle mit unserer Auffassung eines guten Lebens zusammenhängen

Bianca fragt sich, was genau sie eigentlich an ihrem Job hier genießt, wo ihre frühere Begeisterung herkam. Es war die Möglichkeit, Menschen ihre bestmögliche Stelle zu verschaffen. Wie wichtig ist für Menschen der Beruf – sie verbringen viel Lebenszeit damit, sie entwickeln ihre Fähigkeiten und sehen die meiste Zeit ihrer Arbeitstage ihre Kollegen. In ihren Jahren als Personalvermittlerin hat Bianca gelernt, dass es nicht nur auf die richtigen Qualifikationen und Kompetenzen ankommt. Es kommt auch nicht unbedingt darauf an, ob jemand einen Job unbedingt will. Es kommt vor allem darauf an, ob jemand für genau diese Tätigkeit der richtige Mensch ist – ob er darin aufgeht, ob er morgens gerne zur Arbeit kommt, ob er die Tätigkeit um ihrer selbst willen gut macht. Deshalb kommt Bianca ihre Menschenkenntnis so zugute, weil sie Menschen in dieser Hinsicht gut einschätzen kann.

*Klarer fühlen und mit Gefühlen gut umgehen*

Genau diesen Aspekt, so geht ihr auf, der ihr so wichtig ist und sie immer dann erfüllt, wenn ihr ein *match* gelungen ist – diesen Aspekt kann sie in ihrer neuen Aufgabe noch intensiver ausleben. Bisher hat sie eher kurzfristig mit Menschen zu tun, bei der Personalabteilung in London könnte sie Menschen intensiver betreuen, und dieser Gedanke *begeistert* sie.

Biancas Gefühle haben sich vor dem Hintergrund ihrer Vorstellung eines guten Lebens nochmals verändert. Sie hat sich vergegenwärtigt, was für sie wirklich wichtig ist – nämlich Menschen zu helfen, den sie erfüllenden Job zu finden. Aus diesem Blickwinkel betrachtet sie die mögliche Situation in London, und ihr Gefühlsleben gibt dazu eine Wertung ab – es ist wie eine emotionale Beurteilung dieser Möglichkeit vor dem Hintergrund dessen, was sie selbst erfüllt.

Diesen evaluativen Charakter von Gefühlen nennt Martha Nussbaum «eudaimonische Urteile». *Eudaimonia* ist der aristotelische Ausdruck für «Streben nach Glückseligkeit», wobei ich schon erläutert hatte, dass Aristoteles «Glück» nicht als mentalen Zustand im Sinne eines «Glücksgefühls» auffasste, sondern als Ausübung einer Tätigkeit, die wir um ihrer selbst willen schätzen. Das sind Tätigkeiten, die direkt mit dem verbunden sind, was uns im Leben am wichtigsten ist. In Bezug auf diese Entfaltung des eigenen Lebens bewerten wir mit Gefühlen tatsächliche und mögliche Situationen im Hinblick auf ihr Potenzial für unsere Entfaltung.

Das erklärt auch, warum Bianca schon beim Öffnen der E-Mail intensive Gefühle hatte, wenn auch unklare. Ihr war nur klar, dass es sich um etwas handeln könnte, das für sie und ihre Vorstellung eines guten Lebens enorm wichtig ist. Nach dieser Auffassung lassen sich viele Gefühle als Reaktionen auf Veränderungen des Spielraums unserer Entfaltung deuten. Eine körperliche Bedrohung schränkt unsere Fähigkeit ein, ein gesundes, körperlich selbstbestimmtes Leben zu führen. Auf soziale Ächtung, wie etwa Mobbing, reagieren wir mit Empörung, weil es auf ungerechte Weise unsere Fähigkeit beschneidet, mit anderen in unbeschwerte, bedeutsame Beziehungen zu treten.

Das bedeutet: Die Unklarheit von Gefühlen ist kein Manko, sondern eine Aufgabe, wie der Beginn einer Suche. Wir erleben Gefühle zwar passiv, aber wir können aktiv Aspekte von Situationen suchen, und mit der Suche klären sich unsere Gefühle. Dabei können wir unsere Aufmerksamkeit leiten lassen und bewerten emotional, ohne theoretische Zusatzreflexion, Aspekte vor dem Hintergrund unseres eigenen Strebens nach einem guten Leben und der Sorge für das, was uns wichtig ist. Und diese tiefere Verbindung zu unseren grundlegenden Wichtigkeiten können wir emotional als vorrangig zu anderen Aspekten erleben.

Als Bianca diese Verbindung klarwurde, stieg trotz aller vorigen Zweifel klare Begeisterung in ihr hoch. Plötzlich hatte sie Gewissheit, dass der Job das Richtige wäre. Die Entscheidung war so gut wie gefallen.

Doch abends liegt sie noch wach, und etwas anderes mischt sich unter ihre Gefühle: ein schlechtes Gewissen. Wenn sie morgen zusagen würde, dann würde sie sehr kurzfristig wechseln. Sie hat in ihrer Firma schon ein gewisses Standing, ist in viele Prozesse eingebunden, bei den Kunden bekannt. Sie ist natürlich nicht unverzichtbar, aber so kurzfristig ist es fast unmöglich, einen geeigneten Ersatz für sie zu finden. Sie fühlt sich, als würde sie ihre Kollegen hängenlassen. In dieser Nacht schläft sie sehr unruhig.

Hier fühlt Bianca einen anderen Aspekt, der für sie ebenfalls sehr wichtig ist: ihre Moralität. Unter «Ethik» verstehe ich hier durchgängig das Herausbilden einer Vorstellung vom guten Leben und das Anstreben ihrer Verwirklichung. Unter «Moralität» das Verständnis dessen, was Menschen mit Recht voneinander erwarten können.

Wir mögen unterschiedliche Vorstellungen davon haben, wie

wir leben wollen und was Lebensqualität ist, aber bei unserem Streben danach haben wir uns gegenseitig so zu respektieren, dass jeder bestmöglich seine eigene Vorstellung verwirklichen kann. Diese Grundhaltung drückt sich ebenso in der Goldenen Regel aus wie im kategorischen Imperativ. Wenn wir gegen sie verstoßen, dann beurteilen wir unser eigenes Handeln als moralisch falsch – und das äußert sich emotional in schlechtem Gewissen. Diese Unterscheidung zwischen Ethik und Moralität macht auch verständlich, warum unsere Gefühle auch in dieser Hinsicht unklar, ambivalent oder widersprüchlich sein können.

Einerseits ist Bianca sich klar darüber, dass hier ein Lebenstraum für sie in Erfüllung gehen könnte. Andererseits kennt sie viele Kollegen schon lange, hat auf Weihnachtsfeiern mit ihnen gelacht und gemeinsam viel erlebt. Diese Leute – oder überhaupt Leute – auf solche Art im Stich zu lassen, das billigt sie nicht, weder bei anderen noch bei sich. Sie missbilligt es nicht deshalb, weil jemand ihr das gesagt hätte. Auch nicht deshalb, weil die Kollegen dann sicherlich enttäuscht von ihr wären. Manche Menschen, die sehr auf ihre individuelle Freiheit pochen, deuten ihre negativen Gefühle, wenn sie an die Situation der anderen denken, als «sozialen Druck», als Einmischung von außen. Dabei ist der Grundgedanke, sich nicht nach den Einmischungen anderer zu richten, durchaus ehrbar. Aber deshalb dürfen wir uns nicht von unserem Gewissen abschneiden. Unser Gewissen ist kein äußerer Anspruch anderer an uns, sondern *unsere* Beurteilung unseres Verhaltens ihnen gegenüber. Bianca findet das Verhalten, andere kurzfristig im Stich zu lassen, an sich verwerflich.

Am nächsten Morgen sucht sie ihren Chef im Büro auf, um die Sache mit ihm zu besprechen. Zu ihrer Überraschung reagiert ihr Chef überhaupt nicht vorwurfsvoll oder anklagend. Er schaut zunächst überrascht, aber dann sagt er: «Weißt du, ich kann dich verstehen. Du hast so viel mehr drauf – ich habe mich schon gefragt, was du noch bei uns machst, so unterfordert und ohne Perspektive. Ich habe schon jemanden im Sinn, der deine Aufgabe übernehmen könnte. Geh mit den besten Wünschen nach London, das ist eine tolle Chance für dich.»

Bianca ist völlig baff. Ihr schlechtes Gewissen war unbegründet. Nicht nur deshalb, weil ihr Chef statt mit Vorwürfen mit guten Wünschen reagiert hat. Sondern auch, weil ein Ersatz bereitsteht und sie daher hier niemanden im Stich lässt.

Beachten Sie diese Veränderung der emotionalen Lage. Ihrem moralischen Gefühl folgend, hat Bianca das Gespräch gesucht. Gerade bei unserem Gewissen, das sich mit unserem Verhalten anderen gegenüber befasst, ist es sehr sinnvoll, den Standpunkt der anderen in Erfahrung zu bringen. Bianca erfuhr Neues über die Einstellung ihres Chefs und über die Sachlage. Das neue Wissen veränderte direkt ihr Gefühl. Was sagt uns das über Gefühle?

*Gefühle haben Gründe.* Der Grund für Biancas schlechtes Gewissen war die Annahme, sie würde ihre Kollegen hängenlassen, weil so schnell kein Ersatz gefunden werden könne. Diese Annahme war falsch und damit das Gefühl unbegründet (aber nicht «falsch»). Viele der heutige Philosophen verstehen unter «Rationalität», aus Gründen zu handeln und Gründen zugänglich zu sein.

Wenn Bianca also einen Grund für ihr schlechtes Gewissen hatte, sie der neuen Begründungslage zugänglich war und sich ihr Gefühl dementsprechend veränderte, dann hat sie sich rational verhalten. Man könnte demnach sagen: Gefühle sind nicht unbedingt irrational. Rationalität und Emotionalität schließen einander nicht aus, sondern arbeiten zusammen.

Erleichtert lässt Bianca sich in ihren Bürostuhl fallen und lächelt still vor sich hin. Gerade ruft sie die E-Mail noch mal auf – da klingelt das Telefon. Sie atmet tief durch. Dann nimmt sie den Hörer ab.

## Sophie im Zirkel der Unzufriedenheit

Biancas Geschichte hat einiges gezeigt: Wenn Gefühle unklar sind, ist das der Anfang eines Prozesses und unsere Aufgabe, sie gemeinsam mit der Situation zu klären. Unsere Empfindungen können uns dabei leiten. Aber erst im Zusammenhang mit der Entwicklung der Situation, unserer Biographie, unserer Vorstellung eines guten Lebens und unserem moralischen Gewissen werden uns die Gefühle klar.

Dieses Szenario ist ein Best-case-Szenario, das gebe ich zu. Nicht immer gelingt es uns wie Bianca, uns selbst so auf die Schliche zu kommen. Aber wenn wir unsere Gefühle klären wollen, ist der beschriebene Weg äußerst hilfreich. Nur Mut! Je öfter Sie ihn gehen, desto besser verstehen Sie, *wie* Sie ihn am besten gehen.

Es gibt jedoch auch Situationen, in denen unsere Gefühle sehr eindeutig und zu einer starren Gewohnheit geworden sind, unter der wir leiden. Dann fühlen wir uns als *Opfer* unserer Gefühle. Weniger schlimm ist es, wenn es sich dabei um emotionale Reaktionen auf ein eher selten auftretendes Phänomen handelt – etwa, wenn jemand Angst vor Spinnen hat, obwohl er weiß, dass sie harmlos sind. Allein der Gedanke, nachts, während er schläft, würde eins dieser kleinen Biester mit seinen haarigen Beinen über sein Kopfkissen krabbeln, dicht an seinem Ohr vorbei auf seinen nackten Hals zu, lässt ihn schaudern. Nun, mit Spinnen haben wir eher selten zu tun. Viel schlimmer ist es, wenn emotionale Gewohnheiten unser ganzes Lebensgefühl beeinflussen.

Sophie ist Anfang dreißig, verheiratet, zweifache Mutter und zahnmedizinische Fachangestellte bei einem Kieferorthopäden. Sie arbeitet dreimal die Woche halbtags, während die Kinder in Schule und Kindergarten sind. Ihr Ehemann hat einen sicheren Beruf mit gutem Einkommen, ist ihr treu und aufmerksam. Sie wohnen in einem renovierten Fachwerkhaus mit Garten am Rande einer Kleinstadt. Gerne betreuen auch die Großeltern die Kinder, und so hat Sophie gelegentlich Zeit für sich, die sie am liebsten nutzt, um auszureiten. Doch mit ihrem Leben ist Sophie zutiefst unzufrieden.

Sie fühlt sich überfordert, gereizt gegenüber den Kindern, aggressiv gegenüber ihrem Mann. Sie wirft ihren Schwiegereltern vor, sie würden sie nicht akzeptieren. Sie fühlt sich wie gefangen und würde am liebsten fort, einfach nur weg.

Wenn Sie diese Beschreibung von Sophies Gefühlsleben lesen, dann fragen Sie sich vielleicht, was da nicht stimmt. Wurde sie zu etwas gezwungen? Ist dieses Leben einfach nichts für sie, hat sie vielleicht ihren Lebenstraum verraten? Nein, sie hat von diesem Leben geträumt und es freiwillig gewählt. Dennoch scheinen uns ihre Gefühle unangemessen.

Sophie selbst findet ihre Gefühle allerdings durchaus angemessen. «Die Welt des Glücklichen ist eine andere als die des Unglücklichen», heißt es in Wittgensteins *Tractatus*. Sie *sieht* ihr Leben anders, als ihre Familie es tut, aus ihrer Sicht *ist* ihr Leben grauenvoll.

Manchmal versuchten ihr Mann oder Freunde, sie aufzuheitern. Sie zählen die schönen Seiten von Sophies Leben auf, sagen, sie könne sich doch freuen und dankbar sein. Es nützt nichts. Ihre Bemühungen wischt Sophie mit einem Generalargument fort: «Aber ich *fühle* das eben so. Es ist einfach unerträglich!» Hier enden die Diskussionen.

Hier können wir eine andere Seite von Gefühlen sehen: Nicht nur haben Gefühle Gründe, sie können auch als Gründe fungieren. Wir verstehen, dass ein Freund uns anruft und etwas erzählt, *weil* er sich sehr freut oder sehr traurig ist. Wir akzeptieren, dass jemand nicht auf dem Dach arbeiten möchte, *weil* er Angst davor hat, abzustürzen. Verhält es sich in Sophies Fall ebenso?

Sophie begründet ihre negative Sichtweise der Lebensumstände damit, sie «fühle es eben so». Das ist ein ganz anderer Umgang mit Gefühlen. Sophie behandelt ihre Gefühle nicht als Teil eines Prozesses, in dem es die Situation zu verstehen und die Gefühle zu erkunden gilt. Sie behandelt ihre Gefühle als etwas *Abgeschlossenes*, das nicht weiter hinterfragt wird.

In der Diskussion schützt sie damit ihre Einstellung: Wir alle wissen und akzeptieren, dass man anderen Gefühle weder verbieten noch vorschreiben kann. Man kann andere anregen, ihre Gefühle zu hinterfragen, zu klären, zu entwickeln – aber erzwingen kann man sie nicht.

Trotz dieser «Autorität der ersten Person», wie es in der analytischen Philosophie heißt, sind Gefühle unhinterfragbar – weil sie selbst auf Gründen basieren und Gründen zugänglich sind, wie wir am Beispiel von Biancas schlechtem Gewissen gesehen haben. Also beruht auch Sophies negative Einstellung auf Gründen, die hinterfragt werden könnten. Jedoch lässt Sophie diese Möglichkeit nicht zu, indem sie ihre Gefühle als statische Tatsachen darstellt. Durch den abschließenden Satz «Ich fühle das eben so» macht sie ihre Gefühle in der Diskussion und vor sich selbst unveränderlich und liefert sich ihnen damit aus – sie macht sich zum Opfer ihrer Emotionalität.

## Wie Sophie das verborgene Glück wiederfindet

Sophies Unzufriedenheit hat sich schleichend entwickelt. Es gab keinen wirklichen Grund, keine schweren Krankheiten, keinen Verlust. Es ging konstant gut, und damit wurde das Gute zur *Normalität*. Was früher die meisten Menschen überwiegend in Atem hielt – Krankheiten, Kriege, Katastrophen –, waren nun Sonderfälle.

Sophie ging, wie die meisten in unserer heutigen Kultur, von einer friedlichen, unbeschwerten Lage aus, und so fielen ihr nur noch die negativen Ereignisse auf. Wie gut es ihr eigentlich ging, welches *Glück* sie hatte, in der heutigen Zeit, in Europa, in ihren Umständen geboren und aufgewachsen zu sein, sah sie nicht.

So wurde ihr Lebensgefühl zunächst fade, dann immer leerer, und schließlich fielen ihr nur noch die Störungen auf: Wenn ihr Mann etwas vergessen hatte, wenn die Kinder quengelten, wenn die Schwiegermutter eine Bemerkung machte. Sophie nahm eine negative Lebenseinstellung ein, die ihre gesamte Wahrnehmung beeinflusste – und jedes Erlebnis bestätigte wiederum ihre Einstellung. Wie konnte sie diesen Teufelskreis durchbrechen?

Bereits im ersten Kapitel haben wir die Stärken situationsunabhängigen Denkens kennengelernt. Manchmal kann uns dieses zu weit führen, und wir müssen wieder zurück ins Hier und Jetzt finden. Doch in Sophies Fall kann uns eine Form situationsunabhängigen Denkens helfen, einen Wandel ihrer Einstellung zu bewirken: konjunktivische Gefühle.

Eines Tages macht Sophie mit ihrem Mann einen langen Spaziergang am Waldrand. Es ist sonnig, sie schauen über die leuchtenden Rapsfelder und können nicht anders, als sich daran zu freuen. Auf einer Bank unter einem Baum lassen sie sich nieder.

Sophie hört ihrem Mann zu, wie er von einem jungen Kollegen erzählt, der vor wenigen Wochen Vater geworden war. Sein Töchterchen liegt mit einer schweren Hirnhautentzündung auf der Kinder-Intensivstation, am Tropf, künstlich beatmet. Die Chancen stehen schlecht. Die Eltern weichen nicht von ihrer Seite, klammern sich an jeden Funken Hoffnung. «Wie wäre das gewesen», fragt er, «wenn eines *unserer* Kinder an so etwas erkrankt oder gar als Säugling gestorben wäre!»

Das Bild eines leeren Kinderzimmers steigt so klar in Sophie auf, dass es ihr das Herz zusammenkrampft. Für einen Moment hält sie den Atem an und hat nur eine Ahnung der Verzweiflung, der Seelenqualen, der Trauer. *Wenn es so gewesen wäre*, dann würde bis heute ein schwarzer Schleier über ihrem Leben liegen. Und solche Dinge passieren – es hätte passieren können!

«*Aber es ist nicht passiert!*», seufzt Sophie innerlich. Sie atmet durch und spürt eine tiefe Entspannung durch ihren Körper fluten. «Wollen wir zurück?», fragt Kai. Sophie nickt.

Auf dem Weg zurück, am Feld entlang, bemerkt sie, wie sich der Raps sanft im Wind bewegt. Weiße Schmetterlinge tanzen um die Blüten. Eine Lerche steigt in die Lüfte, und ihr Gesang schallt in den blauen Himmel. Sophie bleibt einen Moment stehen. Sie legt den Kopf in den Nacken und blickt seit langem wieder einmal in die Weite des Himmels. «Es ist nicht so gekommen», denkt sie voller Dankbarkeit, «wie gut, *dass es so ist, wie es ist.*»

Der Konjunktiv, was also hätte gewesen sein können, hat für Sophie wieder sichtbar gemacht, was sie lange vergessen hatte: dass sie Gründe genug hat, um zufrieden zu sein. Mit dieser Strategie kann sie den Teufelskreis ihrer negativen Einstellung aufbrechen.

Natürlich wird Sophies Leben nicht plötzlich frei von Störungen sein – ihr Mann wird weiterhin manchmal Dinge vergessen, die Kinder werden gelegentlich quengeln. Doch Sophies Grundgefühl verändert sich, und deshalb verlieren diese Dinge an Gewicht. Zusätzlich greift Sophie ihre Ausgabe von Marc Aurels *Selbstbetrachtungen* aus dem Regal und findet darin die Übung des gesunden Pessimismus, die wir bereits im fünften Kapitel kennengelernt hatten. Der Kerngedanke war: Wie töricht ist es, sich über etwas aufzuregen, von dem wir vermuten, dass es eintreten wird.

Wenn etwas Negatives in Ihrem Leben ständig passiert, dann ist das gerade kein Grund, darüber immer mehr in Rage zu geraten und sich in Wut und Frustration hineinzusteigern. Gerade weil es absehbar ist, dass es wieder passieren wird, sollten Sie darauf gefasst sein und ihm mit einer Einstellung begegnen, die der Situation und auch *Ihnen selbst* guttut.

Als das nächste Mal etwas passiert, über das sie sich sonst aufgeregt hätte, begrüßt Sophie das Ereignis innerlich: «Ach, da bist du ja wieder.» Und sie bleibt ruhig und lässt sich davon nicht runterziehen.

In diesem Kapitel ging es darum, Gefühle klarer zu verstehen. Zwar erleben wir Gefühle als passiv, aber wir reagieren emotional bereits auf eine Situation, so wie wir sie sehen – und dabei sind Verstand, Vernunft oder Klugheit schon am Werk. Seinem Herzen zu folgen oder auf sein Bauchgefühl zu hören kann deshalb heißen, sich eine Situation emotional zu erschließen. Und weil Gefühle Gründe haben und selbst Gründe sein können, haben wir für sie eine Verantwortung.

Gefühle färben unsere Weltsicht und beeinflussen unsere praktische Vernunft und unsere Lebensplanung. Ein guter Umgang mit Gefühlen wird einen besseren Umgang mit anderen nach sich ziehen, weil wir uns auf destruktive Gefühle weniger einlassen.

Überhaupt ist das Miteinander ein zentraler Aspekt eines guten Lebens. Das zeigte sich schon in Kapitel III, als es darum ging, was im Leben wirklich wichtig ist. Dort spielte das Verhältnis zu anderen eine zentrale Rolle. Wir wissen auch, wie unser Leben durch unsere frühen Erfahrungen des Zusammenlebens geprägt sein kann. Wie kann das Philosophieren dabei helfen, andere besser zu verstehen und erfülltere Beziehungen zu führen?

KAPITEL VIII

# MITEINANDER LEBEN: WIE SIE FREUNDSCHAFTEN AUFBAUEN UND BEZIEHUNGEN PFLEGEN

Wir sitzen in unserem neuen Haus und warten auf den Umzugswagen, der unsere Möbel bringen soll. Übernachtet haben wir in Schlafsäcken auf Matratzen, ein kleines Abenteuer für die Kinder. Die Sonne scheint durch die Terrassentür, wir frühstücken auf dem Boden sitzend. Jedes Wort hallt von den nackten, weißen Wänden wider. Wie es wohl werden wird, in unserem neuen Zuhause? Neue Wege, neue Orte. Neue Geschäfte, neue Ärzte. Neue Schule, neuer Kindergarten und vor allem: neue Freunde.

Waren Sie schon einmal der oder die Neue? Dann wissen Sie, wie es ist, sich am eigenen Wohnort fremd zu fühlen. Niemanden in der Nähe zu haben, um sich spontan zu treffen, Neuigkeiten auszutauschen oder einen Spieleabend zu verbringen. Für die anderen sind Sie ein neues Element in ihrer bekannten Umwelt, aber für Sie selbst ist fast alles neu.

Wenn Sie an die erfüllenden Momente Ihres Lebens denken, spielen dabei vermutlich andere Menschen eine wichtige Rolle. Mit wem haben Sie diese Momente erlebt? Und wenn Sie etwas ganz Besonderes erlebt haben, wem erzählen Sie als Erstes davon? Manchmal sind es die «großen Ereignisse» des Lebens – sich zu verlieben, zu heiraten, die Geburt eines Kindes. Manchmal sind es einfach schöne Erinnerungen, wie ein gemeinsames Picknick im Park mit Freunden und Frisbeespielen an einem perfekten Sommertag. Oder eine Reise, bei der wir mit anderen wunderbare Orte entdeckten und Abenteuer bestanden. «Heimat», so drückte es der schottische Künstler Ian-Hamilton Finley aus, «ist nicht das Land – es ist die Gemeinschaft der Gefühle.» Noch saßen wir in einem leeren Haus auf dem Boden und kannten an diesem Ort so gut wie niemanden. Wie tritt man dieser Gemeinschaft bei, wenn man noch niemanden kennt?

Menschen kennenzulernen und gute Beziehungen eingehen zu können, ist eine zentrale Fähigkeit für ein gutes Leben. Welche Vorstellung von einem guten Leben auch immer wir haben, wir möchten die richtigen Menschen treffen, unsere Zeit mit ihnen verbringen – ob privat oder beruflich. Nussbaum hat zwei Bereiche dieser Fähigkeit beschrieben (Übersetzung von mir):

«A. In der Lage zu sein, mit anderen und für andere zu leben; die eigene Sorge für andere zur Kenntnis zu nehmen und sich zu kümmern; an verschiedenen Formen sozialer Interaktion teilzunehmen; die Fähigkeit, sich die Situation eines anderen vorzustellen.»

Hier beschreibt Nussbaum vor allem die «inneren Fähigkeiten», die wir selbst entwickeln. Im zweiten Teil erwähnt sie die notwendigen Bedingungen zur Ausübung dieser Fähigkeit:

«B. Die soziale Basis für Selbstachtung und Nichtabwertung zu haben; in der Lage zu sein, als ein Wesen mit Würde behandelt zu werden, dessen Wert dem anderer Menschen gleich ist.»

Dabei geht Nussbaum explizit auf verschiedene Formen der Diskriminierung ein, nämlich auf der Basis von Rasse, Geschlecht, sexueller Orientierung, Ethnizität, Kaste, Schicht, Religion oder nationaler Herkunft.

Nach dem Frühstück sitzen wir vor dem Haus und warten auf den Umzugswagen. Was für Leute wohl in unserer neuen Nachbarschaft wohnen? Wir waren lange das bunte Treiben der Großstadt gewohnt, hatten dann direkt an einem Naturschutzgebiet gewohnt – und jetzt ziehen wir in ein Neubaugebiet in einem kleinen Ort. Nicht nur macht uns der bunte Mix der Häuser stutzig – mediterraner neben friesischem Stil. Schon die Vorgärten sehen ganz anders aus, als wir unseren gestalten würden. Tote Steinwüsten mit aus schwarzem und weißem Kies gestreuten Mustern. Die sollen ja so pflegeleicht sein. Vor meinem inneren Auge springen die Kinder mit Anlauf hinein.

Endlich kommt der Umzugswagen mit unserem restlichen Leben. Während unsere Möbel und Kartons ausgeladen werden, klingelt es. Vor der Tür steht das Paar von nebenan. «Hallo», sagen sie, «wir sind Volkmar und Katja. Wir haben Kaffee für euch gemacht.» Doch ganz nett hier. Unsere Vorurteile wegen der Vorgärten sind vergessen.

Machen wir uns nichts vor: *Unsere Vorurteile schränken uns ein.* Wenn ich anderen mit starren Vorurteilen begegne, beraube ich mich der Möglichkeit, neue Menschen kennenzulernen, die mein Leben vielleicht bereichern könnten. Insofern handle ich meinem eigenen Interesse zuwider. Als Rassist, Sexist oder Snob beschneidet man seine Chancen auf persönliche Entwicklung.

Starre Vorurteile sind Abstraktionen, die nicht mehr an der Wirklichkeit überprüft werden. Der Großstadt-Snob hört, dass jemand aus einem kleinen Dorf stammt, und stempelt denjenigen als «Landei» ab, als «naiv», «hinterm Mond» und «uncool». Tatsächlich hat die Verstädterung seit Ende des 19. Jahrhunderts mit diesem Hang zum Vorurteil zu tun. Wenn wir in einer Großstadt leben, dann können wir nicht alle Menschen, die uns begegnen, eingehend kennenlernen und uns auf sie einstellen. Der Berliner Soziologe Georg Simmel hat bereits 1903 in seinem bahnbrechenden Aufsatz *Die Großstädte und das Geistesleben* beschrieben, was wir heute Reizüberflutung und Anonymität der Großstadt nennen.

Aufgrund der Vielzahl der Menschen sind wir dazu gezwungen, sie schnell anhand von Äußerlichkeiten einzuordnen. Schon in den ersten Sekunden entscheiden wir die Art des Austausches. Ist der andere vertrauenswürdig? Will er mir etwas verkaufen? Zu welcher «Szene» gehört er?

Achten Sie einmal darauf, wenn Sie in der Stadt die Straße entlanggehen, wie Menschen mit ihrem Blick umgehen. Wer bemerkt uns überhaupt, wer schaut uns im Vorbeigehen freundlich an, wer senkt den Blick oder schaut zur Seite? Und umgekehrt: Wen und was nehmen wir wahr, angesichts der Menschenmengen, Reklamen, blinkenden U-Bahnanzeigetafeln, des Verkehrslärms, die alle um unsere Aufmerksamkeit buhlen? Kein Wunder, dass wir uns in übervollen sozialen Räumen abkapseln. Heute, indem wir auf unser Smartphone schauen oder Musik über Kopfhörer hören. Natürlich ist es praktisch, durch mobile Technologie Warte- oder Fahrzeiten nutzen zu können, nur verändert das unsere Aufmerksamkeit für die Menschen um uns herum, verringert unseren Kontakt. Das könnte den Effekt begünstigen, der letztlich zur Bildung von Vorurteilen führt. Aber können wir überhaupt ohne Vorurteile auskommen? Sind sie nicht die Ergebnisse von Lebenserfahrung?

## Wie vermeintlich einfache Lösungen uns den Weg verstellen

Ich eile mit meinem Rollkoffer zum Gleis 14 am Hamburger Hauptbahnhof. Auf dem Weg zur Treppe spricht mich ein junger Mann an und erzählt mir die bekannte Geschichte, er müsse nach Berlin, habe aber nicht genug Geld für die Fahrkarte, ihm fehlten noch zehn Euro. Ob ich ihm aushelfen könne, es sei wirklich dringend. Ich lehne ab. Auf der Treppe nach unten zum Gleis bekomme ich noch mit, wie der Mann eine ältere Dame anspricht. Mein Zug wird jeden Moment losfahren, aber ich bleibe vor der offenen Tür stehen und blicke zurück nach oben. Sie hört ihm zu. Wenn sie ihr Portemonnaie zückt, greife ich ein, nehme ich mir vor.

Hat mich das Vorurteil, dass nur Betrüger diese Geschichte am Bahnhof erzählen, davor bewahrt, dem Mann auf den Leim zu gehen?

*Miteinander leben*

Dafür müssen wir klären, was genau wir ein «Vorurteil» nennen. Es gibt einen wichtigen Unterschied zwischen einem zementierten Vorurteil einerseits und einem erfahrungsbasierten, aber offenen andererseits. Ein Vorurteil ist schon vor der Begegnung abgeschlossen. Im anderen Fall handeln wir zwar aufgrund von Erfahrung, aber unsere Urteile sind nicht *abgeschlossen* – wir nehmen in der Begegnung den individuellen Menschen wahr.

Kant hatte das 1793 in der *Kritik der Urteilskraft* die «reflektierende Urteilskraft» genannt. Dazu schreibt er: «Reflektieren (Überlegen) aber ist: gegebene Vorstellungen entweder mit andern, oder mit seinem Erkenntnisvermögen, in Beziehung auf einen dadurch möglichen Begriff, zu vergleichen und zusammenzuhalten.» (KU, S. 24) Reflektieren heißt hier, zu überlegen, zu suchen, zu überprüfen, ob ein Begriff *vielleicht* auf jemanden zutrifft – und eben nicht, sich dessen schon sicher zu sein.

Der junge Mann beendet seine Geschichte. Die Dame schüttelt den Kopf und geht ihres Weges. Erleichtert steige ich in den Zug.

Aber woher nehme ich die Sicherheit, dass der Mann ein Betrüger war? Nun, zunächst einmal, weil ich die Geschichte schon häufig gehört habe, in verschiedenen Städten in sehr ähnlichen Versionen. Und wenn ich dringend nach Berlin müsste und nicht genug Geld für ein Zugticket hätte, dann würde ich es am ZOB versuchen – eine Busfahrt von Hamburg nach Berlin kostet nämlich weniger als zehn Euro. Seltsamerweise löst dieser Tipp bei den «Hilfesuchenden» wenig Euphorie aus.

Wir tun also gut daran, uns auf unsere Lebenserfahrung zu verlassen – nur müssen wir bereit sein, unsere Urteile zu reflektieren. Menschen, die sich sehr isolieren, aber auch Menschen mit starren Vorurteilen lassen eine wichtige Fähigkeit brachliegen: die besondere Urteilsfähigkeit, die wir *Menschenkenntnis* nennen.

Menschenkenntnis ist unverzichtbar und gleichzeitig schwierig zu lernen. Es ist verführerisch, Typisierungen zu suchen, die uns einfache Antworten suggerieren. Sie kennen bestimmt Tests mit Fragen wie dieser: Welcher psychologische Typ sind Sie? Meist gibt es vier bis sechs Typen zur Auswahl.

Oder denken Sie an die klassische Lehre der vier Temperamente – der gelassene Phlegmatiker, der heitere Sanguiniker, der aufbrausende Choleriker und der empfindsame Melancholiker. Sie geht auf die Viersäftelehre des griechischen Arztes Hippokrates zurück und wurde aus der Lehre von den vier Elementen abgeleitet. Diese wurde bereits von dem Schweizer Arzt Paracelsus kritisiert und im 17. Jahrhundert von dem schottischen Aufklärer und «Vater der modernen Chemie» Robert Boyle widerlegt. Dennoch hat die Lehre der vier Temperamente bis heute überlebt. Kant hat sie noch beschrieben, und abgewandelte Formen gibt es bis heute: Manche Unternehmensberater arbeiten mit ihnen. Sie stellen z. B. vier Typen von Unternehmenskultur dar, z. B. die teamorientierte, die innovative, die kontrollierende und die marktorientierte Unternehmenskultur. Weil sie nun ihre Theorie – wie jede Theorie – mit einigen Daten in Übereinstimmung bringen können, verführt das dazu, in dieser Einteilung pragmatische Lösungen zu wittern. Nun, auch hier ist die Lebenswirklichkeit um einiges komplexer. Mit dem Ausdruck «Unternehmenskultur» ist gemeint, wie die Menschen im Unternehmen *sind*. In jedem Unternehmen arbeiten Menschen unterschiedlichen Alters, Geschlechts, familiären oder ethnischen Hintergrunds, mit unterschiedlichen Aufgaben im Unternehmen, mit unterschiedlichen Vorstellungen davon, was ein gutes Leben ausmacht. Will man eine gute, verbesserungsfreundliche Unternehmenskultur aufbauen, dann kommt es darauf an, diese Menschen und ihr Zusammenwirken besser zu verstehen. Typenbildung hingegen ebnet die entscheidenden Unterschiede ein.

Wittgenstein hat sich umfassend mit dem Thema Menschenkenntnis auseinandergesetzt. Er, der ehemalige Ingenieur und geniale Logiker, stellte fest, dass wir Menschenkenntnis durch praktische Selbstentwicklung lernen, durch Erfahrung, nicht durch direkten Unterricht. Es gibt kein Regelbuch oder System, nach dem wir Menschen sinnvoll klassifizieren könnten. Menschenkenntnis bilden wir durch unseren Umgang mit Menschen nach und nach aus. Das ist manchmal schwierig und birgt auch Risiken. Gerade deshalb wünschen wir uns ja die einfache Lösung. Wir sehen, wie wenig jemand tut, und meinen, er sei faul – dabei ist er vielleicht erschöpft. Manchmal ist der bessere Weg tatsächlich einfach, nur liegt er nicht da, wo wir ihn gerne hätten.

## Wie ein junger Unternehmer seine Sozialangst verliert

Bastian ist ein junger Entrepreneur. Er hat als Gründer eines IT-Start-ups ein *Process Mining Tool* entwickelt, das in Unternehmen die datenbasierte Prozesssteuerung erleichtert. Die Software ist genial, nur fehlt es ihm an neuen Kunden. Eine Agentur für Neukundenakquisition kann er derzeit nicht bezahlen. Also bleibt ihm nur eine Option: *Networking*. Das ist ein Problem.

Bastian weiß zwar, zu welchen Kongressen und Messen er gehen und was er dort tun müsste: mit Leuten ins Gespräch kommen, vor allem Kontakte zu *Entscheidern* knüpfen und sie zumindest zu einem weiteren Gesprächstermin bewegen. Aber etwas hält ihn zurück. Er fühlt sich in Menschenmengen nicht wohl, geschweige denn in Gesprächen mit Entscheidern. Er müsste sich *präsentieren*, sie würden ihn beurteilen. Bastian wird schon nervös, wenn er nur daran denkt, er hört sich regelrecht peinliche Dinge äußern, er würde das Gespräch abbrechen und flüchten, bevor es richtig begonnen hat. Er ist einfach nicht der soziale Typ.

Tragischerweise haben wir nicht nur starre Vorurteile über andere, sondern auch über uns selbst. Sie können unser Selbstbild, unsere Erwartungen an uns selbst und somit unsere Zufriedenheit und unsere Vorstellung vom guten Leben prägen. Wenn wir nach unseren Selbst-Vorurteilen handeln, wirken sie wie eine selbsterfüllende Prophezeiung. Wir denken: «Ich bin eben nicht der soziale Typ. So bin ich einfach nicht, ich fühle mich unter Menschen nicht wohl.» Diese Einstellung beeinflusst, wie wir uns verhalten, was wir fühlen. Wir spüren etwas Nervosität, wenn wir zu einer neuen Gruppe stoßen und denken: «Ha, da ist meine Sozialpanik, nun ist alles aus!» Nun, selbst wenn das in diesem Moment stimmen sollte – *es muss nicht so bleiben.*

Wir haben das Potenzial, unsere sozialen Fähigkeiten zu entwickeln wie andere Fähigkeiten auch. Mit anderen Menschen umzugehen liegt in unserer Natur. Es kann allerdings sein, dass wir darin ungeübt und deshalb unsicher sind. Wer diese Tatsache zu einer vermeintlichen «Eigenschaft» seiner selbst stilisiert, der beraubt sich der Möglichkeit, überraschend neue Menschen kennenzulernen – wer weiß, vielleicht einer Freundschaft fürs Leben. Er beschränkt sich auch in bestimmten Tätigkeiten, wo gute Kontaktfähigkeit zentral ist, ob im Verkauf, in der Dienstleistung oder auf der Bühne. Abgesehen davon, dass es in einem Fall wie Bastians eine gewisse Notwendigkeit gibt, über den eigenen Schatten zu springen.

Bastian muss innehalten und sich vergegenwärtigen, was ihm wirklich wichtig ist – der Erfolg seines Unternehmens, mit dem er sich einen Traum verwirklichen würde. Diese Chance zu verpassen wäre schlimmer als alle Unsicherheit, die er in Gesprächen mit Entscheidern empfinden könnte. Er nimmt also seinen Mut zusammen und kauft sich ein Messe-Ticket.

Und wie *wird* man ein sozialer Typ, der gerne auf Menschen zugeht, interessante Kontakte knüpft und seinen Horizont erweitert?

Kommen wir auf die Einsicht Aristoteles' zurück: Wir trainieren unsere Fähigkeiten, indem wir sie benutzen. Erinnern Sie sich: Je häufiger wir etwas tun, desto weniger Angst haben wir, dabei zu versagen. Gerade *weil* etwas eine Herausforderung ist, werden wir daraus etwas lernen.

Natürlich gibt es einige Regeln dafür, was man beim Kennenlernen von Menschen möglichst *nicht* tun sollte. Ihnen fallen bestimmt sofort ein paar Dinge ein. Mich selbst stört es z. B., wenn Leute meinen Namen nicht richtig aussprechen. Mein Name ist nicht irgendein Wort. Ich möchte, dass Menschen mich mit *meinem* Namen ansprechen und nicht mit einem ähnlich klingenden Laut, der mir nichts bedeutet. Ich heiße nicht Nikolaus Dirks, und schon gar nicht Dirk, sondern Nicolas Dierks. Nur wenn ich diesen Namen höre oder lese, fühle ich mich angesprochen. Machen Sie selbst den Versuch und schreiben Sie Ihren Namen falsch auf – fühlen Sie sich angesprochen? Schreiben Sie Ihren Namen richtig daneben. Welch ein Unterschied, oder?

Es sollte eine einfache Regel sein: Wenn Sie eine Person kennenlernen, fragen Sie nach ihrem Namen, hören Sie genau hin, und wiederholen Sie ihn deutlich, bis Ihr Gegenüber bestätigt, dass Sie ihn richtig aussprechen. Später nachzufragen wäre peinlich. Und glauben Sie mir: Manche Menschen machen diese Erfahrung häufig und freuen sich besonders, wenn jemand dieses «Detail» ebenso wichtig nimmt wie sie selbst. Solche kleinen, aber verbreiteten Fehler nicht zu begehen, öffnet viele Türen.

Wohlvorbereitet tritt Bastian in die Messehalle. Er hat sich einige «interessierte Fragen» überlegt, wie z. B. «Welche Strategie haben Sie in Ihrem Unternehmen im Hinblick auf Digitalisierung?» oder auch «Wie gestalten Sie Ihr Prozessmanagement?» Zudem hat er einen Kernsatz eingeübt, der sein Produkt für Laien verständlich erklärt. Jetzt muss er nur noch die richtigen Gesprächspartner finden.

Ziellos schlendert er durch die Halle und lässt sich an den Ständen informieren. Alle sind sehr freundlich, und zu seiner Überraschung fließen die Gespräche wie von selbst – schließlich geht es hier ums Kennenlernen. Nach drei Stunden hat Bastian immerhin einige Visitenkarten gesammelt, geht aber nicht davon aus, dass noch mehr passiert.

Am Stand eines größeren Anbieters lauscht er einer Präsentation. Als zwei Herren in grauen Anzügen sich über die Vor- und Nachteile dieses Anbieters unterhalten, kann Bastian sich eine Bemerkung nicht verkneifen. Interessiert fragen die Herren nach. Er erläutert bereitwillig seine Einschätzung, und ehe er sich's versieht, erklärt er die Grundfunktionen seiner Software. Als er endet, herrscht eine kurze Stille.

«Das würden wir gerne eingehender mit Ihnen besprechen», sagt der eine Herr und gibt ihm seine Visitenkarte, «melden Sie sich doch bei meinem Assistenten wegen eines Termins.»

Wie ist es bei Ihnen? Wie schätzen Sie Ihre eigene Menschenkenntnis ein? Wie auch immer es damit steht, ein bisschen mehr davon kann nie schaden. Und wenn wir für unsere Vorstellungen des guten Lebens die richtigen Menschen kennenlernen wollen, dann hilft uns Menschenkenntnis ungemein.

Wollen Sie Ihre Menschenkenntnis trainieren, haben Sie zwei Möglichkeiten. Entweder Sie lernen Menschen Ihres jetzigen Umfeldes kennen, die Sie noch nicht kennen, etwa am Arbeitsplatz oder in Ihrem Sportverein. Vielleicht haben Sie schon jemanden im Kopf, der Ihnen zwar bekannt ist, aber mit dem Sie sich noch nie unterhalten haben?

Oder aber Sie begeben sich in neue Kreise und machen z. B. einen Tanzkurs, treten einem Lesekreis, einer Theatergruppe oder einer ehrenamtlichen Initiative bei – am besten etwas, das Ihnen wirklich Freude bereitet.

*Miteinander leben*

Sie können nur gewinnen. Selbst wenn sich Ihr Urteil über einen unsympathischen Menschen bestätigt: Menschen, die miteinander sprechen, kommen meist auch besser miteinander aus. Und in einer Hinsicht hat es sich für Sie immer gelohnt, selbst wenn sich aus diesen Begegnungen keine Freundschaften entwickeln: Sie haben Ihre Menschenkenntnis trainiert, und damit Ihre Fähigkeit, Menschen einzuschätzen – und dies gibt Ihnen jedes Mal für zukünftige Begegnungen ein besseres Urteilsvermögen.

Aber wie sieht das mit wirklich engen Freundschaften aus? Wie schaffen wir den Übergang von netten Bekanntschaften zu einer tatsächlichen Freundschaft? Das hängt vor allem an der Entwicklung von *Vertrauen*.

## Wie sich echte Freundschaft entwickelt

Einem echten Freund können wir alles erzählen. Wir haben das Gefühl, uns ihm gegenüber nicht verstellen zu müssen, sondern uns geben zu können, wie wir sind. Wir können ihm unsere Gefühle offenbaren, ohne dafür abgeurteilt zu werden. Einem Freund können wir unsere Geheimnisse anvertrauen.

Jemandem so zu vertrauen, ist mehr, als ihn für zuverlässig, aufrichtig oder kompetent zu halten. Das Vertrauen innerhalb einer echten Freundschaft macht uns angreifbar und verletzlich, weil wir viel von uns preisgeben – unsere Gedanken, Gefühle, Schwächen und Wünsche –, und gerade das macht die Freunde so wertvoll und so selten.

Seneca schreibt in den *Briefen an Lucilius*: «[...] mit dem Freunde musst du alles beraten; nur musst du über ihn vorher mit dir selbst ins Reine gekommen sein.»

Wenn wir mit einer Person wahre Freundschaft schließen, dann müssen wir ihr unbedingt vertrauen – aber dafür brauchen wir das Gespür für den richtigen Zeitpunkt, Vertrauen zu fassen.

Menschen sind verschieden: Mancher geht offen auf andere zu, es fällt ihm leicht, ins Gespräch zu kommen. Doch er neigt vielleicht auch dazu, schnell mehr zu erzählen, als ratsam ist. Dem «Fremden an der Hotelbar», den wir vermutlich niemals wiedersehen, mögen wir einmal unser Herz ausschütten. Aber mit Menschen unseres Umfeldes sind wir nicht ohne Grund vorsichtiger: Zu peinlich wäre es, wenn unsere Geheimnisse plötzlich im ganzen Bekanntenkreis die Runde machen.

Andere Menschen vertrauen sich kaum jemandem an. Sie sind in der Regel kurz angebunden, bleiben in Gesprächen stets im Allgemeinen, im Organisatorischen oder beim aktuellen Mediengeschehen und erzählen nichts Persönliches. Häufig stellen sie auch anderen wenig Fragen zu privaten Themen. Solche Menschen bauen nur schwer echte Freundschaften auf. Sie bleiben «die Bekannten», oft jahrelang, ohne den Sprung zur Freundschaft.

Beide, sowohl die, die vorschnell preisgeben, als auch die Verschlossenen, sollten laut Seneca ihr Urteilsvermögen trainieren: «Auf keines von beidem darf man sich einlassen, denn beides ist verkehrt, sowohl allen zu trauen wie niemandem.»

Ähnlich wie es Tag und Nacht in der Natur gebe, so seien einige Menschen vertrauenswürdig, andere nicht. Wir sollten also mit Bedacht urteilen – aber dann nicht länger zaudern: «Gehe lange mit dir zu Rate, ehe du einen dir zum Freunde machst. Bist du schlüssig geworden, so schenke ihm auch dein ganzes Herz, rede so getrost mit ihm wie mit dir selbst.»

Wie gewinnt man das Vertrauen anderer? Die Antwort ist einfach: indem man sich *vertrauenswürdig verhält*. Ich selbst muss im Freundes- und Kollegenkreis eine vertrauenswürdige Haltung an den Tag legen. Das, was ich über jemanden weiß, darf ich zu keinem

Zeitpunkt nutzen, um daraus einen Vorteil zu ziehen. Und ich darf etwas, das mir *im Vertrauen* erzählt worden ist, keinesfalls anderen weitererzählen. Es reizt unsere Neugier, hinter vorgehaltener Hand die Geheimnisse Dritter zu erfahren – wahrscheinlich gibt es das Tratschen und Weitererzählen so lange, wie Menschen in Gruppen zusammenleben. Aber ich bin überzeugt, dass es zu einer vertrauenswürdigen Haltung gehört, sich nicht an einer solchen «Gerüchteküche» zu beteiligen. Wohlgemerkt: Als Betroffener oder Zeuge darf ich etwas über jemanden erzählen. Aber als Unbeteiligter sollte ich mich schlicht heraushalten.

Befinde ich mich unversehens in einer Situation, in der ich zum fleißigen Mitkochen von Gerüchten eingeladen werde, dann sollte ich darauf bestehen, dass jede Frage mit dem Betreffenden selbst geklärt wird, und mich weiter nicht dazu äußern. Bald wird man mich für diese Haltung schätzen, denn die meisten Menschen machen eine einfache Rechnung auf: Wenn ich nicht in ihrer Anwesenheit über andere «herziehe», dann ziehe ich auch nicht in ihrer Abwesenheit über *sie* her – und das macht mich vertrauenswürdig.

Umgekehrt folgern Menschen zielsicher: Wenn jemand über andere in deren Abwesenheit lästert, dann wird er vielleicht auch in meiner Abwesenheit über *mich* Schlechtes sagen. Einer solchen Person vertraut man sich lieber nicht an. Und wem man sich nicht anvertraut, mit dem baut man keine enge Freundschaft auf.

Darüber hinaus müssen wir selbst bereit sein, Vertrauen zu schenken. Andere Menschen spüren, wenn wir ihnen mit Misstrauen begegnen, ihnen gar schlechte Absichten oder Antipathie unterstellen – und das macht sie erst misstrauisch. Dadurch sähen wir manchmal erst das, was wir zuerst nur vermuteten.

Aber wenn jemand uns Vertrauen schenkt, dann dürfen wir nicht blind dafür sein – wir sollten uns vor Augen führen, dass sich hier eine echte Freundschaft entwickeln könnte, und deshalb genau überlegen, ob auch wir bereit sind, dieser Person unser Vertrauen zu schenken.

Wenn wir mit jemandem eine solche Freundschaft haben, dann sollten wir dafür dankbar sein, sie wertschätzen und pflegen. Noch auf dem Sterbebett bereut mancher, dass er gute Freundschaften hat einschlafen lassen: die Arbeit, die Entfernung, der veränderte Lebenskreis haben ihn vergessen lassen, die Freundschaft wichtig zu nehmen.

Was ist das Geheimnis lebenslanger Freundschaften? Freundschaften sind so unterschiedlich wie die Menschen, die sie schließen. Einfacher ist es vielleicht zu sagen, was dem Erhalt einer Freundschaft eher abträglich ist. Dazu gehört z.B. das *Aufrechnen*.

Manche Menschen sind zwar vertrauenswürdige, gute Freunde, man steht sich nah, teilt viel miteinander und ist füreinander da, aber sie nehmen einfach von sich aus nicht den Kontakt auf. Sie warten, dass sie angerufen, besucht, eingeladen werden. Wenn nun die Initiative des anderen erlahmt oder er aufzurechnen beginnt, wer zuletzt angerufen, wer sich zuletzt gemeldet hat – dann ist die Gefahr groß, dass die Zeiträume zwischen den Gesprächen immer länger werden und die Freundschaft schließlich erlischt. Auch wenn es darum geht, wer teurere Geschenke gemacht hat, wer das letzte Mal das Essen bezahlt hat oder wer wem einen Gefallen schuldet, kann die Freundschaft leiden.

Dagegen haben viele Menschen in lange währenden Freundschaften *regelmäßig* Kontakt. Sie versuchen nicht, in der Hektik des Lebens Zeit für eine Verabredung zu finden. Sie haben eine feste, turnusmäßige Verabredung – einmal die Woche, einmal im Monat, und sei es nur, um zu telefonieren. Sie *nehmen* sich die Zeit für diese Treffen oder Gespräche und messen ihnen denselben Stellenwert zu wie einem familiären oder beruflichen Termin. Dafür genießen sie die Früchte einer solchen Freundschaft – sich zu beraten, sich zu entwickeln, sich beizustehen, sich hin und wieder den Kopf zurechtzurücken und vor allem viel Freude miteinander zu haben.

Was ist mit Ihnen – haben Sie Freundschaften gewohnheitsmäßig in Ihrem Leben verankert?

Ob in Freundschaften, in der Partnerschaft, mit den Kindern oder Kollegen – wir sehen es als Tugend, für die eigenen Überzeugungen einzustehen. Und sicherlich ist das genaue Abwägen von Gründen Kennzeichen einer ernsthaften Lebenseinstellung. Leider werden Gespräche schnell zu Duellen, wo es nicht mehr um die Sache geht, sondern darum, wer recht hat. Das kann zwischenmenschliche Beziehungen nachhaltig belasten.

## Ist es nicht viel zu leicht, recht zu haben?

«Ein Gespräch setzt voraus,
dass der andere recht haben kann.»
HANS-GEORG GADAMER

**W**arum haben wir so gerne recht? Bei einem Rechtsstreit die Oberhand zu gewinnen, fühlt sich gut an. Vielleicht geht es nicht nur um die Bewahrung unseres Rechts, sondern auch um die Befriedigung, eine Gegenpartei überwunden zu haben. Oder beweisen wir dadurch unsere Schlauheit, unsere geistige Begabung? Vielleicht schützen wir uns damit auch gegen verbale Angriffe und fühlen uns dadurch sicherer. Vielleicht aber erleiden wir, ohne es zu wissen, manchmal gerade durchs Rechthaben eine Niederlage.

Während des Studiums sah ich Argumentieren als einen Wettkampf. Ich debattierte gerne mit Leuten und war auf der Suche nach «schlagenden Argumenten». Ich wollte mich ausprobieren und gefordert werden. Ich fand es beeindruckend, wenn jemand elegant und effektiv argumentierte. Ich eignete mir Argumente an wie die *petitio principii*, wenn ein Argument das bereits voraussetzt, was es erst beweisen soll. Etwa «Die Bibel sagt die Wahrheit, weil sie das Wort Gottes ist. Woher wissen wir, dass sie wirklich Gottes Wort ist? So steht es in der Bibel.» Der letzte Satz setzt voraus, dass die Bibel die Wahrheit enthält, und das stand am Anfang ja in Frage – deshalb ist das Argument ungültig.

Auch wurde ich mir klarer über die Verteilung der *Beweislast* in einer Diskussion. Wer eine Behauptung aufstellt, hat diese zu begründen. Stellt jemand die Behauptung in Frage, hat nicht der Infragesteller seine Infragestellung zu begründen, sondern der Behauptende seine Behauptung.

Ich las Schopenhauers *Eristische Dialektik* und andere Bücher über philosophisches Argumentieren mit mehr oder weniger lauteren Tricks, in jedem Fall recht zu behalten.

Und ich probierte sie im Alltag fleißig aus. Genüsslich und etwas selbstgerecht führte ich alles, was nach einer Behauptung klang, *ad absurdum*. Jemand sagte mir, wie wichtig es sei, «jeden Tag zu leben, als ob es der letzte wäre». Ich zeigte sofort die absurden Folgen dieser Denkart auf – keine langfristige Planung, keine Reisen, kein dickes Buch zu lesen beginnen, nicht für morgen einkaufen etc. Das alles kann unerträglich stören, wenn jemand etwas zu sagen versucht, das ihm wichtig ist. Der Kritisierte bekommt leicht den Eindruck, der andere wolle ihn gar nicht verstehen, sondern behandle ihn abschätzig.

Wenn ich mit Menschen über Weltanschauungen, Religion, Kunst etc. sprach oder wenn sie mir von ihren eigenen Einsichten erzählten, dann hakte ich ständig ein, bremste ihren Redefluss und sprach ihnen ab, sich klar und widerspruchsfrei auszudrücken. Triumphierend wies ich ihnen nach, keine allgemeine Definition von Kunst, Denken, Sprache etc. zu haben (als ob es die bräuchte!). Man könnte sagen, ich war auf gebildete Weise ignorant. Wie peinlich ist mir dieses Verhalten im Nachhinein!

Die Philosophie Wittgensteins brachte mich auf den richtigen Weg. Ich vertiefte mein Verständnis seiner Gebrauchstheorie der Sprache. Der Kerngedanke dabei ist, nicht nur auf den Satzinhalt zu achten, sondern das Geflecht an Handlungen zu begreifen, in dem der Satz verwendet wird. Lange Zeit hatten Philosophen eher verächtlich auf die Unklarheiten der Alltagssprache herabgeschaut. Wittgenstein kritisierte dieses elitäre Selbstverständnis und machte es zu einem Grundsatz seines Denkens, unsere Alltagssprache nicht als defizitär oder vage anzusehen. Sie entspricht genau den Anforderungen der Situation – viel mehr als wissenschaftliche Terminologie. Es ist ungefähr so: Ein Chirurg und ein Holzfäller verbringen ein Wochenende auf einer Blockhütte. Nun spalten sie Holz für den Ofen, und der Holzfäller spaltet mit geübtem Schwung jedes Scheit mit einem Schlag. Nun sagt der Chirurg: «Ja, aber mit dem Skalpell ist man viel präziser!» So ist es auch mit Fachsprache: Sie mag für fachliche Zwecke feinere Unterscheidungen erlauben – aber für alltägliche Situationen ist sie häufig ungeeignet.

Mein Überlegenheitsgefühl speiste sich aus einer vermeintlichen Klarheit, die jener des jungen Wittgenstein ähnelte. Noch in seinem *Tractatus logico-philosophicus* hatte Wittgenstein versucht, dem Sprechen über Tatsachen eine eindeutige Grenze zu ziehen. Mittels logischer Analyse wollte er ein für alle Mal sinnvolle Sätze von sinnlosen oder unsinnigen unterscheiden. Er wurde dafür gefeiert, und seither weisen manche Philosophen anderen nach, dass ihre Sätze nicht falsch, sondern sinnlos seien. Wittgenstein hingegen wandte sich von dieser Art zu philosophieren ab. Kein anderer berühmter Philosoph hat sein eigenes Frühwerk derartig kritisiert (wenn auch nicht alles daran).

Wittgensteins weitere Arbeit kulminierte in den *Philosophischen Untersuchungen*. Nach wie vor untersuchte er die Grenzen sinnvollen Sprechens, aber nun glaubte er nicht mehr an eine allgemeine Grenze oder an Logik als Paradewerkzeug. Stattdessen meinte er, man müsse sich in die endlose Vielfalt sprachlicher Situationen begeben und könne nur von Fall zu Fall an Beispielen *zeigen*, was sich sinnvoll sagen lässt.

Etwa so: Beispiel 1: Jemand hat Gold im Zahn. Wir können sinnvoll fragen: «Wo war das Gold, bevor es im Zahn war?» Beispiel 2: Jemand hat Schmerzen im Zahn. Können wir sinnvoll fragen: «Wo waren die Schmerzen, bevor sie im Zahn waren?»

Man muss nicht Philosophie studiert haben, um hier sein Sprachgefühl zu befragen und zu urteilen: Nein, die Frage ergibt keinen Sinn. Aber, so fragt Wittgenstein häufig, welchen Sinn könnte jemand ihr geben? Der Traum eindeutiger Grenzen ist damit dahin, aber der feinfühlige Umgang mit der Lebenswirklichkeit nützt letztlich mehr.

Für mich brachte dies einen Einstellungswechsel: Menschen meinen häufig mit ihren Äußerungen – auch wenn der Gehalt unklar oder inkonsistent schien – etwas hinreichend Klares. Dafür müssen sie keine Definitionen kennen. Wenn ich als Philosoph diese Äußerungen auf ihren Gehalt reduziere und mich dann auf definitorische oder logische Mängel stürze, dann sind nicht die anderen die Dummen, sondern ich. Mein Stolz über vermeintliche «Siege» beim Argumentieren wich Demut und dem Eingeständnis meiner bisherigen sprachphilosophischen Naivität.

Ich versuche seitdem, «hinter» die Äußerungen zu hören und mich weniger an dem zu stören, wie sich jemand ausdrückt. Ich will nicht recht behalten oder überlegen erscheinen – denn damit mache ich es mir viel zu leicht. Ein Gespräch ist kein Duell. Viel schwieriger und gleichzeitig sinnvoller ist es, zu verstehen, was die andere Person zu sagen hat, was sie *meint*. Ihre Äußerungen sind ja die *Eröffnung* des Austausches. Das gemeinsame Verständnis müssen wir dann erarbeiten.

Wollen Sie selbst diese Einstellung üben, hilft Ihnen vielleicht folgende Einsicht: Definitionen können nicht *falsch* sein. Sie können *üblich* oder *unüblich* sein, manchmal auch unvollständig, missverständlich oder unvorteilhaft. Sie können es sich formal vor Augen führen: Behauptungen können wahr oder falsch sein. Aber Definitionen sind keine Behauptungen, sondern Festlegungen über die Sprache. Mit Definitionen drücken wir aus, wie wir ein Wort gebrauchen.

Wenn Sie das nächste Mal eine Äußerung wie «Die Welt entsteht mit unseren Gedanken» kritisieren wollen, halten Sie einen Moment inne und fragen den Betreffenden, was er mit «Welt» und mit «Gedanken» meint. Und versuchen Sie zu ergründen, in welchen Situationen der Betreffende diesen Satz sagt. Was *leistet* er in praktischer Hinsicht?

Besondere Brisanz kann der Wille, unbedingt recht zu haben, in engen Freundschaften und Beziehungen bekommen. Wie kann es sein, dass Partner sich über eine Sachfrage so zerstreiten, dass sie tagelang nicht mehr miteinander reden? Ist das unsere kostbare Lebenszeit wert?

Ich empfehle hier zu fragen, was praktisch vernünftig und klug ist. Ich nenne das den Primat der praktischen über die theoretische Vernunft. Was heißt das für das Rechthaben in Beziehungen?

Es gibt darüber viele Witze: «Wer den Mund hält, wenn er merkt, dass er unrecht hat, ist weise. Wer den Mund hält, obwohl er recht hat, ist verheiratet.» Hinter diesem Satz steckt eine durchaus ernsthafte Einsicht: Manchmal ist es unvernünftig, recht behalten zu wollen. Wenn das Wichtigste für uns eine glückliche Beziehung ist, dann ist oberstes Ziel, zu verstehen, was dem anderen wichtig, was mir wichtig ist, und gemeinsam dafür zu sorgen, ein gutes Leben zu führen. Ob ich in einer bestimmten Frage im Recht bin, ist dafür sekundär.

Natürlich sollen wir nicht auf Diskussionen verzichten. Wir

sollten Gründe austauschen und ernsthaft erwägen. Wenn wir allem beipflichten, was der andere will, und nicht mehr für das einstehen, was wir für richtig halten (mit Bezug auf unser gemeinsames Ziel), geben wir eine wichtige Zutat einer gelingenden Beziehung auf. Dann werden wir für den anderen «unsichtbar», weil wir für nichts mehr stehen und unsere Fähigkeiten nicht mehr einbringen. Freie Wesen *müssen* miteinander diskutieren, weil sie nur so feststellen können, welches die besten Gründe für weitere Schritte sind.

Dennoch müssen wir das gemeinsame Wohlergehen wichtiger nehmen als den Wunsch, recht zu haben. Es wäre unklug, wegen irgendwelcher Haarspalterei oder durch ständige Ermahnungen die gemeinsame Lebensqualität zu vermindern. Dass wir diese Dinge hintanstellen können, ist ein Teil unserer «Autonomie». Wir können unseren Impulsen, recht behalten oder auf eine Verfehlung hinweisen zu wollen, unser Veto entgegenhalten – unter Berufung auf das selbstgesetzte Prinzip, die gemeinsame Lebensqualität an oberste Stelle zu setzen.

## Was ist denen wichtig, die wir lieben?

Zu einem guten, erfüllten Leben gehört, es nach den eigenen Vorstellungen leben zu können. Je enger wir zusammenleben, desto schwieriger kann das werden – denn auch meine Eltern, meine Freunde, meine Partnerin haben Vorstellungen davon, was sie unter einer guten Lebensweise verstehen – und die können von meinen abweichen. Um Missverständnissen und Konflikten vorzubeugen, muss ich die Wünsche und Kriterien der mir nahestehenden Menschen kennen, damit ich ihnen nicht unwissentlich zuwiderhandle. Ich muss mich also fragen: Welche Vorstellung haben *sie* von einem guten Leben? Was bedeutet *für sie* Lebensqualität? Wenn mir ihr Wohlergehen wichtig ist, dann muss ich wissen, was *ihnen* wichtig ist. Weiß ich es nicht, *kann* ich auch nicht dafür sorgen, dass es ihnen gutgeht.

Sind eher Menschen mit denselben Fähigkeiten, denselben Vorstellungen von Lebensqualität füreinander geeignet? Nach dem Motto «Gleich und Gleich gesellt sich gern»? Oder sind es Menschen mit unterschiedlichen Fähigkeiten und Vorstellungen, die eine erfüllende Beziehung führen?

Aristoteles hat diese Frage in der *Nikomachischen Ethik* behandelt. Wie immer erhält man von ihm keine simple Antwort, sondern ein qualifiziertes «Es kommt darauf an». Menschen seien auf vielerlei Art verschieden. Unterschiede im Einkommen bedeuten für eine Beziehung etwas anderes als Unterschiede in der moralischen Einstellung. Aber zentral für eine gute Beziehung sei etwas anderes.

Zunächst geht Aristoteles auf eine Haltung zurück, die seiner Ansicht nach das Wesen wahrer Freundschaft ausmacht. Strukturell lässt sich dies auch auf partnerschaftliche Beziehungen übertragen. Zum Kontrast weist Aristoteles auf eine Grundhaltung hin, die wahrer Freundschaft im Wege stehe: «Die meisten Menschen aber wünschen, wie es scheint, [...] eher geliebt zu werden als zu lieben.» (NE, S. 265)

Diese Einstellung kann schädlich sein, wenn nämlich jemand eine Beziehung deshalb eingeht, um vom andern *geliebt zu werden*. Gewissermaßen behandelt er den anderen als Mittel für seinen Zweck. Dadurch kann es zu Abhängigkeiten kommen, zu Forderungen, zum Eindruck, man habe doch so viel für den anderen getan und deshalb *Anspruch* darauf, geliebt zu werden – keine glückliche Grundhaltung für eine enge Beziehung.

Aristoteles nimmt die umgekehrte Haltung als Schlüssel: Es

gehe darum, *zu lieben*. Als Beispiel wählt er die selbstlose Mutterliebe: «Die Freundschaft liegt aber, so scheint es, mehr im Lieben als im Geliebtwerden. Ein Anzeichen dafür ist die Freude der Mütter am Lieben. [..., Es scheint] ihnen zu genügen, wenn sie sehen, wie es den Kindern gutgeht, und sie lieben sie, auch wenn jene nichts, was der Mutter zukommt, zurückgeben.» (NE, S. 266)

Machen wir uns klar, was das bedeutet: Es heißt, nicht aufzurechnen. Es heißt, nicht in erster Linie zu nehmen, sondern zu geben. Es heißt, den anderen nicht bloß als einen «nützlichen Menschen» zu sehen. Dieses antike Prinzip des Vorrangs des Liebens vor dem Geliebtwerden hat sich über die Jahrhunderte bis ins moderne Europa gehalten, wenn etwa der Romantiker Ludwig Tieck schreibt: «Eigennutz ist die Klippe, an der jede Freundschaft zerschellt.» Mancher wünscht sich, im Leben mehr geliebt zu werden – davor sollte jedoch die Frage stehen, wie es einem gelingt, mehr zu lieben. Was heißt es, mehr zu lieben? Heißt es, dem anderen seinen Willen zu lassen, um der Harmonie willen?

Freundschaft ist, wie jede liebevolle Beziehung, mehr als reine Harmonie. Man bereichert sich gegenseitig mit Rat und Tat sowie mit kritischer Perspektive. Gerade *weil* Freunde einander vertrauen und wissen, dass man einander nicht absichtlich verletzt oder täuscht, darf ein guter Freund auch eine unbequeme Wahrheit aussprechen. Schon Cicero schrieb 44 v. Chr. in seinem Dialog *Über Freundschaft*: «Das also ist keine Freundschaft, dass, wenn der eine die Wahrheit nicht hören will, der andere zum Lügen bereit ist.» Glücklich, wer solche aufrichtigen Freundschaften und Beziehungen hat.

Letztlich kann uns kaum etwas im Leben so voranbringen wie andere Menschen, mit denen wir gemeinsam ein gutes Leben anstreben. Wenn wir eine wichtige Veränderung vollziehen, dann können wir dafür viel lernen, wenn wir Kontakt zu Menschen haben, die genau diese Veränderung vollzogen haben. Wir können uns tiefer verstehen und verstanden fühlen, wenn wir mit Menschen sprechen, die das Gleiche erlebt haben oder durchmachen wie wir. Und der aufrichtige Rat anderer kann uns eigene blinde Flecken aufzeigen. Wir können uns in schwachen Momenten unterstützen, vielleicht auch manchmal die Augen für das Gute öffnen, das wir nicht mehr sehen, weil es uns selbstverständlich geworden ist. Wir können gemeinsam zu den wichtigen Dingen des Lebens vorstoßen, unsere Vorstellung eines guten Lebens verwirklichen und den Weg dahin gemeinsam genießen.

Wie finden wir heraus, was dem anderen wichtig ist? Durch gutes Zuhören. Dazu gehört, dem anderen im Gespräch Raum und Aufmerksamkeit zu lassen, keine Urteile zu äußern, sondern Verständnisfragen zu stellen. Und auch wenn wir nicht verstehen, weshalb dem anderen etwas wichtig ist: Besinnen wir uns darauf, wie wichtig uns dieser Mensch und sein Wohlergehen ist.

Wenn wir unsere Fähigkeit entwickeln wollen, mit anderen Menschen erfüllte Freundschaften und Beziehungen zu führen, dann sollten wir unser eigenes Verhalten in dieser Hinsicht kennen. Dann können wir uns gezielt weiterentwickeln.

Wie gut kennen Sie sich selbst? Hier ein paar Fragen zum Einstieg. Fügen Sie gerne andere hinzu. Sie könnten Sie auch andere für sich beantworten lassen – und dabei vielleicht eine andere Perspektive auf sich selbst bekommen.

❖ Würde ich gerne mehr Zeit mit anderen verbringen – oder hätte ich gerne mehr Zeit für mich selbst?
❖ Lerne ich gerne neue Menschen kennen?
❖ Wirke ich auf andere freundlich und aufgeschlossen – oder eher zurückhaltend, vielleicht unsicher?
❖ Verhalte ich mich bei Unachtsamkeiten anderer eher großzügig – oder nehme ich kleine Dinge sehr genau und spreche das aus?

- Baue ich andere Menschen auf und verbreite gute Laune – oder kritisiere ich eher und dämpfe die Stimmung?
- Achte ich in Gesprächen darauf, dass die Redeanteile etwa gleich verteilt sind?
- Neige ich dazu, offen über mich zu sprechen – oder gebe ich eher wenig von mir preis?
- Stelle ich in Gesprächen interessierte Fragen zu den Belangen des anderen – oder bringe ich das Gespräch stets wieder auf meine eigenen Themen?
- Höre ich zu, um zu verstehen – oder bereite ich innerlich schon eine schlaue Antwort vor?
- Suche ich bei Fehlern zuerst die Schuld bei anderen – oder zuerst bei mir?
- Welche Fragen stelle ich bei Konflikten mit anderen? Eher nach Rechtfertigungen – oder nach gemeinsamen Lösungen?
- Weiß ich, was den Menschen besonders wichtig ist, die mir wichtig sind? Wenn ja – was ist es aktuell?

In diesem Kapitel habe ich behandelt, inwiefern Vorurteile uns selbst schaden. Wir handeln zwar aufgrund von Lebenserfahrung, aber lassen besser unsere Urteile unabgeschlossen. Das heißt, wir haben die Bereitschaft zu lernen und sind offen dafür, dass sich unsere Urteile trotz aller Erfahrung als unbegründet oder falsch herausstellen können – zumindest aber mit Bezug auf den einzelnen Menschen, dem wir begegnen.

Der Austausch von Gründen mit anderen ist wichtig für unsere Entwicklung. Wir sollten für unsere persönlichen Überzeugungen einstehen. Aber in manchen Situationen ist es aus praktischen Gründen kontraproduktiv, auf seinem Recht zu bestehen. Wenn wir immer recht haben und klug scheinen wollen, hemmen wir den Prozess, selbst klüger zu werden.

Nirgends sind die Perspektiven füreinander so wertvoll und

der ernste Ratschlag so förderlich wie in einer guten Freundschaft. Wenn wir Freundschaften voller Vertrauen aufbauen wollen, dann sollten wir uns zuerst selbst vertrauensvoll verhalten – und den richtigen Menschen unser Vertrauen schenken.

Dieses war die vorerst letzte der hier behandelten vier Fähigkeiten für ein besseres Leben. Die Darstellungen waren auch als Anregung für Sie gemeint: Wofür müssen Sie eigentlich sorgen, wenn Ihnen das Wohlergehen von anderen und Ihnen selbst wichtig ist? Welche dieser vier Fähigkeiten ist für Sie momentan die wichtigste? Was genau haben Sie dann zu tun?

Wenn wir wissen, was zu tun ist, und wir uns über unsere Begründungsfolge klargeworden sind, wir uns auch besser kennengelernt und aktiviert haben, dann müssen wir die nächsten Schritte auch gehen. Warum ist das manchmal so schwer?

Wir haben zwar eingesehen, wo wir stehen und wohin wir müssen – aber dafür müssen wir unsere *Gewohnheiten* verändern. Die Fähigkeit dazu hat weder mit Intelligenz noch mit Willenskraft zu tun. Aber es ist selbst eine Fähigkeit, die wir – gerade in der heutigen Zeit schnellen Wandels – lernen können. Es lohnt sich, dafür Strategien und Handwerkszeug zu haben und dessen Einsatz zu üben. Werfen wir einen Blick in die Werkzeugkiste.

# KAPITEL IX

# VIER STRATEGIEN, UM NEUE GEWOHNHEITEN ZU VERANKERN

«Alles was du besitzt, besitzt irgendwann dich.»
TYLER DURDEN (FIGHT CLUB)

Leben Sie freiwillig so, wie Sie leben? Oder ist Ihr Leben teilweise zu einer selbstlaufenden Maschine geworden, deren Anhängsel Sie sind? Natürlich waren Ihre Entscheidungen daran beteiligt, dass Sie heute so leben, wie Sie es tun. Aber waren es immer freiwillige Entscheidungen, frei von Zwang und Unwissenheit? Sind Sie bereit, die Konsequenzen Ihrer ehemaligen Entscheidungen, die sich in Ihren Gewohnheiten niedergeschlagen haben, für den Rest Ihres Lebens zu tragen?

Vermutlich *nicht*, sonst würden Sie dieses Buch nicht lesen. Sie haben es sogar fast bis zum Schluss gelesen. Viele Menschen, die im Leben, im Beruf, in der Beziehung, mit sich selbst unzufrieden sind, *kaufen* Bücher als Ratgeber, aber sie lesen nicht weiter als bis Seite 17. Doch Sie sind noch dabei. Alleine, das zeigt, dass Sie zumindest eine Zutat besitzen, um Ihrer eigenen Vorstellung eines guten Lebens und hoher Lebensqualität näherzukommen: einen langen Atem.

Geduld, Durchhaltevermögen, Konsequenz – wie immer Sie es nennen – ist die Fähigkeit, die Vorstellung, was ein gutes Leben ausmacht, über einen langen Zeitraum hinweg zu verfolgen. Sich nicht mit kurzfristigem Strohfeuer zufriedenzugeben. Sich nicht von Rückschlägen entmutigen zu lassen. Es klingt so banal wie unbequem: Wer über die Ziellinie will, darf nicht vorher stehen bleiben. «Wenn du durch die Hölle gehst», riet Winston Churchill, «geh weiter.» Tun wir das.

Es ist ein großes Glück, wenn wir Veränderungen von einem Moment auf den anderen bewältigen. Wir alle kennen solche Momente. Damit sind hier nicht «nur» *Heureka*-Erlebnisse gemeint, bei denen einem plötzlich wie Archimedes die Lösung eines Problems aufgeht. Es geht um Momente, in denen sich eine theoretische Einsicht mit einer Weltsicht und der Vorstellung einer Lebensweise verbindet.

Viele solcher Erlebnisse sind überliefert. Siddhartha Gautamas Erleuchtung am Ufer des Neranjara unter einer Pappelfeige. Augustinus' Konversion unter einem Baum in seinem Garten, bei der jeder Zweifel verflog. Petrarcas Wende zur Innerlichkeit auf dem Gipfel des Mont Ventoux. Rousseaus (vermutlich erfundenes) Erlebnis unter einem Baum auf dem Weg nach Vincennes, das ihm die Dimension moderner Kulturkritik eröffnete. Nietzsche an einem Stein am See von Silvaplana, als er das erste Mal den Gedanken der «ewigen Wiederkehr» fasste.

Martin Luther beschrieb seine Reise nach Rom als den Schlüssel zu seiner theologischen Wende. René Descartes erzählte von drei Träumen, die ihm eine neue Denkungsart, aber auch einen neuen Lebensweg offenbarten. Kant erlebte durch die Lektüre von Rousseaus Schriften einen Wandel seines Selbstbildes – abrupt veröffentlichte er nichts mehr. Zehn Jahre später vollzog er dann, im Alter von 57 Jahren, mit der Veröffentlichung der *Kritik der reinen Vernunft* eine kopernikanische Wende in der Philosophie. Und Wittgenstein, dessen Leben eine Reihe von Wendepunkten aufwies, sah jemanden eine freche Geste auf der Straße ausführen und erkannte in diesem Moment die Notwendigkeit einer *pragmatischen Wende*, einer dem alltäglichen Handeln zugewandten Philosophie. Überlegen Sie einmal: Was war Ihr letzter lebensverändernder Moment?

Solche Anekdoten von lebensverändernden Momenten, so inspirierend sie sein mögen, lassen eines in den Hintergrund rücken: was *danach* geschah. Der deutsche Philosoph Dieter Henrich schildert dies eindrücklich in *Werke im Werden*. Die Einsichten von Augustinus, Rousseau, Kant oder Wittgenstein mögen intensive

Erlebnisse gewesen sein und *haben* das Leben dieser Denker verändert. Aber nach diesen Momenten schloss sich stets eine Phase intensiver *Arbeit an sich* an. Die ursprüngliche Einsicht wurde in allen Einzelheiten entwickelt, durchdacht, diskutiert und lebenspraktisch integriert.

Die Einsicht, der Entschluss, der emotional intensive Moment sind also nur der *Anfang*. Dass es danach häufig schwieriger wird, weil wir zögern, zweifeln, auf Widerstände treffen, entwertet diese Momente nicht. Aber wir müssen den lebensverändernden Moment weitertragen und zu einer *klaren Begründungsfolge* entwickeln, bei der wir mittels praktischer Vernunft von der grundlegenden Einsicht bis zu unseren konkreten nächsten Schritten gelangen. Ihr Weg durch dieses Buch ist Arbeit an dieser Begründungsfolge gewesen – sich im Hier und Jetzt zu verankern, sich besser kennenzulernen, sich über das Wichtige im Leben klarzuwerden, das daraus folgende Notwendige einzusehen, sich als Ort der Verantwortung zu begreifen und die eigenen Fähigkeiten zu entwickeln und zu benutzen.

Vergleichen wir den lebensverändernden Moment mit einer Quelle, dann müssen wir durch unser Denken, Fühlen und Handeln das Flussbett auswaschen, bis das Wasser wie von selbst die richtigen Wege fließt.

Es mag alles fließen, wie Heraklit sagte, und unsere Stagnation eine Illusion sein. Aber es gibt eine Ordnung im Fließen, die sich aus den Unterschieden in der Fließgeschwindigkeit ergibt. Wittgenstein beschrieb dieses in *Über Gewissheit* metaphorisch: «Ja, das Ufer jenes Flusses besteht zum Teil aus hartem Gestein, das keiner oder einer unmerkbaren Änderung unterliegt, und teils aus Sand, der bald hier bald dort weg- und angeschwemmt wird.» (ÜG, § 99)

Lassen wir unser Grundgestein nicht zu Sand werden, sondern begreifen wir Rückfälle und Schwierigkeiten als Chancen und, um im Bild zu bleiben, verstärken wir das feste Gestein am Flussufer.

Es ist eine einfache Rechnung: Wenn wir eine Vorstellung von einem besseren Leben und höherer Lebensqualität haben, wir uns aber nicht ändern, bleibt das alles ein schöner Traum. Also *müssen* wir in der Lage sein, unser Verhalten zu ändern.

Umso verblüffter sind wir, wenn die Veränderung unserer Lebensweise nicht funktioniert. Es müsste doch selbstverständlich sein, das eigene Verhalten zu ändern, oder? Gibt es da etwas nicht zu verstehen? Spätestens wenn wir einsehen, dass wir uns ändern sollten, müssten wir es doch tun, oder? Häufig tun wir das nicht. Gibt es da vielleicht doch etwas mehr über uns zu verstehen?

## Vier Strategien, um eine neue Lebensweise anzunehmen

Ich bin überzeugt, dass Menschen unterschiedlich sind und jeder seine Urteilskraft entwickeln sollte, um herauszufinden, welche Strategie zur Veränderung für ihn persönlich die richtige ist. Dafür muss man sich selbst gut kennen, aber zusätzlich auch die Klugheit entwickeln, den richtigen Zeitpunkt und die richtige Strategie zu wählen.

Für alle Strategien gilt: Sie brauchen sie nicht im stillen Kämmerlein zu testen. Ich brauche Ihnen nicht zu erzählen, wie viele Selbsthilfegruppen, Initiativen etc. es gibt, bei denen Sie Gleichgesinnte finden. Umgeben Sie sich mit Menschen, denen Sie vertrauen, die Sie an Ihre Ziele erinnern und Sie in schwachen Zeiten unterstützen!

Die folgenden vier Strategien können hilfreich sein, denn mit ihnen können Sie Veränderungen konkret angehen.

# 1. Wirklich die Entscheidung treffen, das eigene Leben zu verändern

Psychologen, Therapeuten, Coaches und Sozialarbeiter sagen es immer wieder: Der Erfolg jeder Veränderung hängt davon ab, ob der Betreffende sie *wirklich will*. Was heißt das? Wir müssen uns selbst in die Lage versetzen, eine Entscheidung zu treffen.

Ich habe bereits ausgeführt, dass ich es für irreführend halte, Willen und Handeln gleichzusetzen. Ich fasse hier den Willen nicht als eine kausale Kraft auf, die bei unterlassenen Handlungen fehlt. Stattdessen nehme ich eine ethische Perspektive ein, sodass es um komplexere Fragen geht, wie «Handelt er ohne Zwang?», «Handelt er aufgrund von Unwissenheit?» oder auch «Begreift er, dass es an ihm liegt?» – und zwar im Hinblick auf die ganze Palette der Fähigkeiten für ein gutes Leben. «Nicht zu wollen», ist eine viel zu simple – und damit *abstrakte* – Erklärung dafür, warum jemand sich nicht anders verhält. Vielleicht ist «Unklarheit» oder «Uneinigkeit» ein besserer Sammelbegriff dafür.

An dieser Uneinigkeit liegt es im Übrigen oft, wenn Neujahrsvorsätze nicht funktionieren. Keine Sorge, an dieser Stelle referiere ich nicht die Geschichte der Entscheidungs- oder Spieltheorie, denn es geht um den Bezug zur konkreten Lebenspraxis. Dafür müssen wir an dieser Stelle verstehen, was es heißt, «eine Entscheidung gefällt zu haben».

Eine Entscheidung über unser zukünftiges Verhalten zu treffen heißt nicht nur, sich etwas zu *wünschen*. Wenn jemand entgegen seinen eigenen Vorsätzen handelt, dann ist das nicht so, als habe sich ein Wunsch nicht erfüllt. Einen Vorsatz zu fassen heißt, sich in die Verantwortung zu begeben. Dazu gehört, ohne gewichtige Gründe nicht von diesem Vorsatz abzuweichen und *alles* zu tun, um den Vorsatz zu erfüllen. Dieses «alles» ist eine Vorgabe an die Selbstaktivierung, nämlich mich hundertprozentig einzusetzen

*Vier Strategien, um neue Gewohnheiten zu verankern*

und bei Hindernissen alle meine Fähigkeiten wachzurufen, um es dennoch zu schaffen.

Wenn nun jemand, gemessen an der Wichtigkeit seines Vorsatzes, unverständlich wenig Einsatz zeigt, dann verleitet uns das zu der Aussage, er *wolle* es nicht wirklich. Aber doch, er mag es wollen – nur aktiviert er sich nicht ausreichend.

Aber wie kommen wir dahin, uns definitiv entschieden zu haben?

Sie kennen sicherlich Situationen, in denen Sie etwas nicht länger hinnehmen wollen. Irgendwann ist der Leidensdruck so hoch, dass wir es nicht mehr aushalten. Sind wir häufig traurig, verzweifelt, wütend oder haben das Gefühl, mit dem Leben nicht mehr zurechtzukommen – sagen wir irgendwann: «Genug! Ich will das nicht mehr! Ich lasse es nicht mehr zu, dass mir das passiert!»

In diesem Moment zweifeln wir nicht. Wir sind uns völlig sicher. Wir *wissen nicht*, ob wir es schaffen werden oder ob wir das nur *glauben* – aber *trotzdem* treffen wir eine Entscheidung, weil wir sicher sind, es *so* nicht mehr zu wollen.

Gleichzeitig sehen wir ein, dass wir es nicht hinnehmen *müssen* – wir haben eine Wahl. Dazu kommt die Selbstaktivierung: Es *ist unser Leben*, *wir* haben das Recht zu entscheiden, und es *liegt an uns*, etwas zu ändern. Diese Erkenntnis kristallisiert sich zu einem lebensverändernden Moment, in dem wir die Entscheidung treffen.

Hinterher fragen wir uns oft: Warum habe ich jahrelang mit dieser Entscheidung gewartet? Musste ich immer und immer wieder diese Hölle durchleben, bis die Elemente – Leidensdruck, Einsicht, Plan, Selbstaktivierung – so zusammenfanden, dass ich die Entscheidung treffen konnte? Die Entscheidung selbst hat nur einen Augenblick gedauert. Hätte ich diesen Moment nicht viel früher geschehen lassen können?

Wenn wir uns unsere Situation so klar vergegenwärtigen, dass uns der Leidensdruck deutlich wird; wenn wir unseren Verstand so trainieren, dass wir unsere Situation schneller durchschauen; wenn wir mittels praktischer Vernunft kluge Pläne fassen und unsere Selbstaktivierung intensivieren, könnte sich dann alles wie im Zeitraffer abspielen, könnten wir kostbare, unwiederbringliche Lebenszeit retten und *sofort* entscheiden?

Diese Frage lässt sich nicht sinnvoll allgemein beantworten, denn es ist eine praktische Frage. Wir haben herauszufinden, ob wir dazu in der Lage sind: Ob wir zum Beispiel mutig genug sind, ob wir uns unsere Alternativen vergegenwärtigen, ob wir die Konsequenzen zu tragen bereit sind, ob wir Mitstreiter haben, die uns stützen. Was hält uns davon ab, die Entscheidung *jetzt* zu treffen?

Erinnern Sie sich, wann Sie das letzte Mal eine Entscheidung getroffen haben, die Ihr Leben wirklich verändert hat? Wie haben Sie sich gefühlt? Was haben Sie dabei gedacht? Wie haben Sie sich verhalten?

Wenn Sie sich diesen Moment vergegenwärtigen, können Sie etwas über sich lernen. Die nächsten Fragen lauten dann: Wie funktioniert Veränderung bei Ihnen, wie kommen Sie zu jenen Gefühlen, Gedanken, Handlungen, die direkt zu dieser Art von Entscheidungsmoment führen? Was können Sie heute noch dafür tun, dass Sie das dafür Nötige bekommen?

## 2. Die eigene Lebensqualität messen
## und kontinuierlich verbessern

Wir können Entwicklungen kaum besser verfolgen als durch Messungen. Wenn wir uns bei einem Veränderungsprozess nicht zwischendurch orientieren können, verlieren wir leicht den Überblick und schließlich die Lust. Das können wir verhindern, indem wir unsere Lebensqualität messen.

Aber ist Lebensqualität nicht etwas *Qualitatives*? Und ist Lebensqualität nicht höchst *subjektiv*? Ist es deshalb nicht müßig, sie überhaupt an irgendwelchen Kennzahlen ablesen zu wollen? Beide Prämissen sind richtig: Lebensqualität ist eine Qualität und wird subjektiv beurteilt – aber daraus folgt nicht, dass sie sich nicht messen ließe. Um die allgemeine Annahme «Lebensqualität lässt sich nicht messen» zu widerlegen, bedarf es nur eines einzigen Gegenbeispiels. Ich bin mir sicher, Sie können selbst weitere finden.

Ich genieße es sehr, in die Sauna zu gehen. Mehrmaliges Schwitzen bei 90 °C, dazwischen kalte Duschen, gemütlich auf der Liege etwas lesen, ein kleines Nickerchen – für mich ein Stück Lebensqualität. Leider schaffe ich es viel zu selten in die Sauna (Ausrede: «Keine Zeit»). Letztes Jahr nur ein einziges Mal. Es würde meine Lebensqualität erhöhen, wenn ich *häufiger* gehen würde, und «häufiger» ist zähl- und damit messbar.

«Einmal im Monat» ist ein realistisches Ziel. An ihm kann ich konkret arbeiten. Sagen wir, ich gehe in diesem Jahr sechsmal. Meine Lebensqualität hat sich dadurch konkret erhöht – und vielleicht kann ich sie nächstes Jahr weiter erhöhen, sodass ich letztlich auf die anvisierten zwölf Saunabesuche komme.

Natürlich ist mein Genuss des Saunabesuchs etwas Qualitatives. Es wäre seltsam, wenn ich die zusätzlichen Besuche nicht genießen würde, aber dennoch der Ansicht wäre, die Anzahl sage etwas über meine Lebensqualität aus. Und natürlich geht es um mein subjektives Erlebnis, etwas zu genießen, mir Zeit für mich zu nehmen, zu lesen. Aber ich kann zählen, wie häufig ich dieses Erlebnis möglich gemacht habe – und da gefallen mir sechsmal besser als nur einmal.

Es ist auch völlig klar, dass es sich um meine individuelle Vorstellung von Lebensqualität handelt. Ich würde nicht im Traum daran denken, dass diese Messung eines Aspekts meiner Lebensqualität allgemein gilt, als könnte ich Aussagen über die Lebensqualität anderer Leute anhand der Anzahl ihrer Saunabesuche machen.

Also: Richtig verstanden ist Lebensqualität messbar. Erinnern Sie sich an den *Human Development Index*, der auf der gleichen Annahme basiert. Es gibt sehr individuelle Vorstellungen eines guten Lebens und von Lebensqualität – aber Kennzahlen wie Lebenserwartung, durchschnittlicher Schulbesuch in Jahren und Bruttonationaleinkommen pro Kopf geben Hinweise, inwiefern Menschen ihrer individuellen Vorstellung folgen können – und das zu können, gehört zur Lebensqualität.

Die Messung eigener Lebensqualität hat noch andere Vorteile: Wenn wir sie regelmäßig überprüfen, erinnern wir uns daran, was uns wichtig ist, und lenken unsere praktische Vernunft darauf.

Natürlich besteht die Gefahr, uns *nur* noch auf das zu konzentrieren, was wir messen können. Wir könnten in einen Mess-Fetischismus verfallen und meinen, wir müssten alle unsere Aspekte von Lebensqualität quantifizieren und messen. Und die neuen Technologien verführen zu solch exzessivem *Self-Tracking*, mit dem wir festhalten, wie viel wir schlafen, wie viel wir trinken, wie viel wir uns bewegen.

Aber was wir an unserer Lebensweise stabil halten wollen, brauchen wir nicht zu messen. Wir brauchen nicht unser gesamtes Leben zu quantifizieren, um es in allen Bereichen optimieren zu können. Es geht nur um einzelne Aspekte, die wir verändern wollen – und ich plädiere dafür, zunächst nur einen oder zwei zu wählen. Um diese können wir uns angemessen kümmern, ohne dass sich unser ganzes Leben nur noch um Veränderung dreht oder wir an zu vielen Fronten kämpfen.

Der Vorteil, Veränderungen zu messen, ist, dass wir jenseits des Erfolg-oder-Scheitern-Schemas denken. Stattdessen haben wir den Prozess vor Augen. Wir können uns über kleine, erreichbare Ergebnisse freuen und weniger verbissen auf das Gesamtziel starren. Erinnern Sie die Passage aus Michael Endes *Momo*, in der Beppo Straßenkehrer der kleinen Momo etwas Wichtiges erläutert? «Siehst du, Momo, es ist so: Manchmal hat man eine sehr lange Straße vor sich. Man denkt, die ist so schrecklich lang; das kann man niemals schaffen, denkt man.» Wie geht Beppo mit diesem entmutigend großen Ziel um?

Michael Ende hat Beppo nicht als Descartes-Leser konzipiert, aber er handelt intuitiv genau nach Descartes' Prinzip der Zerlegung. Auch wenn Beppo als Charakter einen Gegenpol zur Eile der grauen Herren bildet, so arbeitet er mit Messungen und veranschaulicht damit, dass dieses keine kalte Quantifizierung zu sein braucht, sondern uns Mut macht und entspannt: «Man darf nie an die ganze Straße auf einmal denken, verstehst du? Man muss nur an den nächsten Schritt denken, an den nächsten Atemzug, an den nächsten Besenstrich. Und immer wieder nur an den nächsten. [...] Auf einmal merkt man, dass man Schritt für Schritt die ganze Straße gemacht hat. Man hat gar nicht gemerkt wie, und man ist nicht außer Puste.»

### 3. Leitplanken für bessere Gewohnheiten bauen

Auf einer Skala von eins bis zehn – als wie willensstark schätzen Sie sich ein? Egal, wie Ihre Antwort ausfällt: Wir alle wissen, dass wir nie genug Willenskraft haben, um alles zu schaffen. Früher oder später erlahmt sie – das haben inzwischen viele psychologische Studien gezeigt. Wenn wir uns den ganzen Tag lang disziplinieren, dann sind wir abends erschöpft und treffen schlechtere Entscheidungen – plötzlich wildern wir doch im Regal mit den Süßigkeiten. Preisfrage: Wenn wir gesünder leben wollen und wissen, dass wir abends dazu neigen, zu sündigen – warum haben wir die Süßigkeiten überhaupt im Haus?

*Vier Strategien, um neue Gewohnheiten zu verankern*

Warum also bauen wir uns nicht Leitplanken, die uns auf dem richtigen Weg halten? Schließlich geht es darum, unsere Autonomie zu stärken, die Fähigkeit, unseren selbstgegebenen Gesetzen entgegen unseren momentanen Neigungen treu zu bleiben. Kant nannte dies Wille – aber warum sollten wir unserem Willen nicht intelligent zuarbeiten? Die Strategie: Machen wir es uns leicht, das Richtige zu tun und schwer, davon abzuweichen.

Für die Gefahr abendlichen Schlemmens kann das heißen, mir meine Neigung beim Einkaufen zu vergegenwärtigen. Denken Sie an den neuen Blick im Supermarkt aus dem Kapitel VI. Diesen Blick müssen wir einnehmen, damit wir später am Abend nicht sündigen *können* – weil einfach keine Süßigkeiten da sind. Stattdessen können wir uns gesündere Alternativen ins Regal stellen. Denn wenn wir ehrlich sind, sind wir häufig zu bequem, um spätabends noch Süßigkeiten von einer Tankstelle zu holen.

Auf der anderen Seite: Machen wir es uns leicht, den richtigen Gewohnheiten zu folgen. Nehmen wir an, wir wollen öfter die Küche putzen. Dann sollten wir die Putzmittel nicht irgendwo im Haus verstauen, sondern direkt griffbereit unter der Spüle. Wenn wir in der Küche stehen und denken: «Hier müsste mal gewischt werden», dann fällt es uns leichter, es sofort zu erledigen. Sonst hätten wir es vielleicht noch eine Weile vor uns hergeschoben. Die Regel ist: Lagern wir Arbeitsmittel dort, wo wir sie benutzen.

Auch Platzhalter können uns eine Veränderung erleichtern. Auf diese Art konnte ich meinen Kaffeekonsum vermindern. Mir einen Kaffee aus der Küche zu holen, ist immer noch wie ein Startschuss für meine Arbeitseinheiten. Inzwischen trinke ich Lupinenkaffee und bringe meinen Kreislauf durch kurze Übungen in Schwung.

Dieses Vorgehen ist auf viele Gewohnheiten anwendbar: Hat die betreffende Gewohnheit eine wichtige Funktion in meinem Arbeitsalltag, auf die ich nicht verzichten will (oder kann), wäre es sehr schwer, die Gewohnheit ganz abzustellen. Ich folge dem Impuls zu dieser Gewohnheit und ernte nach wie vor ihren Nutzen – nur den problematischen Zwischenschritt ersetze ich durch einen Platzhalter. Gewissermaßen sattle ich beim Reiten das Pferd neu.

Eine weitere Strategie, mit der wir leichter neue Gewohnheiten etablieren können, ist die Verknüpfung verschiedener Gewohnheiten. Dahinter steht das sogenannte *Premack-Prinzip*, das der Verhaltensforscher David Premack im Jahre 1961 formulierte. Es besagt, dass ein Verhalten A als Verstärker eines anderen Verhaltens B wirken kann, wenn A häufiger ausgeführt wird. Was heißt das konkret, und wie können wir dieses Prinzip nutzen?

Stellen Sie eine Regel auf: Sie erlauben sich eine Tätigkeit, die Sie gerne ausführen, nur dann, wenn Sie sie mit einer gewünschten Tätigkeit verknüpfen. Ich selbst erledige nicht so gerne den Haushalt, aber ich höre sehr gerne Podcasts. Meine neue Regel lautet: Ich darf nur dann Podcast hören, wenn ich dabei Hausarbeit erledige. Inzwischen *freue* ich mich auf den Haushalt!

Podcasts oder Hörbücher eignen sich besonders zur Verknüpfung mit unliebsamen Gewohnheiten, weil man sie *nebenbei* hören kann. Aber dem Einfallsreichtum sind keine Grenzen gesetzt, um das Angenehme mit dem Nützlichen zu verbinden. Lesen Sie Zeitschriften nur noch auf dem Crosstrainer. Schauen Sie nur noch Fernsehen, wenn Sie dabei frisches Gemüse knabbern.

Wenn Sie es schaffen, das Sinnvolle mit dem Angenehmen zu verbinden, dann ist es leichter, das Sinnvolle zu tun, weil Sie sich schon auf das Angenehme freuen. Sie müssen sich weniger zwingen, sondern lassen sich durch Ihre Vorfreude animieren.

## 4. Gute Routinen zusammenstellen

Wenn Sie morgens aufstehen, haben Sie vermutlich eine bestimmte Routine. Sie tun ganz bestimmte Dinge in einer bestimmten Reihenfolge. Ohne zu überlegen, führen Sie eine Reihe von Handgriffen aus – wie Sie beim Duschen die Shampooflasche halten, wie Sie sich abtrocknen, wie Sie sich anziehen, wie Sie Frühstück machen. Sie verlieren keine Zeit zwischendurch, Sie führen jede Handlung sicher und effizient aus.

Diese Art routinierter Effizienz können Sie für sich nutzen, um neue Gewohnheiten in Ihre Lebensweise zu bringen. Es sind häufig die laufenden Aufgaben, die uns bisweilen das Gefühl geben, überwältigt zu sein. Aufräumen, Papierstapel abarbeiten, aussortieren etc. Gerade diese vermeintlichen «Berge» an Arbeit, die wir kaum jemals auf einmal schaffen, können wir durch regelmäßige Routine abarbeiten. Hier ist ein möglicher Weg:

Kennen Sie die Setzkästen zum Aufhängen, in denen Sammler ihre kleinen Exponate zeigen? Praktisch an diesen Setzkästen ist, dass Sie einzelne Stücke leicht austauschen können, sodass Sie immer Ihre aktuell bestmögliche Sammlung zeigen.

Stellen Sie sich nun vor, Sie haben ein Zeitbudget von maximal dreißig Minuten in Form eines solchen Setzkastens. Sie füllen die einzelnen Kästchen nun mit Mini-Gewohnheiten. Vielleicht zeichnen Sie sich einen Setzkasten auf und füllen ihre Mini-Gewohnheiten in die Kästchen. Warum nicht jetzt?

«Mini-Gewohnheiten» sind Tätigkeiten, die nicht länger als fünf Minuten dauern und dabei einen sichtbaren Effekt hinterlassen, möglichst ein Ergebnis. Das können Tätigkeiten aus allen Lebensbereichen sein – wichtig ist, dass sie wenig Zeit in Anspruch nehmen und zu einer laufenden Aufgabe gehören, z. B. das Bett machen, herumliegende Dinge wegräumen, Rechnungen abheften, den Computer-Desktop aufräumen, Seilspringen, ein Glas Wasser

*Vier Strategien, um neue Gewohnheiten zu verankern*

trinken, einen interessanten Artikel lesen usw. Überlegen Sie also: Womit können Sie innerhalb von fünf Minuten ein kleines Erfolgserlebnis haben?

Ihr Setzkasten ist begrenzt, also sollten Sie auf etwa sechs Mini-Gewohnheiten kommen, um Ihr Zeitbudget zu füllen. Wenn Sie Ihren Setzkasten mit Mini-Gewohnheiten gefüllt haben, sollten Sie diese so arrangieren, dass sie eine stimmige Reihenfolge ergeben. Dafür gibt es unterschiedliche Möglichkeiten. Sie können die Tätigkeiten nach Räumen sortieren, also z. B. erst Schlafzimmer, dann Badezimmer, dann Arbeitszimmer – dann laufen Sie weniger hin und her. Manche sortieren die Tätigkeiten lieber nach Art der Tätigkeit – z. B. erst körperlich aktive Tätigkeiten, dann sitzende Tätigkeiten. Probieren Sie ruhig etwas herum.

Im Anschluss suchen Sie sich einen Zeitpunkt Ihres Tages dafür aus, vergegenwärtigen sich noch einmal den Sinn dieser Übung und starten. Führen Sie die Routine ohne Pausen durch, eine Aufgabe nach der anderen. Sie werden einige Tage brauchen, um in Schwung zu kommen, aber dann wird es sich zunehmend wie eine Routine anfühlen. Deshalb sollten Sie die Gewohnheiten erst mal nicht austauschen. Sie werden schneller, effizienter und erleben jedes Mal kleine Momente der Befriedigung, denn die Ergebnisse machen sich sofort bemerkbar.

Allein diese dreißig Minuten täglich können einen erheblichen Effekt auf Ihre Lebensqualität haben – ganz konkret: Sie werden nicht mehr von denselben Themen genervt. Und falls Ihre Ergebnisse auch andere betreffen, ob zu Hause oder am Arbeitsplatz, wird man über das plötzliche Verschwinden von Dauerthemen angenehm überrascht sein.

Welche dieser Strategien funktioniert für Sie selbst am besten? Ganz gleich, wie Sie es angehen: Weil es vor allem um die Verankerung von Gewohnheiten geht, zählt vor allem, *konsequent zu sein.*

Je länger Sie dabei bleiben, desto leichter wird es – und schließlich geht es wie von selbst. Thomas Mann hat einmal gesagt: «Die Gewohnheit ist ein Seil. Wir weben jeden Tag einen Faden, und schließlich können wir es nicht mehr zerreißen.»

# KAPITEL X

# DER KAMPF
# MIT DEM
# DRACHEN:
# RÜCKFALL-
# MANAGEMENT

> «Ach die Gewohnheit ist ein lästiges Ding,
> selbst an Verhasstes fesselt sie!»
> FRANZ GRILLPARZER

Sie kennen sicherlich jemanden, einen Freund, einen Bekannten oder Kollegen, der sich um eine Veränderung in seinem Leben bemüht, aber damit kämpft und verzweifelt. Wir fragen uns, warum er es nicht schafft, sich zu ändern. Ist er zu faul? Was soll das Theater?

Leider spielen wir manchmal selbst in diesem Theater die Hauptrolle. Wir versuchen uns zu ändern, aber wir sind wie *immun gegen Veränderung*. Sehnsüchtig schauen wir zu, wie andere es anscheinend spielend leicht schaffen, aber wir nicht.

Dabei meinen wir, uns ganz gut zu kennen und zu wissen, wie Veränderungen bei uns funktionieren. Umso frustrierender, wenn die alten Muster uns gefangen halten wie – mit einem Ausdruck Max Webers – ein «stahlhartes Gehäuse der Hörigkeit».

Wir haben uns für eine Veränderung entschieden, wir haben uns eine Strategie überlegt und haben motiviert begonnen, doch die alten Muster suchen uns heim. Dieses Kapitel hilft Ihnen, mit diesen alten Dämonen klarzukommen, mit den Rückschlägen und unerwarteten Hindernissen. Manchmal verzweifeln wir, weil wir meinen, uns fehle der Schlüssel, um dem stahlharten Gehäuse zu entkommen. Dabei brauchen wir gar keinen einzelnen Schlüssel, sondern eher eine *Zahlenkombination*. Die richtige Konstellation von Einsichten öffnet das Schloss, und der Weg ist frei.

Es mag kontraintuitiv erscheinen: Wenn in einem Prozess der Veränderung Probleme auftauchen, ist das ein Zeichen dafür, dass es vorangeht. Das Problem, die Frustration, die negativen Gefühle

*Der Kampf mit dem Drachen*

sind Teil einer Lernerfahrung. Manche lassen sich davon entmutigen und lassen von ihrem Ziel ab. Das mag mit unserer «Fehlerkultur» zu tun haben: Wir lernen, dass Fehler Gefühle der Unzulänglichkeit, Schwäche, Scham und Schuld nach sich ziehen – oft genug auch Strafe («Konsequenzen»). Deshalb versuchen wir, Fehler zu vermeiden. Dabei sind Fehler notwendig für jeden Lernprozess. Begreifen wir Fehler und Probleme also als Anregung, als Herausforderung, als Gelegenheiten zum Lernen und persönlichem Wachstum – und ruhen nicht, bevor wir nicht die richtige Zahlenkombination gefunden haben. Es heißt, aus Fehlern werde man klug. Klug wollen wir werden – also ran an die Fehler!

Ich stelle hier zwei Beispiele vor, bei denen jemand die richtige Konstellation an Einsichten gefunden hat. Ein neuer Umgang mit Gefühlen ist der wesentliche Impuls im ersten Beispiel, im zweiten Beispiel ist es das Hinterfragen stillschweigender Annahmen. Natürlich gibt es viele andere Wege, und wir sind aufgerufen, unsere eigenen Zahlenkombinationen zu finden. Aber jeder Weg ist selbst schon eine Bereitschaft zur Veränderung – sich selbst besser kennenzulernen und sich schonungslos den wirklichen Grund einer Stagnation einzugestehen. *Sapere aude!*

## Wie Gerrit sich mutig den richtigen Ängsten aussetzt

Gerrit drückt seine Zigarette aus. Er ist 38 Jahre alt, von Beruf Marketing-Manager und lebt in einer Beziehung. Gerade sitzt er mit seinem iPad im *John Lemon*, einer Bar im Hamburger Schanzenviertel. Vor eineinhalb Jahren hatte er einen tiefen Schock erlebt. Bei einer Routineuntersuchung hatte sich herausgestellt, dass er Krebs hat. Zum Glück war er früh erkannt worden und nach einer Operation und einigen Zyklen Strahlentherapie verschwunden. Gerrit war dem Tod noch mal von der Schippe gesprungen.

Er nimmt eine weitere *Reyno White* aus der Schachtel und betrachtet sie.

Seine Familie und Freunde sagen nichts, aber eigentlich sind sie fassungslos – warum *raucht* der Kerl noch? Gibt es einen deutlicheren Schuss vor den Bug als eine Krebsdiagnose? Wo ist sein Überlebensinstinkt? Müsste das Aufhören nicht *leichter* fallen als sonst?

Das könnte man meinen, aber die Realität sieht anders aus: Nach einer Studie der *American Cancer Society* von 2014 hören nur ein Drittel der Raucher nach einer Tumordiagnose mit dem Rauchen auf. *Zwei Drittel* rauchen weiter.

Es kann nicht nur an der Nikotinsucht liegen, denn es gibt Wirkstoffe, die bei der Entwöhnung helfen. Aber Rauchen ist mit einem Netz von Gewohnheiten verwoben, mit Situationen, Tätigkeiten und emotionalen Zuständen. Hier zeigt sich die ganze Macht unserer zweiten Natur.

Wenn Gerrit im *John Lemon* sitzt und Kaffee Crema trinkt, dann gehört die Zigarette einfach dazu. Dieses Ritual hat nahezu Zwangscharakter. Natürlich zwingt ihn niemand physisch, aber seine Handlungen, seine Gedanken und seine Gefühle steuern ihn zielsicher in die Situation, in der er sich die nächste Zigarette anzündet. So wie jetzt.

Auf dem Weg nach Hause denkt Gerrit an ein anderes Ritual: seine letzte Zigarette des Tages. Nach dieser Zigarette will er Zähne putzen und ins Bett gehen. Während er auf dem Balkon raucht, ruft ein Freund an. Sie telefonieren länger als gedacht, und damit ist das Ritual unterbrochen. Jetzt *kann* Gerrit nicht sofort Zähne putzen. Er setzt sich zu seiner Freundin vor den Fernseher und schaut eine Viertelstunde lang zu, wie irgendwelche Models erzählen, sie hätten diesmal auf dem Laufsteg wieder «alles gegeben». Dann geht er zurück auf den Balkon und raucht noch mal seine «letzte Zigarette» – diesmal ohne Unterbrechung. Direkt danach putzt er seine Zähne.

Im Bett liegt er noch wach und denkt über das Rauchen nach. Ihm ist klar, was er seinem Körper damit antut. Studien zufolge ist die Lebenserwartung bei lebenslangem Rauchen um fünf bis zehn Jahre verkürzt. Jährlich sterben allein in Deutschland etwa 110 000 Menschen an Folgen des Tabakkonsums (in Österreich sind es 14 000, in der Schweiz etwa 9500 Menschen). Gerrit weiß, dass er aufhören *sollte*. Er wünschte, er könnte aufhören. Aber es läuft ganz automatisch ab, wie ein Mechanismus. Er schaut sich selbst dabei zu, nimmt es als notwendigen Ablauf hin.

Häufig wissen wir, dass eine Gewohnheit uns schadet. Aber wir beziehen dieses Wissen nicht wirklich auf uns – *diesen Körper*. Vielleicht nehmen wir die eigene Gesundheit nicht wichtig genug. Vielleicht überwiegen andere Faktoren, beim Rauchen etwa die kurzen Pausen, die Möglichkeit zur Ablenkung, ein Gefühl von Freiheit, von Rebellion, von Zugehörigkeit. Denken Sie auch an die vielen Arten, mit einer Zigarette cool auszusehen. All das kann dazu beitragen, dass Raucher das Gesundheitsrisiko runterspielen. Aber Gerrit nimmt seine Gesundheit ernst – nur bleiben die Informationen für ihn bisher wie allgemeine Daten. Weil er sie noch nicht mit seinem Hier und Jetzt verankert hat, scheinen sie ihn nicht zu betreffen.

Gerrit liegt noch lange wach und schaut in die Dunkelheit. Die teerschwarze Decke scheint sich auf ihn herabzusenken. Ihm kommt der Gedanke: Was, wenn es wegen des Rauchens *wirklich* noch mal ernst wird? Er hat noch so viel vor im Leben.

Gerrit ist kein rundum sorgloser Mensch – er hat Ängste, und zwar nicht zu knapp. Er hat wegen seiner Ängste schon eine Therapie gemacht. Nur bezog er die Ängste bisher auf andere Dinge, wie

*Der Kampf mit dem Drachen*

wichtige Menschen zu verlieren oder falsche Entscheidungen zu treffen. Aber die Folgen des Rauchens – warum hat er nicht Angst *davor*?

Wir erleben unsere Gefühle als passiv, aber wir haben Verantwortung dafür, welchen Gefühlen wir uns aussetzen und wie wir mit ihnen umgehen (vgl. Kapitel VII). Wenn wir emotional auf bestimmte Tatsachen reagieren, dann sind wir dafür verantwortlich, dass sie den Tatsachen auch angemessen sind. Wenn ich weiß, dass 80 % der Lungenkrebspatienten Raucher sind, dann sollte ich sehr konkret Angst vor Lungenkrebs haben – und zwar immer dann, wenn ich kurz davor bin, mir eine Zigarette anzuzünden. Nur ist das Risiko für Gerrit eben keine Tatsache, sondern eine Möglichkeit.

Durch seine Therapie hat Gerrit eine starke Einstellung zu seinen Gefühlen entwickelt, er ist ihnen nicht ausgeliefert, sondern kann gut mit ihnen umgehen. Er kennt sich gut und weiß ziemlich genau, was er denken müsste, um sich in eine Panikattacke hineinzusteigern. Deshalb tut er etwas Schwieriges und gleichzeitig Kluges: Er nutzt eine «Schwäche» als Stärke.

Er weiß, dass seine Angstzustände ihn geradezu lähmen können. Er denkt: «Ich will ja *nicht rauchen*, da ist *Lähmung* vielleicht keine schlechte Idee.» Er beginnt, seine Ängste an das Rauchen zu koppeln. Er stellte sich in allen Einzelheiten vor, wie der Krebs wiederkehrt, die neue OP, die neuen Behandlungen, diesmal Chemo. Er stellt sich vor, wie er daran stirbt. Es schnürt ihm die Luft ab. Aber anders als bei seinen sonstigen Panikattacken denkt er: «So *sollte* ich mich fühlen, diese Angst ist *gut*.»

Die Angst wird seine Verbündete. Vielleicht ist das eine wichtige Strategie von Menschen, denen Veränderungen gelingen: Statt Angst davor zu haben, sich zu verändern, entwickeln sie größere Angst vor den Folgen, wenn sie die Veränderung *nicht* angehen. Diese Richtungsänderung der Angst kann Entscheidungen beflügeln. Tatsächlich merkt Gerrit, dass sich in ihm etwas wandelt. Aber er geht noch tiefer.

Schon mehrfach hatte er den Neujahrsvorsatz geäußert, mit dem Rauchen aufhören zu wollen. Aber er hatte das nur *gesagt*, weil seine Freunde Vorsätze hatten und er nicht ohne dastehen wollte. Er hatte den Vorsatz nicht wirklich *gefasst*. Es war eher ein Wunsch gewesen, am Ende des neuen Jahres aufgehört zu haben. Einen «Wunsch» nennen wir es, wenn wir hoffen, dass etwas eintritt, das nicht unserem Einfluss unterliegt. Doch einen *Vorsatz* zu fassen bedeutet, eine praktische Entscheidung zu treffen und sie als abgeschlossen zu behandeln (vgl. Kapitel IX).

Gerrit brauchte noch eine andere Einsicht, um diesen Punkt zu erreichen. Seine Lebenseinstellung war in vieler Hinsicht das, was bei Nietzsche die eines Löwen geheißen hatte. Gerrit grenzte sich vehement von äußeren Vorgaben ab, die er als Einschränkung seiner Freiheit empfand. Deshalb war es bisher kontraproduktiv gewesen, wenn seine Freundin oder seine Eltern ihn überzeugen wollten, das Rauchen aufzugeben. Gerrit empfand dies als äußeren Druck, und allein das machte ihn trotzig und hielt ihn davon ab, aufzuhören. Aber dann kam er zu einer Einsicht.

Lange Zeit hatte er sich jede Einmischung verbeten, und wenn er selbst den Anspruch der anderen spürte, diesen weggeschoben. Nun aber fragte er sich, was ihm selbst wirklich wichtig im Leben sei – und dabei spielten seine Freundin und seine Eltern eine wichtige Rolle. Er erinnerte den Blick seiner Freundin, als sie von seinem Krebs erfuhr. Er erinnerte den Zustand seiner Eltern in der Zeit seiner Behandlung. Er hatte sie noch nie so erschüttert erlebt. Seine Mutter wie durchsichtig, mit Mühe die Fassung bewahrend. Er stellte sich vor, wie es ihnen gehen würde, sollte der Krebs wiederkehren und es diesmal nicht so glimpflich ausgehen. Es krampfte ihm das Herz zusammen. Das durfte nicht geschehen – er musste alles, was in seiner Macht stand, dafür tun, dass es nie dazu kam. Es lag allein an ihm. In diesem Moment war die Entscheidung gefallen.

Kurz vor einer solchen definitiven Entscheidung fühlen wir uns miserabel – und gerade deshalb ist das einer der besten Zustände, um eine Veränderung wirklich durchzuziehen.

Wie kommen wir zu dieser Reife? Wir müssen uns Wissen aneignen, uns von emotionalen Mustern wie Trotz oder Fatalismus freimachen und einsehen, dass die betreffende Gewohnheit unserer Vorstellung eines guten Lebens fundamental widerspricht. Wir müssen diesen Konflikt auch emotional erfahren und merken: Es liegt an uns selbst, unser Verhalten zu ändern. So entwickeln wir die Fähigkeit autonomen Handelns – eine Selbstgesetzgebung im kantischen Sinne, nach der wir unser Handeln ausrichten und von der wir uns nicht durch momentane Neigungen abbringen lassen.

Gerrit verspürt in der ersten Zeit häufig ein Verlangen nach Zigaretten. Er sehnt sich nicht nur nach dem Nikotinrausch, sondern auch nach den gemütlichen alten Mustern, vielleicht auch nach seinem alten Leben. Aber jedes Mal erinnerte er sich daran, dass die Entscheidung, aufzuhören, nicht zur Diskussion steht, dass sie in der Vergangenheit liegt. Er behandelt sie als *abgeschlossen* und nicht mehr offen zur Diskussion. Er ist frei.


## Wie Jochen sich selbst besser versteht und über seine Grenzen wächst


**E**in Ehepaar, Jochen und Heike, liegt abends im Bett. «Du, Schatz», sagt er, «mir ist heute etwas klargeworden – ich dränge ständig anderen meine Hilfe auf, ungefragt und manchmal sogar gegen ihren Willen. Ich glaube, ich habe ein Helfersyndrom.» Sie

*Der Kampf mit dem Drachen*

blickt ihn fassungslos an. «Wir sind seit 25 Jahren verheiratet – und das merkst du *jetzt*?»

Wenn etwas offen vor uns liegt, wir es aber nicht sehen, dann liegt es an unserer Sichtweise. Philosophen nennen dieses Phänomen auch *Aspektblindheit*. Es ist wie bei den berühmten Kippfiguren, bei denen Sie zuerst nur einer Deutung gemäß sehen, Ihnen dann aber die andere Deutung aufgeht und Sie gar nicht mehr verstehen, wie Sie sie im Vorfeld nicht haben sehen können. Es kann sein, dass uns etwas so selbstverständlich ist, dass wir es schlicht übersehen – obwohl es anderen durchaus auffällt.

Ludwig Wittgenstein hat es treffend formuliert: Manchmal ist es am schwersten, «etwas [zu] verstehen, was schon offen vor unseren Augen liegt». (PU 89)

Schon seit Jahren hatte Jochen bestimmte Spannungen in seinem Leben bemerkt, manchmal mit Kollegen bei der Arbeit, aber besonders mit ihrer Tochter Lisa. Dabei hatte er häufig das Gefühl, es müsse sich um ein Missverständnis handeln. Er war verwundert, wenn er in guter Absicht etwas für andere tat, diese aber undankbar und genervt reagierten. Mit den Jahren vertieften sich diese Streitigkeiten, und er merkte, dass es so nicht weitergehen konnte.

Neulich hatte beim Tennis einer seiner Kameraden eine scherzhafte Bemerkung gemacht, aber sie war ihm im Gedächtnis geblieben. Der Freund hatte sein Handtuch in der Umkleide gelassen, und er, Jochen, hatte spontan loslaufen wollen, um es zu holen. Doch der Freund hielt ihn am Arm zurück und sagte: «Gönn deinem Helfersyndrom mal eine Pause und spar deine Energie fürs Spiel.» Später, auf dem Weg nach Hause, hallte es ständig in Jochens Gedanken wider: «Helfersyndrom». Er fühlte sich wie ertappt.

Manchmal kann die Perspektive anderer sehr hilfreich sein, denn sie wissen mitunter Tatsachen über uns, die uns selbst bislang verborgen waren. Probieren Sie es aus: Fragen Sie drei Menschen Ihres näheren Umfelds, welche *eine* Gewohnheit Sie ändern sollten, um Ihr ganzes Leben zu verbessern. Möglicherweise werden Sie überrascht sein, wie ähnlich die Antworten ausfallen.

Jochen hatte den Eindruck, etwas Wichtiges über sich zu lernen. Wenn er tatsächlich eine Art Helfersyndrom hatte, dann war das vielleicht der Grund für die Spannungen mit seiner Tochter? Er wollte sich ungeschminkt Rechenschaft über sein Verhalten ablegen und schrieb die Situationen auf, in denen das Helfersyndrom zum Tragen kam: Wenn er bei seiner Tochter zu Besuch war, räumte er ungefragt herumliegende Dinge weg. Er bot ihr bei jeder Gelegenheit seine Hilfe an. Manchmal rief er sie sogar an, um zu fragen, ob sie eine bestimmte Sache schon erledigt habe oder ob er ihr dabei helfen solle. Für jedes Problem hatte er sofort eine Lösung parat. Er belagerte sie geradezu mit seiner Fürsorglichkeit.

Als er das so schwarz auf weiß las, war er selbst etwas erschrocken und versuchte, sich in der folgenden Zeit etwas zurückzunehmen und Lisa ihren Freiraum zu lassen. Aber er schaffte es nicht.

Manchmal wissen wir ziemlich genau – vielleicht schon seit längerem –, welche Verhaltensweisen uns hemmen. Aber leider unterlaufen uns immer dieselben «Fehler», legen wir immer wieder dieselben Verhaltensmuster an den Tag. Hier kann uns die Philosophie helfen, andere Perspektiven einzunehmen: Die Liste des störenden Verhaltens ist der Angelpunkt, an dem wir jetzt die Betrachtung der Situation drehen wollen.

Wie ist unsere übliche Einstellung zu diesem Verhalten? Wenn wir eine Veränderung nicht schaffen, dann machen wir uns häufig selbst Vorwürfe, wir haben Schuldgefühle. Diesen Vorwürfen liegt die Annahme zugrunde, wir wüssten, woran es liegt. «Ich habe es schon wieder nicht geschafft, ich bin einfach unfähig!» Und an genau diesem Punkt können wir umdenken – so wie jetzt Jochen.

Jochen setzte sich hin und betrachtete die Liste des störenden

Verhaltens. Warum fiel es ihm so schwer, es aufzugeben? Was brachte es ihm?

Ihm wurde klar: Für ihn selbst war es kein störendes Verhalten, sondern eines, das er allem Anschein nach wollte. Er hielt ja weiter daran fest, trotz guter Gründe, es abzustellen. Also ließ er sich für einen Moment auf den Gedanken ein, dass es für ihn *wichtig* ist, sich so zu verhalten. Vielleicht deshalb, weil er damit unbewusst *ein wertvolles Ziel* verknüpfte?

Merken Sie den Wandel in Jochens Betrachtung? Er interpretierte sein Verhalten nun nicht als etwas Störendes, das es zu eliminieren galt. Sondern er nahm an, dass es sinnvoll, irgendwie *gut* war, so zu handeln – und er nahm die Tätigkeiten als Indizien dafür, *wofür* es gut war.

Wenn es um helfendes Verhalten gegenüber seiner Tochter geht, liegt eine Erklärung recht nah: Jochen will für das Wohlergehen der Menschen sorgen, die ihm wichtig sind. Diese Grundmotivation gehört zu den stärksten menschlichen Motiven überhaupt. Ist es da verwunderlich, dieses Verhalten nicht aufzugeben?

Bis wir erwachsen sind, haben wir durch unsere Erziehung und unsere Erfahrungen eine Lebensweise entwickelt, die uns zur zweiten Natur geworden ist. Wir sind dank ihrer Hilfe, gerade weil wir auch negative Erfahrungen *überlebt* haben, immer weitergekommen. Diese Lebensweise gibt uns das Gefühl, sicher zu sein und wirken zu können.

Und nun kommt es zu einem folgenschweren Transfer – denn wie fühlen wir uns in Situationen, die von Unwägbarkeiten geprägt sind? Wir empfinden Angst und Ärger, ein Gefühl von Ohnmacht, vielleicht Scham. Dies sind emotionale Reaktionen von großer Wucht, mit denen wir auf existenzielle Bedrohungen reagieren – was uns wichtig ist, wollen wir auf jeden Fall beschützen. Doch gerade weil wir lernfähig und vorausschauend sind, erweitern wir das Spektrum der Signale, auf die wir reagieren.

*Der Kampf mit dem Drachen*

Wir reagieren nicht mehr nur negativ auf die tatsächliche Bedrohung dessen, was uns wichtig ist. Das Verhalten, mit dem wir uns schützen, wird dann schon durch Signale einer möglichen Bedrohung ausgelöst. Es ist, als ob wir nicht mehr bei Feuer die Feuerwehr rufen, sondern schon immer dann, wenn wir nur Rauch sehen. Das kann übertrieben sein, wenn der Rauch nur aus einem Schornstein aufsteigt.

Und weil unsere Gewohnheiten so selbstverständlich und unsichtbar sind, reagieren wir auf Veränderung mit Erhaltungsmaßnahmen, ohne es zu merken. Obwohl Lisa lange kein Kind mehr ist und eigene Entscheidungen treffen kann, macht Jochen jede Aufgabe zu *seiner* Aufgabe. Wie selbstverständlich regulieren wir unser Verhalten so, dass unsere Lebensweise bewahrt wird. Dadurch werden wir geradezu resistent gegen Veränderung.

Wir halten aus wichtigen, existenziellen Gründen an unserer alten Lebensweise fest. Sie macht einen wichtigen Teil unserer Identität aus. Deshalb sind oberflächliche, pragmatische Lösungen hier zum Scheitern verurteilt. Auch Willenskraft hilft wenig: Wie gut oder intensiv sich Jochen auch diszipliniert, sich motiviert etc. – alle diese Anstrengungen unternimmt er *innerhalb derselben sicheren Lebensweise*. Jochens Gefühle (vor allem sein Gewissen), seine Gedanken und Handlungen tendieren zielsicher dazu, überwiegend *selbst* für Lisas Wohl sorgen zu wollen. Und deshalb unterliegen alle Anstrengungen zur Veränderung denselben Einschränkungen. Auf diesem Wege kann er die Erhaltungsmaßnahmen nicht aufheben. Aber sind wir deshalb völlig machtlos?

Nein – aber dazu bedarf es einer Veränderung seiner Einstellung zu seiner Lebensweise. Wie macht man das? So wie Organismen mit Grenzen umgehen – *wachsen*.

Stellen Sie sich einen Baum vor, der dicht an einem Zaun steht. Der Baum wächst, und irgendwann ist sein Stamm so dick geworden, dass er den Zaun berührt. Der Zaun ist eine Grenze – doch der

Baum wächst weiter und bekommt einen mächtigen Stamm. Nun führt der Zaun mitten durch den Stamm – weil der Stamm ihn in sich aufgenommen hat.

Ähnlich funktioniert es in Jochens Fall: Zunächst muss er einen neuen Standpunkt einnehmen, sein Verhalten verstehen, seine emotionalen Reaktionen und Überzeugungen. Dann erweitert er stückweise seinen Handlungsrahmen und lässt die neue Gewohnheit zu einem Teil seiner Lebensweise werden.

Am Grund unseres Weltbildes liegen stillschweigende Annahmen über die Welt und uns selbst. Wenn Sie z. B. nach einem Glas greifen, prüfen Sie nicht, ob Sie noch Hände haben – aber Sie machen sich auch nicht erst bewusst, *dass* Sie Hände haben. Sie gehen einfach stillschweigend davon aus. Niemand hat Sie je darüber belehrt: «Übrigens: Wenn du nach etwas greifst, sind deine Hände immer noch da.»

Wir haben solche stillschweigenden Annahmen nicht nur über die Welt, sondern auch, was unser Verhalten angeht. Manchmal hindert eine dieser Annahmen uns daran, eine Veränderung unseres Verhaltens zu vollziehen – z. B. «So was tut man nicht» oder «Wenn du einen Fehler machst, halten dich die anderen für unfähig.» Häufig sind uns diese Annahmen nicht gegenwärtig. Sie sind unsichtbar, weil sie so selbstverständlich geworden sind. Wir denken nie über sie nach und hinterfragen sie nie. Und wenn wir sie uns bewusst machen, halten wir sie für richtig und gut. Wir verbinden sie nicht mit unserer Unfähigkeit, uns zu verändern.

Der Zusammenhang der stillschweigenden Annahmen mit der Resistenz gegen Veränderung ist folgender: Einige dieser Annahmen haben die Form «wenn – dann». «Wenn ich x tue/nicht tue, dann passiert y.» Wir haben nie überprüft, ob diese Annahmen wahr oder falsch sind. Aber wir handeln ganz selbstverständlich so, *als ob sie wahr wären*. Und eine dieser stillschweigenden «Wenn-dann»-Annahmen ist der Grund, warum die Veränderung so schwer ist, sie ist die Begründung für unser Verhalten, mit dem wir unsere Veränderung verhindern. Diese stillschweigende Annahme wollen wir finden.

Jochen hat Probleme damit, anderen Raum für Eigenverantwortung zu lassen. Er möchte das unbedingt ändern, aber trotzdem bedrängt er Lisa und will ihr ständig mit Lösungen «helfen». Ihm ist klargeworden, dass er sich als «Ernährer» sieht, der immer die richtige Lösung parat hat, als treusorgenden Familienvater, als Retter. Diese Rolle ist ungemein wichtig für ihn, er hat die tiefe Überzeugung, dass *er so zu sein hat*. Sein ganzes Wesen drängt dahin.

Und nun identifiziert er die stillschweigende «Wenn-dann»-Annahme, die dahinterliegt. Welche könnte das sein? Er nimmt an, dass er Zufriedenheit und Entspannung *nur dann* empfindet, *wenn* er die Lösung für alle hat – nur dann hat er seine Rolle als Familienvater erfüllt. Und durch kaum etwas anderes spürt er als Vater so intensiv seine Verbundenheit mit anderen.

Diese Annahme ist keine bewiesene Wahrheit, sondern eine unbewiesene Hypothese – Jochen hat sie niemals wirklich geprüft. Aber er handelt danach, und deshalb wird die Überzeugung, der treusorgende Familienvater sein zu müssen, für ihn zu einer existenziellen Notwendigkeit. Und deshalb fällt es ihm so schwer, sein Verhalten zu ändern und anderen mehr Verantwortung zu überlassen – obwohl er es will.

Wenn Jochen diesen Schritt geschafft hat, dann hat er einen völlig neuen Spielraum zur Veränderung. Die stillschweigende Annahme ist der Grund für die Stagnation. Wie geht er damit jetzt weiter um?

Manchmal kann schon die Einsicht viel bewirken, dass die Annahme unbewiesen ist – oder schlichtweg überholt. Vielleicht haben wir sie in einer bestimmten Phase des Lebens erworben, in der sie eine wertvolle Lösung war. Vielleicht haben wir es mit diesem Verhalten sogar «weit gebracht». Aber Lösungen haben eine Halbwertszeit. Lösungen veralten – oder werden selbst zum Problem. Wie setzen wir nun den Hebel an?

Wir *testen* die stillschweigende Annahme. So können wir Schritt für Schritt andere Verhaltensweisen einüben. Es geht darum, sich gezielt in eine «gefährliche» Situation zu bringen und so zu erfahren, dass die stillschweigende Annahme falsch ist und das Ergebnis nicht zwingend dem existenziellen Bedürfnis widerspricht. Wir falsifizieren die Annahme. Wir können die Erfahrung machen, dass wir gar nicht schwach wirken, wenn wir Gefühle zeigen. Dass unsere Freunde uns nicht die Freundschaft kündigen, wenn es bei uns mal nicht perfekt aufgeräumt ist. Oder dass wir morgens auch wach werden können, ohne Kaffee zu trinken.

Jochen handelt einer Annahme gemäß, die gar nicht geprüft wurde: «Nur wenn ich stets und ständig helfe, bin ich ein guter Vater und spüre tiefe Verbundenheit mit meiner Tochter.»

Jochen begab sich deshalb in der Folgezeit ganz bewusst in Situationen, die ihn herausforderten. Lisa kam zu Besuch, um einige ihrer alten Sachen im Keller durchzuschauen. Normalerweise hätte er die Kisten jetzt schon herausgestellt, vielleicht sogar vorsortiert, er wäre die ganze Zeit dabei gewesen und hätte ihr Vorschläge gemacht, was sie mitnehmen soll. Aber diesmal nicht.

Er lässt seine Tochter allein durch die Dinge schauen. Er lässt sie allein sortieren und ordnen. Später trinken sie noch einen Kaffee zusammen, und Lisa hat einige interessante Erinnerungen herausgesucht, die sie mitnehmen will. Interessiert fragt Jochen sie danach. Bereitwillig erzählt Lisa, sie reden über alte Zeiten – so unbeschwert wie schon lange nicht mehr.

Wenn sich zwei Begründungsfolgen in unserer Lebensweise widersprechen, dann ist das so, als ob sich starke Kräfte aneinander aufreiben. Jochen hatte erkannt, dass er Lisa mehr Freiraum geben muss. Aber gleichzeitig hatte er die tiefsitzende Annahme, ihr in allem helfen zu müssen.

*Der Kampf mit dem Drachen*

Deshalb kann es sein, dass wir uns müde, abgeschlagen fühlen, ständig den Eindruck haben, unser eigentliches Potenzial nicht richtig entfalten zu können. Aber durch gezielte Klärung und das praktische Widerlegen tiefsitzender, falscher Annahmen können wir die Begründungsfolgen in ein neues Verhältnis bringen. Nach und nach legt sich der Sturm, und wir kommen leichter voran.

## Diagnose: 15 Strategien, mit denen Sie Veränderung unmöglich machen

Erinnern Sie sich an Descartes' *Diskurs über die Methode*? Sein Verfahren war, zunächst das Ganze zu verstehen, es in einzelne Teile zu zerlegen, diese nach und nach zusammenzusetzen und dann die Vollständigkeit des Ganzen zu prüfen. Wenn Sie also zunächst die Begründungsfolge durchlaufen haben und die Veränderung initiieren, dann kann es sein, dass es nicht klappt. Zerlegen Sie den Prozess dann in kleine Einheiten und fokussieren Sie auf die Einheit, die noch nicht klappt. Sie üben sie immer wieder, bis es funktioniert – und dann durchlaufen Sie größere Einheiten und schließlich den ganzen Prozess.

Ich möchte hier einige der bekanntesten Hürden bei Veränderungsprozessen in den Blick nehmen – denn nicht immer funktioniert es so reibungslos, wie es bei den obigen Beispielen vielleicht den Anschein gemacht hat. Auch ich bin in der Vergangenheit an diversen davon gestrauchelt – und habe daraus gelernt. Die folgenden Tipps waren hilfreich für mich, aber vielleicht finden Sie etwas Besseres (schreiben Sie es mir gerne). Es gibt also sicherlich noch mehr, als hier aufgeführt sind.

Wenn Sie eine Hürde diagnostiziert haben, hilft es Ihnen vielleicht, zu den Teilen des Buches zurückzukehren, in denen ich ausführlicher auf sie eingehe, wie bei einem Arbeitsbuch. Also: Welche dieser Strategien kennen Sie von sich oder anderen?

*Sich zu viel vornehmen.* Wenn ich zu viel von mir erwarte und meine Veränderungsfähigkeit überschätze. Gerade, wenn wir sehr motiviert sind, laden wir uns gerne Riesenpakete von Veränderungen auf. Auch unterschätzen wir die Macht der Umstände. Wir planen für optimale Bedingungen; sich zu Beginn der Adventszeit vorzunehmen, auf Zucker zu verzichten, ist vielleicht suboptimales Timing. Dann ist absehbar, dass ich die Veränderung nicht durchhalten werde. Tipp: Kleine Stellschrauben mit großer Wirkung finden. (Kapitel II)

*Niemals anfangen.* Diese Strategie ist verblüffend einfach und effektiv. Niemals den ersten Schritt tun, denn dann braucht man die weiteren Schritte (die ja durchaus unangenehm und anstrengend sein können) auch nicht zu gehen. Vielleicht bleiben wir beim unpersönlichen und folgenlosen «Man müsste mal ...» Oder wir legen uns einen ganzen Schutzwall an Erklärungen zu, warum zu große Hindernisse auf dem Weg liegen, warum es nicht klappt, warum wir noch nicht bereit sind. Lernwillige Menschen können hier ihre ganze Ernsthaftigkeit einbringen: «Ich muss das erst noch besser verstehen.» Dabei ist praktische Logik unbestechlich: *Ich muss hier und jetzt* den ersten Schritt tun, um die Reise zu beginnen. (Kapitel I und III)

*Gegen die eigene Natur handeln.* Es kann sein, dass wir gegen unsere eigene zweite Natur streben – gegen die Schwerkraft unserer Neigungen, unserer Gewohnheiten, unserer Vorlieben. Unsere Lebensweise hat eine Trägheit, und wenn wir etwas ändern wollen, sollten wir mit unseren Tendenzen und Vorlieben intelligent umgehen.

Beispiel: Wir können zwischen Frühaufstehern und Nachteulen unterscheiden. Je nachdem, wozu jemand gehört, kann es für ihn hinderlich sein, sich etwas Wichtiges auf eine ungünstige Zeit zu legen. Als Nachteule sollte ich mir nicht vornehmen, morgens noch früher aufzustehen, um die Abrechnungen zu machen. Umgekehrt sollte ich mir als Frühaufsteher eine solche Tätigkeit nicht für späte Abendstunden vornehmen. Tipp: Sich selbst kennenlernen und die eigene Natur berücksichtigen. (Kapitel II)

*Den Prozess aus den Augen verlieren.* Bei den heutigen Ablenkungen passiert dies besonders leicht. Wir beginnen zwar munter und überzeugt, aber bald wissen wir nicht mehr genau, wo wir stehen, oder vergessen sogar, *dass* wir an einer Veränderung arbeiten wollen. Unsere Aufmerksamkeit gleitet ab, wir kümmern uns um anderes, so viel Dringliches hält uns in Atem. Wir sehen keine Ergebnisse, und das Ganze verläuft im berühmten Sande. Tipp: Kleine Zwischenergebnisse definieren und die Kontrolle in eine Routine integrieren. (Kapitel IX)

*Keine genauen Ergebnisse anstreben.* Wir beginnen zwar eine Veränderung, aber haben nur eine vage Vorstellung davon, was wir eigentlich erreichen wollen. Wir nehmen uns vor, «etwas» Gewicht zu verlieren, «öfter» aufzuräumen, «früher» ins Bett zu gehen, «mehr» Bücher zu lesen, unsere Zeit «effektiver» zu nutzen. Aber was heißt das? Nichts Genaues. Also wissen wir auch nicht genau, wann wir es erreicht haben. Wir strengen uns an, aber können uns nicht richtig über Erfolge freuen. Wenn wir beginnen, in alte Muster zu fallen, entschuldigen wir uns, dass es ja immerhin noch «etwas» mehr als früher ist – bis wir wieder ganz im alten Muster sind. Tipp: Ein genaues, messbares Ergebnis festlegen – und einen Termin, zu dem es erreicht sein soll. Es darf ruhig leicht zu erreichen sein. Dann den Erfolg feiern und in die nächste Runde gehen. (Kapitel V)

*Einmal ist keinmal.* Manchmal wollen wir eine bestimmte Gewohnheit aufnehmen oder ablegen, aber wir gestatten uns selbst immer wieder Ausnahmen. Wir gestehen uns zu, dass es ja nur *diese eine* Ausnahme sei, *dieses eine* Mal würde nicht viel bedeuten.

*Der Kampf mit dem Drachen*

Wir beginnen, es uns häufiger zu sagen, und schließlich geben wir ganz auf. Erinnern wir uns daran, worin eine Gewohnheit besteht, nämlich genau darin, eine Handlung Tag für Tag, Mal für Mal auszuführen. Und da unsere Fähigkeit zur «Selbstgesetzgebung» darin besteht, unserer Entscheidung gemäß zu handeln, zerstören wir durch Ausnahmen unsere persönliche Autonomie. Darum sollten wir *genau jetzt keine* Ausnahme machen. Tipp: Die eigene Entscheidung als *abgeschlossen* behandeln. Keine Ausreden. (Kapitel III)

*Den Tag verloren geben.* Manchmal weichen wir im Verlaufe eines Tages von unserer gewollten Gewohnheit ab und geben uns nun einen Freifahrtschein, sie völlig in den Wind zu schießen. Wir sagen «Jetzt ist es sowieso egal, jetzt macht es keinen Unterschied mehr.» Doch, es macht einen Unterschied. Wenn jemand beim Glücksspiel zu verlieren beginnt, dann macht es einen Unterschied, ob er mit der Hälfte seines Geldes nach Hause geht oder ob er sagt: «Jetzt ist es auch egal» und sein restliches Geld auch noch verliert. Ja, wir «sündigen» mal. Aber wenn wir dann zurück auf den richtigen Kurs kommen, dann ist allein das ein Anzeichen innerer Stärke. Wir lernen daraus zum Beispiel, wie wir mit solchen Situationen umgehen können.

*Sich keinen Spaß gönnen.* Es kann sein, dass wir zu verbissen an der Veränderung arbeiten. Wir wollen es unbedingt schaffen, wir lassen uns nichts durchgehen, wir dokumentieren alles, wir suggerieren uns selbst das Ziel täglich vor dem Spiegel, wir beschäftigen uns kaum mehr mit etwas anderem. Dabei vergessen wir, das Leben zu genießen. So berauben wir uns ironischerweise durch das Streben nach Lebensqualität unserer Lebensqualität. Früher oder später vermissen wir es, mal verspielt zu sein, mal unbeschwert, mal albern und uns mal etwas zu gönnen. Wer fühlt sich da lange wohl? Tipp: Sich hin und wieder etwas gönnen – gerade so, dass die Gewohnheit nicht geschwächt wird, z. B. einmal die Woche. Aber nur, wenn das nicht zum Rückfall führt.

*Der Kampf mit dem Drachen*

*Eine unwichtige Veränderung auswählen.* Manchmal merken wir, dass uns ein Veränderungsprozess nicht wirklich begeistert, dass wir nicht mit allem Herzblut dabei sind. Dann haben wir vielleicht eine Veränderung ausgewählt, die für unsere Vorstellung eines guten Lebens nicht wirklich wichtig ist. Vielleicht arbeiten wir auch an einer Veränderung, die unsere Lebensqualität nicht wirklich verbessert, oder auf eine Weise verbessert, die uns nicht wichtig ist. Und ganz ehrlich: Wenn sie uns nicht wichtig ist, warum sollten wir sie dann wichtig nehmen? Am Ende geben wir es ganz auf, an unserer Lebensweise etwas ändern zu wollen. Tipp: Auszeit nehmen und sich vergegenwärtigen, was in Ihrem Leben wirklich wichtig ist, und Ihre Vorstellung eines guten Lebens entwickeln. (Kapitel III)

*Sich selbst kleinreden.* Es kann auch sein, dass wir unsere Möglichkeiten einschränken, weil wir uns selbst wenig zutrauen. Menschen, die eher unsicher sind und wenig Selbstwertgefühl haben, schieben Probleme schnell auf die eigene «Unfähigkeit»: «Ich bin unbegabt» oder «Ich bin nicht der Typ dafür.» Dies kann zu einer selbsterfüllenden Prophezeiung werden – wir erwarten wenig, tun wenig, erreichen wenig und fühlen uns darin bestätigt, wenig erwartet zu haben. Tipp: Annahmen auf den Grund gehen und entwicklungsbezogene Fragen stellen – «Wie *werde* ich der Typ dafür?» (Kapitel V)

*Es auf die Umstände schieben.* Wer eher sorglos ist und ein hohes Selbstwertgefühl hat, der schiebt Misserfolge schnell auf die Umstände und gibt sich damit zufrieden: «Tja, Pech gehabt» oder «Es geht halt nicht, aber ich komme schon klar.» Damit versuchen wir, die eigene Verantwortung abzugeben. Tipp: Sich der Entscheidungsspielräume bewusst werden und umständebezogene Fragen stellen – «Wie kann ich das in Zukunft verhindern?» (Kapitel II und V)

*Aufschieben.* Ein bekanntes Problem ist Aufschieberitis – Prokrastinieren. Es gibt eine gewaltige Auswahl an Techniken gegen das Aufschieben. Dabei sollten wir eher schauen, welche dringenden, aber unwichtigen Aufgaben es *wert* sind, aufgeschoben zu werden. Lieber keine einfachen Regeln, sondern die eigene Urteilskraft entwickeln. Manchmal sollten wir eher fragen: Warum schiebe ich auf? Vielleicht ist dieses Ziel nicht wirklich wichtig für meine Vorstellung eines guten Lebens? Dann tue ich recht daran, es aufzuschieben.

Vielleicht schiebe ich aber nicht deswegen auf. Vielleicht erfüllt und begeistert mich die Aufgabe, aber ich kriege den Allerwertesten nicht von der Couch. Dann muss ich meine Selbstaktivierung intensivieren. Im Sinne von «Es ist mir wirklich wichtig, und ich akzeptiere es nicht, dass es nicht geschieht. Und *es liegt an mir,* dafür zu sorgen, denn sonst passiert es nicht! Es reicht, Schluss: Ich mache es *jetzt.*» (Kapitel I und III)

*Rücksicht auf andere als Ausrede benutzen.* Das Wohlergehen anderer ist uns wichtig, und unsere Gewohnheiten betreffen sie, so wie ihre Gewohnheiten uns. Wir tun gut daran, unsere Gewohnheiten aufeinander einzustellen, sodass wir ein gutes gemeinsames Leben führen können. Bisweilen schieben wir die Rücksichtnahme auf andere allerdings als Ausrede vor, um von einer eigenen Gewohnheit abzuweichen. Wir wollen vielleicht auf Alkohol verzichten, aber meinen, wir wären eine «Spaßbremse», wenn wir auf einer Feier nicht wie die anderen Alkohol trinken. Aber im Ernst: Nach fünf Minuten haben alle vergessen, dass Sie keinen Alkohol trinken, und haben Spaß wie immer, Sie selbst eingeschlossen.

*Geheimhaltung.* Wenn wir anderen Zusagen machen und diese nicht einhalten, dann ist uns das mit Recht unangenehm. Wenn wir nun eine Gewohnheit ändern wollen, dann ist es natürlich möglich, dass wir es nicht schaffen. Damit wir dann vor anderen nicht als «gescheitert» dastehen, erzählen wir ihnen erst gar nicht davon. Wir versuchen, es im Geheimen zu schaffen. Eine Gewohnheit ohne äußere Kontrolle zu ändern, ist für viele von uns aber schwer. Durch die Geheimhaltung überfordern wir uns leicht. Tipp: Nutzen Sie Ihr Schamgefühl und treffen Sie mit einer Person Ihres Vertrauens die Absprache, diese Gewohnheit bei Ihnen zu kontrollieren. Das schlechte Gewissen, das die Nichterfüllung der Zusage gegenüber dieser Person bei Ihnen auslöst, kann Ihnen bei der Bewältigung der Veränderung helfen.

*Verpassensangst.* Wir haben heute eine Fülle von Möglichkeiten im Leben, und die wollen wir nicht verpassen. Wir wollen wundervolle Erlebnisse haben, Neues ausprobieren und an der Vielfalt des Lebens wachsen. Es kann aber sein, dass wir die sich immer wieder anbietenden Gelegenheiten als Ausrede benutzen, um von unserer Vorstellung eines guten Lebens abzuweichen. Vielleicht wollen Sie weniger Zucker essen – aber sie probieren regelmäßig neue Restaurants aus – und da dürfen Sie natürlich nicht die Gelegenheit verpassen, das Essen mit einem exquisiten Dessert abzuschließen. Wir erzählen uns, wir dürften das Leben nicht an uns vorbeiziehen lassen – und dabei vergessen wir, was für uns im Leben wirklich zählt. Tipp: Vergegenwärtigen Sie sich, was Ihnen wichtig ist und welches Spektrum von Erlebnissen damit vereinbar ist. Manche «Gelegenheiten» dürfen wir guten Gewissens verpassen – wir brauchen sie einfach nicht. (Kapitel III)

*Sich auf Lorbeeren ausruhen.* Wenn wir eine Veränderung bewältigt und damit ein Zwischenergebnis erreicht haben, dann fühlen wir uns zu Recht gut. Leider kann es passieren, dass wir meinen, von jetzt an bräuchten wir weniger zu fokussieren, uns weniger anzustrengen oder uns weniger intensiv um die Veränderung zu kümmern. Wir lassen uns ein paar Ausnahmen durchgehen, vielleicht belohnen wir uns sogar auf kontraproduktive Weise: Wir freuen uns, dass wir um einiges abgenommen haben – und belohnen uns damit, dass wir im Urlaub am Buffet richtig zuschlagen dürfen. Dadurch kommen wir nicht weiter, vielleicht fallen wir sogar zurück in alte Muster. Tipp: Erinnern Sie sich, warum die Veränderung Ihnen so wichtig ist, und lassen Sie nicht locker, bis die neue Lebensweise sich bis zur Selbstverständlichkeit verankert hat.

*Stagnation akzeptieren.* Wenn wir dazulernen und besser werden, dann kann allein das uns begeistern. Unser allzu großer Respekt vor dem fernen Ziel verblasst, wenn wir uns auf die Freude an unserer Entwicklung konzentrieren. Aber irgendwann lernen wir nicht mehr so schnell wie am Anfang und verlieren die Lust. Als Anfänger haben wir eine steile Lernkurve. Aber je mehr wir können, desto langsamer und kleiner der Fortschritt und desto höher der Aufwand, um noch besser zu werden. Das kann frustrieren. Nun ist es verführerisch, auf eine andere Tätigkeit umzuschwenken, um wieder die steile Lernkurve des Anfängers zu erleben. Tipp: Häufig stagnieren wir, weil wir eine bestimmte *Art zu lernen* ausgereizt haben. Schauen wir uns an, wie Leute üben, die die gleiche Tätigkeit auf ungleich höherem Niveau ausführen (nicht nur länger üben, sondern anders!). Durch neue Ideen können wir unser Lernverhalten umstellen und unsere Stagnation überwinden. (Kapitel V)

Dies alles sind keine Gründe notwendigen Scheiterns. Ich möchte Sie vielmehr dazu animieren, sie lediglich als *Unterbrechungen* von Veränderungsprozessen zu sehen, als Herausforderungen, durch die wir uns selbst besser kennenlernen.

Besonders dann stehen wir vor einer großen Chance, wenn wir in verschiedenen Bereichen «immer an den gleichen Punkt» kommen. Das kann uns den Mut rauben. Dabei sollten wir darin eine große Chance zur Entwicklung erkennen. Ich freue mich mittlerweile richtig, wenn so ein grundsätzliches «Problem» auf den Tisch kommt, denn es enthält das Potenzial einer großen Hebelwirkung: Wenn wir *diese eine* Schwierigkeit meistern, dann kann sich das in *vielen* Lebensbereichen auswirken. Je mehr Sie den Eindruck einer

*Der Kampf mit dem Drachen*

umfassenden Beeinträchtigung haben, desto größer ist die Energie, die Sie freisetzen können, wenn Sie diese Beeinträchtigung aus dem Weg räumen.

Grundsätzlich ist eine Veränderung unserer Gewohnheiten immer möglich. Egal, welches Muster uns gefangen hält: Wir haben es einmal angenommen, also können wir es auch verändern. Wir brauchen nur den richtigen Ansatzpunkt. Übrigens liegt dieser häufig sehr gut verborgen: direkt vor unseren Augen.

Sich gezielt und nachhaltig verändern zu können, kann erlernt werden. Schnell nehmen wir uns eine Veränderung vor, und wenn wir es nicht schaffen, dann wittern wir ein persönliches Problem. Sind wir nicht der Typ für Veränderungen? Doch – wir alle haben die Fähigkeit, uns zu verändern. Je besser wir uns selbst kennen und je besser wir unsere Werkzeuge beherrschen, desto effektiver können wir uns verändern.

# Schlusswort

Das Leben wird uns immer wieder herausfordern. Wir werden scheitern, verlieren, verzweifeln. Doch an einer Entscheidung sollten wir festhalten, egal wie alt wir sind. Wir sollten sie stark, tief und unerschütterlich treffen: Wir *werden* ein gutes, erfülltes Leben haben, egal was geschieht.

Erinnern Sie sich an den Streit zwischen den Stoikern, die dieses unerschütterliche Lebensglück für möglich hielten, und Aristoteles, der es als niemals sicher ansah? Beide Positionen haben etwas für sich. Diesen Streit möchte ich hier durch eine Grundüberzeugung entscheiden, die dieses ganze Buch trägt: den Vorrang der praktischen Vernunft vor der theoretischen Vernunft.

Wenn wir praktisch in der Lage sein müssen, niemals die Hoffnung zu verlieren, unsere Fähigkeiten immer weiter zu entwickeln und zu benutzen, *dann müssen wir annehmen, dass wir ein glückliches Leben erreichen werden.*

Nichts darf und nichts wird uns davon abbringen, auch nicht in unseren dunkelsten Stunden.

Jetzt muss dafür gesorgt werden.

*Es liegt an Ihnen.*

# Anregungen zum Weiterlesen

Aristoteles 2013: *Nikomachische Ethik*, Reinbek: Rowohlt Verlag

Aurel, Marc 1986: *Selbstbetrachtungen*, Stuttgart: Reclam Verlag

Bieri, Peter 2014: *Wie wollen wir leben?*, München: dtv

Carlisle, Claire 2014: *On Habit*, Abington: Routledge

Frankfurt, Harry G. 2007: *Sich selbst ernst nehmen*, Frankfurt/M.: Suhrkamp

Frankfurt, Harry G. 1988: *The importance of what we care about*, Cambridge: Cambridge University Press

Frankl, Viktor 2013: *... und trotzdem Ja zum Leben sagen. Ein Psychologe erlebt das Konzentrationslager*, München: Kösel Verlag

Frisch, Max 1957: *Homo faber*, Frankfurt/M.: Suhrkamp

Fuhrmann, Manfred 1997: *Seneca und Kaiser Nero. Eine Biographie*, Berlin: Alexander Fest Verlag

Hadot, Pierre 1997: *Die innere Burg. Anleitung zu einer Lektüre Marc Aurels*, Frankfurt/M.: Eichborn Verlag

Handke, Peter 1979: *Das Gewicht der Welt*, Frankfurt/M.: Suhrkamp

Henrich, Dieter 2011: *Werke im Werden. Über die Genesis philosophischer Einsichten*, München: C. H. Beck

Hesse, Hermann 2004: *Siddharta. Eine indische Dichtung*, Frankfurt/M.: Suhrkamp

Hyman, John 2015: *Action, Knowledge, and Will*, Oxford: Oxford University Press

Kant, Immanuel 1974: *Kritik der reinen Vernunft* (Werkausgabe, Bd. III und IV), Frankfurt/M.: Suhrkamp

Kant, Immanuel 1974: *Kritik der praktischen Vernunft Grundlegung zur Metaphysik der Sitten* (Werkausgabe, Bd. VII), Frankfurt/M. Suhrkamp

Kant, Immanuel 1994: *Kritik der Urteilskraft* (Werkausgabe, Bd. X), Frankfurt/M.: Suhrkamp

Kersting, Wolfgang (Hg.) 2005: *Klugheit*, Berlin: Velbrück Wissenschaft

Lieberman, Daniel 2015: *Unser Körper: Geschichte, Gegenwart, Zukunft*, Frankfurt/M.: S. Fischer Verlag

Nietzsche, Friedrich 2011: *Also sprach Zarathustra. Ein Buch für alle und keinen*, Hamburg: Nikol Verlag

Nussbaum, Martha 2013: *Creating Capabilities. The Human Development Approach*, Cambridge: Belnap Harvard Press

Nussbaum, Martha 2001: *The Fragility of Goodness: Luck and Ethics in Greek Tragedy and Philosophy*, Cambridge: Cambridge University Press

Rubin, Gretchen 2015; *Better Than Before. Mastering the Habits of Our Everyday Lives*, Two Roads

Sen, Amartya 2001: *Development as Freedom*, Oxford: Oxford University Press

Seneca, Lucius Annaeus 1993, *Philosophische Schriften*, 4 Bände, Hamburg: Meiner Verlag

Taleb, Nassim Nicholas 2013: *Antifragilität. Anleitung für eine Welt, die wir nicht verstehen*, München: Albrecht Knaus Verlag

Tolle, Eckhart 2010: *Jetzt! Die Kraft der Gegenwart*, Bielefeld: Kamphausen Vertag

Tugendhat, Ernst 2006: *Egozentrizität und Mystik. Eine anthropologische Studie*, München: C.H.Beck

Weber-Guskar, Eva 2009: *Die Klarheit der Gefühle. Was es heißt, Emotionen zu verstehen*, Berlin: Walter de Gruyter

Wittgenstein, Ludwig 1984: *Tractatus logico-philosophicus. Philosophische Untersuchungen* (Werkausgabe, Bd. 1), Frankfurt/M.: Suhrkamp

Wittgenstein, Ludwig 1984: *Über Gewissheit*, in: Werkausgabe, Bd. 8, Frankfurt/M.: Suhrkamp

# Danksagung

Ich danke meinen Söhnen und meiner Frau (der ersten Leserin des Manuskripts) für die Liebe und die Erdung im Alltag. Mit ihnen wird mir jeden Tag deutlicher, worum es im Leben geht.

Ich danke meinen Eltern Hannelore und Jürgen Dierks für ihre Fürsorge und Ermunterung, länger als ich denken kann.

Ich danke meinen Schwiegereltern Karin und Peter Gerhold für viele gute Gespräche und für die Wochen, in denen ich mich zur Schreibklausur bei ihnen einquartieren durfte.

Ich danke allen beim Rowohlt Verlag – vor allem meiner Lektorin Julia Vorrath für ihre Geduld, ihren Einsatz und ihre immer kompetente Ermutigung, meine Stimme im Text noch klarer werden zu lassen.

Ich danke den Menschen, die mir – auch für dieses Buch – sehr wichtig sind: meinem Bruder Christopher Dierks sowie Florian Brand, Cristan Gerhold, Boris Hakaso, Kolja Jebram, Marec Lerche, Andreas Runte, Stefan Schilling & Alexandra Tillbrandt, Ina Schmidt und Daniel D. Wissmann. Der Austausch mit vielen anderen Menschen hat mich inspiriert und vorangebracht – «ihr wisst, wer ihr seid».

Ich danke Kater Shreddie, dass er morgens um fünf Uhr unter der Bettdecke mit meinen Füßen kämpft, sodass ich nichts anderes tun kann, als aufzustehen und zu schreiben.

Und ich danke Ihnen, lieber Leser oder liebe Leserin, dass Sie dieses Buch Teil Ihrer Lebensreise sein lassen. Möge es Ihnen ein guter Gefährte sein.